图书在版编目（CIP）数据

国立北平图书馆学人群体研究 / 周余姣著. -- 济南:
齐鲁书社, 2023.7（2024.1重印）
ISBN 978-7-5333-4745-1

Ⅰ. ①国… Ⅱ. ①周… Ⅲ. ①图书馆学家－人物研究
－中国－1909－1949 Ⅳ. ①G251.6

中国国家版本馆CIP数据核字(2023)第117199号

策划编辑：孔　帅
责任编辑：班文冲
装帧设计：亓旭欣

国立北平图书馆学人群体研究
GUOLI BEIPING TUSHUGUAN XUEREN QUNTI YANJIU
周余姣　著

主管单位	山东出版传媒股份有限公司
出版发行	齐鲁书社
社　　址	济南市市中区舜耕路517号
邮　　编	250003
网　　址	www.qlss.com.cn
电子邮箱	qilupress@126.com
营销中心	（0531）82098521　82098519　82098517
印　　刷	三河市华东印刷有限公司
开　　本	880mm×1230mm　1/32
印　　张	14
插　　页	2
字　　数	326千
版　　次	2023年7月第1版
印　　次	2024年1月第2次印刷
标准书号	ISBN 978-7-5333-4745-1
定　　价	68.00元

目　录

绪　论 ·· 1

上篇　综合研究

第一章　"平馆学人"群体的"母体"机构·········· 9
　第一节　国立北平图书馆的创设、发展与定位 ······· 9
　第二节　国立北平图书馆的组织结构 ············· 31
　第三节　国立北平图书馆之行政制度特点 ········· 69
　小　结 ··· 75

第二章　"平馆学人"群体的形成与演变 ··········· 78
　第一节　"平馆学人"的来源与构成 ··············· 78
　第二节　"平馆学人"的转型与出路 ·············· 131
　小　结 ·· 141

第三章　"平馆学人"构建的学术世界 ············ 143
　第一节　学术交流 ····························· 143
　第二节　著作出版 ····························· 162

第三节 论文发表 …………………………………… 176

小 结 ……………………………………………… 210

第四章 "平馆学人"的群体特征 …………………… 212

第一节 治学严谨，深耕细耨 …………………… 213

第二节 联系紧密，互帮互助 …………………… 221

第三节 爱馆爱国，勇于担当 …………………… 238

第四节 身兼多任，深孚众望 …………………… 258

小 结 ……………………………………………… 267

下篇 专题研究

第五章 "平馆学人"与古籍特藏 …………………… 271

第一节 "平馆学人"与敦煌遗书 ……………… 271

第二节 "平馆学人"与《赵城金藏》 ………… 285

第三节 "平馆学人"与《永乐大典》 ………… 293

小 结 ……………………………………………… 301

第六章 "平馆学人"与《四库全书》 ……………… 303

第一节 《四库全书》之入藏与影印 ………… 303

第二节 "平馆学人"与《续修四库全书》 …… 307

小 结 ……………………………………………… 321

第七章　"平馆学人"与古籍保护事业 ················· 323

　第一节　袁同礼与古籍保护 ················· 323

　第二节　赵万里与古籍保护 　331

　第三节　王重民与古籍保护 ················· 341

　小　结 ················· 348

第八章　国立北平图书馆与古籍保护事业的发展 ·········· 350

　第一节　古籍原生性保护 ················· 351

　第二节　古籍再生性保护 ················· 376

　第三节　古籍传承性保护 ················· 385

　小　结 ················· 400

结　论 ················· 402

参考文献 ················· 409

后　记 ················· 435

绪　　论

　　复旦大学教授、历史学家姜义华曾提出，20 世纪以来我国"精英思想世界"的构成，主要有四种基本方式：一是以高级知识分子为中心，二是以传媒（报刊、学术团体、现代机构等）为中心，三是以大学、研究机构为中心，四是以政治派别、政治团体及政党为中心。① 姜义华还曾要求学界要破除固化的思维定势，全面推进对民国时期卓有成就的历史人物的研究。② 从我国近现代的图书馆学史角度进行考察，有"中华文化之宝库，中外学术之重镇"之誉的国立北平图书馆，在我国学术文化史上有不可忽略的地位。该馆的历史地位与民国时期的其他重要学术研究机构相比，如中央研究院（成立于 1928 年）和国立北平研究院（成立于 1929 年），虽不可完全等同，但亦有其独有的特色。③ 不仅

---

　　① 此语被 2006 年毕业的两位博士生的论文所引用，分别是陈宝云的《学术与国家：〈史地学报〉及其群体研究》、何方昱的《"科学时代的人文主义"：〈思想与时代〉月刊（1941—1948）研究》。其中所标注的文献来源均是姜义华《二十世纪中国思想世界的时空内涵》（讲稿），2005 年 9 月 19日。但笔者未曾见到这份讲稿。

　　② 姜义华：《超越思维定势，全面推进民国人物历史研究》，见吴景平《民国人物的再研究与再评价》，复旦大学出版社 2013 年版，第 1~3 页。

　　③ 周余姣：《以书为师　因业成缘——国立北平图书馆学人群体研究述略》，载《图书馆》2018 年第 1 期。

有众多社会名流如梁启超、蔡元培、缪荃孙、陈垣等参与其中，还有一大批普通学人"栖息"于此。在做好本职工作，提供图书馆社会服务、襄助他人学术研究的基础上，很多职员也成长为声名卓著的学者专家，构建了一个举国瞩目的"精英思想世界"。试列举部分国立北平图书馆学人（以下简称"平馆学人"）如下：

徐鸿宝（1881—1971，字森玉，版本目录学家）、胡鸣盛（1886—1971，字文玉，文史学者、敦煌学研究者）、孙楷第（1898—1986，字子书，中国小说目录学创始人）、王庸（1900—1956，字以中，历史地理学家）、向达（1900—1966，字觉明，中西交通史学家、敦煌学家）、谢国桢（1901—1982，字刚主，明清史专家）、刘节（1901—1977，字子植，历史学家、金石学家）、于道泉（1901—1992，字伯源，藏学泰斗）、贺昌群（1903—1973，字藏云，历史学家）、王重民（1903—1975，字有三，目录学家、敦煌学家）、赵万里（1905—1980，字斐云，版本目录学家）、萧璋（1909—2001，字仲珪，语言学家）、杨殿珣（1910—1997，字琚飞，目录学家）、钱存训（1910—2015，书史、印刷史专家）、谭其骧（1911—1992，字季龙，历史地理学家），等等。①

图书馆行业领域的专家，比如图书馆专家、参考咨询服务专家、索引专家则更是数不胜数，如：袁同礼（字守和）、蒋复璁

---

① 周余姣：《以书为师　因业成缘——国立北平图书馆学人群体研究述略》，载《图书馆》2018 年第 1 期。

（字慰堂）、王访渔（字子舫）、李文裿（字翰章）、范腾端（字九峰）、刘国钧（字衡如）、严文郁（字绍诚）、汪长炳（字文焕）、吴光清（字子明）、万斯年（字稼轩）、顾子刚、李芳馥（字馨吾）、岳良木（字荫嘉）、于震寰（字镜宇）、曾宪三（字省盦）、徐家璧（字完白）、袁涌进、邓衍林（字竹筜）、李钟履（字仲和）、刘修业（字君寄）等，不尽枚举，可谓群星灿烂。①

这些人才中，少部分在该馆服务至退休，终老一生，也有很大一部分学人在他们的职业生涯后期因各种原因去往其他机构或部门任职。无论是服务终身的，还是中途离去的，大多数都会在他们的晚年追忆中感念在国立北平图书馆任职的这一段工作经历，可见此段任职经历对于他们个人成才的重要意义。而留给学界的研究问题是：该馆为什么能涌现这么多人才？为什么形成了类似人才井喷的效应？这在人才学上也算是一个奇异难解的谜团。如果细考其中的原因，我们可以发现该馆"精英思想世界"的构成离不开该馆的核心人物袁同礼先生，也离不开国立北平图书馆这个学术文化机构，更离不开这个图书馆的学人群体。以该馆学人群体为研究对象，尤其是将研究视线集中于当时尚属年轻的一代学人身上，对于增进当下图书馆员的创新能力建设，推动中华优秀传统文化创造性转化和创新性发展有着重要的研究意义。②

---

① 周余姣：《以书为师 因业成缘——国立北平图书馆学人群体研究述略》，载《图书馆》2018 年第 1 期。

② 周余姣：《以书为师 因业成缘——国立北平图书馆学人群体研究述略》，载《图书馆》2018 年第 1 期。

本研究的概念界定、研究综述、研究意义、研究方法等内容，已在前期研究成果《以书为师　因业成缘——国立北平图书馆学人群体研究述略》①　中详细论述，为省篇幅，现将概念界定以及研究内容概述如下：

本研究将分为两大部分，上篇是综合研究，下篇是专题研究。

国立北平图书馆曾有多个前身，如京师图书馆（1909 年 9 月 9 日获准兴建）以及其后的国立京师图书馆（1926 年 10 月更为此名）、北平北海图书馆（1929 年 8 月并入国立北平图书馆）和国立北平图书馆（1928 年 7 月更为此名），时间跨度恰好自 1909 年至 1949 年，共 40 年。而对国立北平图书馆学人（简称"平馆学人"）的界定，笔者将之限定为正式受聘该馆并工作过至少两年的学人。通过研究综述，我们可以发现在以往的研究中，学界对"平馆学人"中的核心人物较为关注，而对一些边缘人物的研究却较为忽略。为解决此弊，本研究除了采用个案分析，还将主要从群体研究的角度对"平馆学人"进行考察。从国立北平图书馆的创设、发展与定位的角度出发，我们可以探讨这一"母体"机构——国立北平图书馆的组织结构、行政制度特点。可以说，国立北平图书馆的成立与发展为学人们提供了良好的发展平台和学术栖息地。职员任职资格基本参照的是政府公务员标准，该馆亦为有着

---

① 周余姣：《以书为师　因业成缘——国立北平图书馆学人群体研究述略》，载《图书馆》2018 年第 1 期。

述和学有专长的人才提供了绿色通道。他们来自全国各大学与文化机构，尽管当时各机构工作人员流动性较大，但还是有较多学人长期在该馆任职，为该馆的发展作出了实质性的贡献。通过参与创办学术机构并担任学术职务、在各大学兼职、在报纸刊物上担任编辑等学术活动，"平馆学人"在当时享有较高的社会声望。在社会出路方面，他们后来转职其他高校和图书馆，为我国的教育事业和图书馆事业作出了卓越的贡献。总体而言，在"平馆学人"所构建的学术世界里，学术交流频繁，论著出版与发表渠道通畅，并呈现出这样的群体特点：治学严谨，深耕细耨；联系紧密，互帮互助；爱馆爱国，勇于担当；身兼多任，深孚众望。他们身上所具备的内在特质和外部优势也有助于他们在多个学术领域内取得成就。

专题研究部分，主要是从古籍保护的视角进行分析。在利用古籍特藏资源方面，"平馆学人"对敦煌遗书、《赵城金藏》、《永乐大典》、《四库全书》等古籍特藏开展了大量的整理、保护与研究工作。袁同礼、赵万里、王重民、李文裿、张宗祥、范腾端以及其他"平馆学人"等均对古籍保护事业作出了贡献。该馆所设的内部机构——善本部、金石部、舆图部、写经组、考订组等，都与古籍保护工作息息相关，学人们也在古籍原生性保护、古籍再生性保护、古籍传承性保护等方面筚路蓝缕、勇于开拓，为当代的古籍保护事业奠定了基础。

本研究尝试对这一学术群体进行系统研究，对部分学人在古籍保护领域内的特殊贡献表而出之，也从当代古籍保护研究的视角对"平馆学人"的贡献进行了总结。通过综合的、专题的研究，这一群体的学术形象在后人眼中更为生动鲜活。当然，限于研究者的时间和精力，还有较多可待深入挖掘的空间，只能留待以后再作探讨。

上篇

综合研究

第一章

"平馆学人" 群体的 "母体" 机构

第一节 国立北平图书馆的创设、发展与定位

一、国立北平图书馆的合组

"平馆学人" 群体的形成, 首先须有所在的机构即国立北平图书馆的设立。国立北平图书馆由两馆合并而成, 有两个前身, 其一是成立于 1909 年屡次变更馆址的北平图书馆（初名京师图书馆）, 其二是位于北海庆霄楼的北平北海图书馆。

（一）京师图书馆之开设与发展

京师图书馆之沿革情形为 "前清宣统元年（1909）七月始奏设京师图书馆, 暂僦十（什）刹海广化寺屋为开办地, 并未开馆。民国元年（1912）八月始开馆售券, 二年二月馆长江瀚去职, 由教育部令社会教育司司长直接管理, 嗣部议就方家胡同前清国子监南学旧址改组, 以图扩充"①。据王祖

---

① 北京图书馆业务研究委员会编：《北京图书馆馆史资料汇编（1909—1949）》, 书目文献出版社 1992 年版, 第 1092 页。

彝《京师图书馆回顾录》① 一文可知其大略。现依各任馆长为序，加以分析：

1. 缪荃孙担任正监督

缪荃孙（1844—1919），字炎之，又字筱山，或筱珊，江苏江阴人，藏书家。缪荃孙曾于 1907 年受聘筹建江南图书馆（即今日之南京图书馆），出任总办，在办图书馆方面经验较丰，被尊为中国近代图书馆的鼻祖。1909 年 7 月 25 日，当时的学部在奏筹建京师图书馆折及附奏三件②中，奏请由缪荃孙（时任四品卿衔，翰林院编修）、徐坊（时任国子丞）为京师图书馆正、副监督，杨熊祥（时任总务司郎中）为提调。1910 年 6 月 1 日，该馆正式启用"京师图书馆之关防"及"学部图书之印"。1910 年 10 月 17 日，该馆呈报学部在广化寺已开办储藏，并呈请柯劭忞、王宝田、董康、罗振玉、吴昌绶、震钧、蒋黼淳、于鸿恩共八人为该馆的名誉经理员，以备咨询。③ 其时该馆之员工还有全佑、李长纶、王德纯、陈之堉、林汝助、张廷珍、张庆联、李炳权、郑宪等人。到 1912 年，该馆规模大备，有正监督、副监督、总

---

① 北京图书馆业务研究委员会编：《北京图书馆馆史资料汇编（1909—1949）》，书目文献出版社 1992 年版，第 1205~1221 页。原文刊于 1931 年 10 月 31 日《中华图书馆协会会报》第七卷第二期。

② 北京图书馆业务研究委员会编：《北京图书馆馆史资料汇编（1909—1949）》，书目文献出版社 1992 年版，第 1~8 页。

③ 北京图书馆业务研究委员会编：《北京图书馆馆史资料汇编（1909—1949）》，书目文献出版社 1992 年版，第 10 页。学者谓此即后来国立北平图书馆设立的"购书委员会"之前身。

纂、总校、提调、总办各 1 人，纂修 5 人，科长 4 人，副科长 4 人，科员 10 人，写官 18 人①，总共 47 人。除正、副监督，纂修之地位亦较高，如曹元忠、章钰、王仁俊均以知名的学者身份担任②。

自宣统二年（1910）九月到宣统三年（1911）九月，缪荃孙在京师图书馆工作历时近一年。从缪荃孙日记中，可以看其常到馆视事，但也颇感管理不易。如宣统三年（1911）九月十日甲申记"到馆，馆中人倔强，令人发指"。十一日乙酉，又记"到馆，一人不见，可恨万分"③ 等。可见，在人员管理方面，京师图书馆存在较大的困难。缪荃孙在馆期间，曾主持编写《清学部图书馆善本书目》八卷，收善本书 140 种，刊载于《古学汇刊》。另还编有《清学部图书馆方志目》四卷。

副监督徐坊（1864—1916），字士言、矩庵，号蒿庵、梧生，山东临清人，曾为宣统皇帝之师。在正监督缪荃孙未到任之时或告假期间，徐坊实际承担了正监督的工作职责。大约在正监督缪荃孙离职后不久，徐坊亦离开京师图书馆。④ 此时期任提调的有杨熊祥、傅岳棻（1878—1951）。

---

① 北京图书馆业务研究委员会编：《北京图书馆馆史资料汇编（1909—1949）》，书目文献出版社 1992 年版，第 27 页。

② 李致忠主编：《中国国家图书馆馆史（1909—2009）》，国家图书馆出版社 2009 年版，第 11 页。

③ 李致忠主编：《中国国家图书馆馆史资料长编（1909—2008）》，国家图书馆出版社 2009 年版，第 37 页。

④ 李致忠主编：《中国国家图书馆馆史（1909—2009）》，国家图书馆出版社 2009 年版，第 12 页。

2. 江瀚任馆长

1912 年 5 月，江瀚①任馆长，拟定于该年的 8 月 27 日开馆，并将该馆定位为"研究图书馆之范围，只足资学问家之便益"②，然而经费仍然难以敷用。开馆经费大概月拨费五百金予以维持。江瀚曾对人言："今一馆长，实兼前清时五人之职，而月薪不逮五之一也。"③ 其在馆期间所做的工作如下：筹备开馆，接待到馆读者；对国家图书馆与通俗图书馆的性质予以区分，明确该馆的定位④；编制了两部古籍书目——《京师图书馆善本简明书目》⑤。目前学界正编纂《江瀚全集》，预计出版后可推动相关的研究。

3. 夏曾佑主持馆务

1913 年，江瀚调任四川盐运使一职，京师图书馆由教育部社

---

① 江瀚（1857—1935），一作江翰，字叔海，号石翁，室名慎所立斋，福建长汀人，是近现代著名的学者、教育家和诗人。其长馆期间，据张宗祥记述，其曾将敦煌遗书数卷赠人（忆系赠张季直者），目录上亲笔笔记。见张宗祥：《张宗祥文集 铁如意馆随笔 铁如意馆手钞书目》，上海古籍出版社 2015 年版，第 16 页。今人整理其日记出版有两种，一为马学良整理之《江瀚日记》（2016），另一为郑园整理之《江瀚日记》（2017）。

② 北京图书馆业务研究委员会编：《北京图书馆馆史资料汇编（1909—1949）》，书目文献出版社 1992 年版，第 33 页。

③ 李致忠主编：《中国国家图书馆馆史资料长编（1909—2008）》，国家图书馆出版社 2009 年版，第 41 页。

④ 焦树安：《京师图书馆早期的三位馆长：缪荃孙 江瀚 夏曾佑》，载《国家图书馆学刊》2001 年第 4 期。

⑤ 江瀚的《京师图书馆善本简明书目》，徐蜀《国家图书馆古籍善本书目简史》一文中曾有论述。

会教育司司长夏曾佑①到馆主持馆务，戴克让、乔曾劬佐之，后又以彭清鹏为主任，综理庶政。10 月 29 日，教育部派佥事周树人、沈彭年、齐宗政，主事胡朝梁、戴克让会同京师图书馆馆员王懋镕、乔曾劬、秦锡纯、雷渝、孙遯、王德醇、杨承煦等共同查点图书。② 1915 年 10 月，京师图书馆奉教育部令到古物陈列所点收文津阁《四库全书》等，馆藏日渐充实。11 月，教育部饬令京师图书馆"书籍当盖印编号……目录当重编付印……书籍蠹蚀当辑补……值宿亟应规定"③，在馆务上要求进一步加以规范。12 月，教育部饬令该馆图书加盖"京师图书馆收藏印"。1916 年，教育部立案，令出版图书应呈缴一份给京师图书馆收藏。1917 年 2 月 17 日，京师图书馆再度开馆，并举办了开馆礼。1918 年，夏曾佑改任总编辑员，教育部为节省经费，由教育次长袁观澜兼馆长职。夏曾佑曾在缪荃孙为古籍善本书目编目的基础上，与彭清鹏增补成《京师图书馆善本简明书目》四卷（由法轮印字局排印出版），收录善本书 322 种。④ 夏曾佑在馆期间，为京师图书馆的发展奠定了坚实

---

① 夏曾佑（1863—1924），字遂卿，又字穗卿，号别士、碎佛，笔名别士。浙江杭县（今杭州市）人。进士，授礼部主事。近代诗人、历史学家、学者。

② 北京图书馆业务研究委员会编：《北京图书馆馆史资料汇编（1909—1949)》，书目文献出版社 1992 年版，第 54 页。

③ 北京图书馆业务研究委员会编：《北京图书馆馆史资料汇编（1909—1949)》，书目文献出版社 1992 年版，第 71～72 页。

④ 寒冬虹：《北京图书馆历年所编的古籍目录》，载《文献》1989 年第 2 期。

的基础，特别是点收文津阁《四库全书》，为京师图书馆取得出版物保存馆的权利以及在制定完善各类规章制度方面作出了成绩。①

4. 张宗祥执掌馆务

1918 年 12 月 20 日，教育部又派张宗祥以教育部视学兼京师图书馆主任。张宗祥（1882—1965），原名思曾，后改名宗祥，字阆声，号冷僧，浙江海宁人。其善抄书，精校勘，执掌两年，多有成就。其在这两年中，与京师图书馆的同事关系较好，也为其后组织浙江省立图书馆相关人员到京师图书馆补抄《四库全书》奠定了基础。② 其还与商务印书馆合作影印，影印本借以充实馆藏。1921 年 2 月 1 日，张宗祥辞职③，仍回教育部任职。就其对古籍保护事业的贡献，笔者将在后面开展专门论述。

5. 馆长数易

1921 年后，张国淦、傅岳棻曾短暂为馆长，赵次原为主任。因经费缺乏，"四五岁中，易馆长二十余人，主任亦易六七人"。1922 年该馆分三课，"总务课现有五人，目录课八人，庋藏课八人，录事六人，修书匠六人。馆员薪俸四十元至百元，录事十六

---

① 焦树安：《京师图书馆早期的三位馆长：缪荃孙　江瀚　夏曾佑》，载《国家图书馆学刊》2001 年第 4 期。

② 张宗祥：《补抄文澜阁〈四库全书〉史实》，见王国平主编《西湖文献集成　第 20 册　书院·文澜阁·西泠印社专辑》，杭州出版社 2004 年版，第 387 页。

③ 李致忠主编：《中国国家图书馆馆史资料长编（1909—2008）》，国家图书馆出版社 2009 年版，第 131 页。

元至三十元，修书匠十元至三十元"①。1925 年，马叙伦以教育部次长代理馆务，馆员为 24 人，但薪俸极微，"全馆之人月薪逾百元者仅有一人，满九十元者仅有二人，其余则最多不过七十三元，且有二十元者"②。此时困难重重，该馆面临馆员薪俸、请愿警察服装费、月饷、公役工资等积欠极大，办公之费失去来源，房屋渗漏亟需修缮，旧有书籍亟待修复等种种现实困难。徐森玉曾以教育部佥事兼主任，只能"百计维持"。

6. 国立京师图书馆的合组

1925 年，中华教育文化基金董事会成立，教育部与该会商议合组国立京师图书馆。然而合组之事多曲折，仍由徐森玉勉力支撑，馆员中韩嵩涛、谭新嘉、李耀南、范腾端、金壬父、杨宪成、杨伯良、俞泽箴等人亦苦苦支撑。1925 年 11 月 26 日，教育部令原设方家胡同之京师图书馆改组为国立京师图书馆，同时设京师第一、第二、第三普通图书馆，分别以王丕谟、黄中垲、戴克让为各图书馆主任。③ 12 月 2 日，教育部聘梁启超为馆长、李四光为副馆长。④ 梁启超任馆长时，下分总务、图书两主任，教

---

① 见浙江公立图书馆第八期年报中的《本学年考察京津济宁苏沪各图书馆事项表》。

② 北京图书馆业务研究委员会编：《北京图书馆馆史资料汇编（1909—1949）》，书目文献出版社 1992 年版，第 113 页。

③ 北京图书馆业务研究委员会编：《北京图书馆馆史资料汇编（1909—1949）》，书目文献出版社 1992 年版，第 127~129 页。

④ 北京图书馆业务研究委员会编：《北京图书馆馆史资料汇编（1909—1949）》，书目文献出版社 1992 年版，第 130~131 页。

育部参事罗孝高任总务，徐森玉领图书主任。然而教育部无法按期履行与中华教育文化基金董事会所订契约，经费亦乏，1926 年 3 月不得不暂缓履行合约。① 1926 年 4 月 6 日，陆军部发给京师图书馆用地执照。② 1926 年 10 月 2 日，教育部令直辖京师图书馆改为国立京师图书馆。10 月 6 日，梁启超派罗普、何澄意、陈熙贤三人去京师图书馆接收。10 月 7 日，梁启超向教育部汇报接收情况，并请颁发国立京师图书馆关防及馆长小章各一颗。然而因经费无着（每月 4000 元经费不能到账），梁启超因向银行借贷垫资过重，其于 1927 年 3 月 11 日、24 日两度请辞馆长职务。其后教育部请中华教育文化基金董事会垫款每月 2500 元，以一年为度继续维持。梁启超于 1927 年 8 月 24 日与接任的郭宗熙馆长完成交接，成多禄③为副馆长。

7. 北平图书馆之筹备

1928 年 7 月 18 日，大学院将国立京师图书馆更名为北平图书馆，并要求在筹备期间，由总务部主任罗普、图书部主任徐鸿宝照常负责保管，并由举定之何澄一、韩嵩寿、范腾端、陈熙

---

① 北京图书馆业务研究委员会编：《北京图书馆馆史资料汇编（1909—1949）》，书目文献出版社 1992 年版，第 140~143 页。

② 北京图书馆业务研究委员会编：《北京图书馆馆史资料汇编（1909—1949）》，书目文献出版社 1992 年版，第 146 页。

③ 成多禄（1864—1928），原名恩龄，字竹山，号澹堪，吉林人，著名书法家，曾任京师图书馆主任。成多禄喜用笺纸，喜好用善本书影笺纸。笔者曾在《品味笺纸文化：善本书影笺》（载《藏书报》2022 年 10 月 10 日）一文中对其有介绍。

贤、谭新嘉、杨伯良、徐声聪、李耀南共同负责。[1] 7 月 24 日，大学院正式通知京师图书馆改为北平图书馆，并聘请陈垣、马裕藻、马衡、陈懋治、黄世晖为筹备委员会委员。8 月 7 日，国民政府将居仁堂划拨给北平图书馆使用，复请在中海居仁堂新址办理馆务。1929 年 1 月 10 日，北平图书馆举行开幕典礼，图书馆主任陈垣介绍该馆历史，所储珍籍善本为全国之首。[2] 其后筹备委员会 5 人申请去职，教育部仍请罗普、徐森玉二人负责管理。教育次长马叙伦兼馆长，以王访渔为总务主任，代馆长事。6 月，中华教育文化基金董事会开第五届年会，再提与北海图书馆合组案。1929 年 9 月 1 日正式合组。京师图书馆整个发展史曲折多变，步履维艰，让人感叹。

（二）北平北海图书馆之开设与发展

北平北海图书馆的发展史，1930 年 10 月《国立北平图书馆第二馆概略》（文稿）[3] 一文中也有详细记录。1924 年 5 月，美国决定第二次向中国退还庚子赔款。中美两国政府为管理庚子赔款的退还，专门成立了"中华教育文化基金董事会"（China Foundation for the Promotion of Education and Culture，简称"中基会"）。该会是利用美国第二次退还的庚子赔款余额建立的科学

---

① 北京图书馆业务研究委员会编：《北京图书馆馆史资料汇编（1909—1949）》，书目文献出版社 1992 年版，第 218 页。

② 《北平图书馆开幕记　昨晨在居仁堂举行典礼，陈援庵氏报告该馆历史》，载《大公报》1929 年 1 月 11 日。

③ 北京图书馆业务研究委员会编：《北京图书馆馆史资料汇编（1909—1949）》，书目文献出版社 1992 年版，第 1174~1199 页。

基金组织，以发展中国的科学、教育和文化事业为宗旨。基金会董事会有中外两方人员构成，中方成员大都是中国科教界的杰出人物。① 1926 年，该会与教育部订立合办国立京师图书馆契约十条，成立国立京师图书馆委员会，委员 9 人。租借北海庆霄楼等处筹办，聘请梁启超、李四光为正副馆长，袁同礼为图书馆主任，并从京师图书馆、北京大学图书馆调拨职员十余人。据严文郁后来回忆："钱稻孙为秘书，宋琳为会计，罗端为庶务。这是总务部方面的人员。图书部方面：赵万里采访旧籍，许达聪订购西书，蒋复璁负责中文编目，并拟草中文书编目法，汪长炳办理阅览及参考工作，杨维新采编日文书籍，我则负责西文编目兼编北平各图书馆所藏西文书籍联合目录。"② 后因教育部故，合办国立京师图书馆契约暂缓履行，该馆暂由基金会独立经营。梁启超、李四光去职后，基金会聘范源濂、袁同礼为正、副馆长。

---

① 1924 年 9 月 18 日，中华教育文化基金董事会在北京外交大楼召开成立大会，推范源濂为会长，孟禄为副会长。该会的主要任务是负责保管、分配、使用美国退还的庚子赔款（第二次退还总计约 1250 万美元。第一次退还在 1909 年，我国用第一次退款创办了清华学校，并选派留学生赴美）。基金会由颜惠庆、张伯苓、郭秉文、蒋梦麟、范源濂、丁文江、黄炎培、顾维钧、周诒春、施肇基 10 人及美籍人士孟禄、杜威、贝克尔、噶理恒、白纳脱 5 人为董事，联合组成董事会。据《中华教育文化基金董事会章程》规定，董事会之职员为主任一，副主任二，书记员一，会计员二，会计员二中，一为中国人，一为美国人，美国会计员之职务至退款付清之日止。
② 摘自严文郁《提携后进的袁守和先生》，见《严文郁先生图书馆学论文集》，辅仁大学图书馆学系 1983 年版，第 259~263 页。

1928 年 2 月，基金会又聘该会委员长周诒春①为兼职馆长，复聘丁文江（未到职），再聘袁同礼为馆长。同年该馆更名为"北平北海图书馆"。1929 年，该馆有馆员 37 人。② 在"中基会"五届年会时与教育部拟合组成立国立北平图书馆，并公推蔡元培、袁同礼为正、副馆长。因新馆建筑未落成，为此称为国立北平图书馆第二馆。在两馆合并之前，袁同礼从文华图专聘请岳良木、李芳馥、曾宪三、何国贵、曾宪文、徐家璧等人到馆工作，顾子刚亦从清华学校转入该馆任职。③

（三）两馆之合组

1929 年，北平图书馆与北平北海图书馆拟合组成立国立北平图书馆。对两馆合组，也有反对的声音，主要考虑的是："虽可节省极有限之经费，而于该二图书馆之分途发展上，实受重大之打击，盖北平图书馆趋重在中国文学，北海图书馆趋重在外国科学，性质不同，合并自属舛乖，且北海图书馆纯系美国退回庚款所设，完全受中美合组董事会管理，今日强为合并，则此整个的国有图书馆，性质上难免改变，管理上亦参加外人，而受外国之文化侵略，

---

① 周诒春（1883—1958），字寄梅，安徽休宁人。早年毕业于上海圣约翰大学，后赴美留学，先后就读于耶鲁大学和威斯康辛大学。1913 年 10 月至 1918 年 1 月，周诒春担任清华大学校长，推动清华大学向完全大学发展。为中华教育文化基金董事会委员会十位中方董事之一。

② 李致忠主编：《中国国家图书馆馆史资料长编（1909—2008）》，国家图书馆出版社 2009 年版，第 75 页。

③ 严文郁：《提携后进的袁守和先生》，见《严文郁先生图书馆学论文集》，辅仁大学图书馆学系 1983 年版，第 259~263 页。

无有逾于此者。"① 部分舆论认为两馆办馆宗旨不同，难以合并，且在管理上容易造成诸多困难，这在全面抗日战争期间多有体现，这是后话。尽管如此，两馆合组还是得以推进。8 月 27 日，教育部令迅速将国立北平图书馆的图书和设备移交国立北平图书馆委员会。8 月 30 日，教育部部长任命袁同礼为国立北平图书馆副馆长。9 月 2 日，国立北平图书馆委员会报教育部已接收两馆清楚无误。合组大概情形如下："本馆于十八年九月改组，就国立北平图书馆及北平北海图书馆之基础逐渐扩充。在新建筑未落成以前，原有之北平图书馆暂称国立北平图书馆第一馆，北平北海图书馆暂称国立北平图书馆第二馆，仍就原有馆址公开阅览。"② 两馆合组制定了具体的办法，即《国民政府教育部　中华教育文化基金董事会合组国立北平图书馆办法》③ ［民国十八年（1929）九月教育部公布］。

此办法说明合组的主持者为教育部与中华教育文化基金董事会，两单位共同组建国立北平图书馆委员会以主持其事。此委员会共由 9 人组成，除国立北平图书馆馆长、副馆长为当然委员外，其余 7 人按国立北平图书馆委员会组织大纲聘任。该委员会拥有极大的权限，可推荐国立北平图书馆馆长、副馆长人选，处理北平图书馆、北海图书馆所有图书及设备，支

---

① 《北平图书馆　学界反对合并》，载《大公报》1929 年 1 月 1 日。

② 国立北平图书馆编：《国立北平图书馆概况》，国立北平图书馆 1929 年版，第 2 页。

③ 国立北平图书馆编：《国立北平图书馆馆务报告　民国十八年七月至十九年六月》，国立北平图书馆 1933 年版，第 42 页。

用国立北平图书馆每年之经费等。按此办法，国立北平图书馆合组成功，并于 1931 年迁入具有现代设施设备的文津街新馆建筑。

因两馆前身更名多次，参考严文郁《梁启超与北京图书馆》①一文中对两馆发展源流，笔者绘制图 1、图 2 来展示。

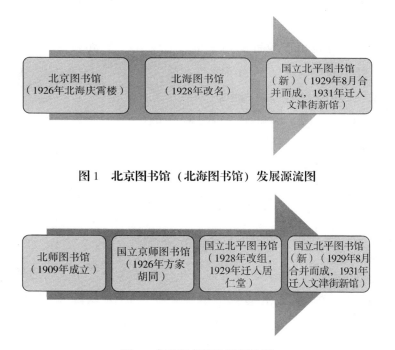

图 1　北京图书馆（北海图书馆）发展源流图

图 2　京师图书馆发展源流图

① 北京图书馆业务研究委员会编：《北京图书馆馆史资料汇编（1909—1949）》，书目文献出版社 1992 年版，第 1340~1346 页。

由上可知，两馆分途发展，最终合流。在梳理它们各自的发展源流上，确实容易引起混淆，原因在于：

（1）图书馆命名上，由于时代的变迁，京师图书馆、北京图书馆、北平图书馆、国立京师图书馆、国立北平图书馆等，在现代人眼里不好区分。

（2）馆长任职上，梁启超于1926年曾兼任国立京师图书馆馆长，又任北京图书馆馆长，一人同时兼任两馆馆长，让人迷惑。这当然是出于教育部与中华教育文化基金董事会的合并设计。梁启超此前曾于1923年在北海快雪堂成立松坡图书馆，1924年又在西单牌楼石虎胡同开第二馆。

（3）其他人员任职上，副馆长、主任等职位变动频繁，就馆址亦可看出屡经搬迁，让后人颇觉复杂。

综上，尽管两馆有着不同的发展源流，且有着不同的管理主体，最终合组成新的国立北平图书馆，进入了新的发展纪元。

二、国立北平图书馆新馆建筑的落成

国立北平图书馆的新馆选址在西安门大街之北，东边邻接北海。中华教育文化基金董事会出资2万元从陆军部赎回，于1926年4月拿到该处用地执照，并于1927年9月由北京图书馆委员会商议设立建筑委员会，主管新馆的建筑事宜。1929年3月，图书馆建筑正式开工。1929年5月11日，举行隆重的落成奠基礼，由中华教育文化基金董事会干事长任鸿隽①任主席，报告该馆新馆成立及建筑经过，并对安那工程师征求图案的大力赞助、莫律兰工程师所设计制作的图案表示充分的肯定及谢意。其后由安那工程师、周诒春、袁同礼相继演说，并合影留念。② 该日，本馆委员会委员及本馆馆员均往参加，凡五十余人。1931 年 6 月，新馆落成，历时共计两年四个月。因临近紫禁城，为与周围环境协调，新馆采用宫殿式外观。

在开馆前夕，《大公报》记者访问了国立北平图书馆二馆与新馆，其对新馆的印象是"馆址在旧御马园，面积百余亩，东临北海，湖光山色领略无余，大门辟向福华门，建筑完全为宫殿式，四壁均有琉璃烧成之游龙等以点缀，较协和、燕大等东方色彩尤富……馆成工字形，凡三层，前部阅览，后部藏书，第一层为地型，前

---

① 任鸿隽（1886—1961），字叔永，浙江吴兴（今湖州）人。1904 年，应中国最后一次科举考试，考中秀才。其后入读重庆府中学堂，毕业后担任教师，再考入上海中国公学。1908 年，留学日本，回国后曾任孙中山临时总统府秘书。在美国留学时又创办了中国科学社。自 1918 年开始，先后担任了北京大学化学系教授、东南大学副校长、中华教育文化基金董事会干事长、中央研究院总干事等职务。1925 年 9 月，中华教育文化基金董事会干事长范源濂（曾任教育总长）邀任鸿隽赴北京任该会专门秘书。任鸿隽积极推动"中基会"兴办科学事业，资助科学机构，如设立了编译委员会、社会调查所、静生生物调查所等，兴建了国立北平图书馆，资助中央研究院、中国科学社、黄海化学工业研究社、地质调查所、青岛观象台、广东植物研究所和若干大专院校等，还派遣了大批有志于科学事业的青年出国深造，为中国现代科学和教育事业的发展作出了极大的贡献。1935 年，其赴四川大学担任校长。抗战胜利后，任鸿隽赴美考察，1947 年后回国，1949 年任全国政协委员、上海市科联主任委员、上海图书馆馆长等职。著有《最近百年化学的进展》以及自传体《前尘琐记》等。夫人为中国第一位女博士、女教授陈衡哲女士。

② 《新建筑奠基礼》，载《北平北海图书馆月刊》1929 年第 5 期。

部为新闻纸及杂志阅览室……后部为办公室。第二层为普通阅览室，并另辟有各专室。第三层为善本观摩之处……以记者所知国内图书馆建筑之最壮丽者，当惟清华，以与该馆较，则殊小巫见大巫矣"①。

学者认为，国立北平图书馆新馆建筑受欧美理念影响，主要表现在该馆管理者的图书馆思想、新馆监管机构的组成、构思设计、样图征集、选址、建筑账目审批监督等方面。② 蔡元培在其所撰之《国立北平图书馆记》称："新馆之建筑，采用欧美最新材料与结构，书库可容书五十万册，阅览室可容二百余人，而形式则仿吾国宫殿之旧，与北海之环境尤称。"③ 该馆另还设有发电厂、修缮室等。新馆落成后，因该馆藏有文津阁《四库全书》，为志其盛，遂将馆址所在地向市政部门申请改名为"文津街"，其名仍保留至今。

1931 年 6 月 25 日上午 9 时，国立北平图书馆落成典礼隆重举行。是日天气奇热无比，典礼在烈日下按议程进行。主要有 14 项议程：

一、奏乐

二、向党国旗及总理遗像行三鞠躬礼

三、主席恭读总理遗嘱

---

① 《访问北平图书馆记　藏余三十余万册　阅览者每日数百》，载《大公报》1931 年 4 月 17 日。

② 郭平：《对国立北平图书馆新建筑从构思到建成全过程探究》，载《图书馆理论与实践》2017 年第 4 期。

③ 该文由蔡元培撰写，钱玄同书，刻石纪念。见北京图书馆业务研究委员会编《北京图书馆馆史资料汇编（1909—1949）》，书目文献出版社1992 年版，第 1200 页。

四、静默三分钟

五、委员会报告

六、教育部代表致词：蒋梦麟先生

七、中华教育文化基金董事会代表致词：任叔永先生

八、北京（平）市市党部代表致词：董为公先生

九、北平市市长致词：胡若愚先生

十、来宾致词

十一、副馆长答词：袁守和先生

十二、奏乐

十三、摄影

十四、参观①

依照以上议程，除通行仪式，馆长蔡元培报告成立经过，教育部代表蒋梦麟致词，中华教育文化基金董事会代表任鸿隽致词，市党部代表董为公②致词，市长胡若愚③致词，来宾代表李

①　宗绪盛：《国立北平图书馆实现"两馆合组"建设新馆那两年——民国十八年（1929）〈国立北平图书馆馆务报告〉和民国二十年（1931）6月25日〈新馆落成典礼议程〉之记述》，见宗绪盛《故都钩沉：老北京那些年非口述的陈年旧事》，东方出版社2019年版，第106~165页。

②　董为公，即董霖（1907—1998），字为公，江苏海门（今南通市海门区）人。民国时期外交界风云人物，1949年后赴美。1930年10月任北平市党部委员兼宣传部部长及书记长。

③　胡若愚，为张学良之亲信，其时任青岛市长并兼任北平代市长。清末民初还另有一胡若愚（1894—1949），字子嘉，原名学礼，任国民党高级军官，1949年被中国人民解放军击毙。

石曾①致词，协和医学院院长顾临②致词，女代表陈衡哲③致词，最后袁同礼答谢致词④，可谓盛况空前。每位到会者都获赠了《国立北平图书馆概况》一册及开会秩序单一纸。关于开馆的详情，1932 年的馆务报告中《落成典礼之盛况》和李文裿所作的《国立北平图书馆新筑落成开幕记》⑤ 记录最为翔实，学者们据此以及所获得的史料也做了较多的记述⑥。6 月 26 日，为纪念国立北平图书馆落成之盛，傅增湘捐赠《正统道藏》本古籍四种送呈。

关于国立北平图书馆的建筑，各方评价不一。蒋复璁评价为"北平图书馆真是美奂美轮，在中国是唯一富丽堂皇的图书馆，在世界国立图书馆中也是别具风味的一所图书馆，就不过因发展的迅速，当年照五十万册图书设计，后来感到不敷于用了……由

---

① 李石曾（1881—1973），原名李煜瀛，字石曾，河北高阳人。民国时期著名教育家，故宫博物院创建人之一，国民党四大元老之一，私立南通大学首席校董。早年曾发起和组织赴法勤工俭学运动，为中法文化交流作出了很大贡献。

② 顾临（Roger S. Greene，1881—1947），美国人。1922—1927 年，顾临任北京协和医学院董事会秘书。1928—1935 年，任北平协和医学院代理校长。协和医学院向国立北平图书馆捐赠了杂志。

③ 前脚注已说明，为任鸿隽夫人，中国第一女博士，女教授。

④ 《北平图书馆落成礼志盛　各界到场参加者二千余人》，载《大公报》1931 年 6 月 26 日。

⑤ 李文裿：《国立北平图书馆新筑落成开幕记》，载《中华图书馆协会会报》1931 年第 6 期。

⑥ 宗绪盛：《国立北平图书馆实现"两馆合组"建设新馆那两年——民国十八年（1929）〈国立北平图书馆馆务报告〉和民国二十年（1931）6 月 25 日〈新馆落成典礼议程〉之记述》，见宗绪盛《故都钩沉：老北京那些年非口述的陈年旧事》，东方出版社 2019 年版，第 106~165 页。

于这是中国前所未有的一所国立图书馆，所以一切组织，都是他（袁同礼）采纳世界各国国立图书馆之长，立成方案，对于中国图书馆的行政制度上也有很大的贡献"①。身为国立北平图书馆职员的贺昌群先生在其《旧京速写》的文章中如此评价："北平文化机关中，使我满意而又不满意的是国立北平图书馆，在藏书的质的方面，她是令我们满意的，虽然量并不甚多。可是建筑上就花了一二百万，只是油漆听说就得十几万，而只成一个工字形的建筑，那内部的容积可想而知。要是置身其间，真如刘姥姥进大观园，令人手足无措的。我们这种穷国民，只希望有更多的图书给我们阅览，似乎用不着这样富丽堂皇的专销外国材料的建筑。从这些地方，可以看到我们国民性，穷俭是穷俭得来连洗澡钱都可以节省，穷奢是穷奢得来务求极致，一门一窗都要与外国最讲究的比肩，好像中国真是很富有的。我不信像北平图书馆的这种建筑，就算是代表泱泱大国之风，或就是代表中国的建筑。"② 可见其更主张将经费花在图书馆藏上。李芳馥亦在多年后回忆，称："建造新馆舍是旧北京图书馆的首要的重大事件。但由于当事人存在着严重的崇洋思想，设计草图是由一位外国建筑师提出图样。所收到的建筑竞赛图案，远寄美国建筑学会，请其评定甲乙。一九三一年迁入新馆，发现设计和内部结构有许多严重缺

---

① 　北京图书馆业务研究委员会编：《北京图书馆馆史资料汇编（1909—1949）》，书目文献出版社 1992 年版，第 1331 页。

② 　贺昌群：《旧京速写》，见贺昌群《贺昌群文集　第三卷　文论及其它》，商务印书馆 2003 年版，第 560 页。

点，同人深感不满。"① 可见，在当时在古老的中国大地上要建立一所前所未有的现代图书馆，由于主事者思想过于超前，积极向西方学习，当时之建筑确乎显得偏于"豪奢"，即使是内部员工，亦觉得稍有过之。

但不可否认的是，当时作为一国之"国家图书馆"，拥有宏大的建筑规模和现代的设备设施还是很有必要的，甚至适度超出当时的经济发展水平亦无可厚非，这为后来国立北平图书馆的发展奠定了坚实的物质基础。尤其是在当代图书馆建筑"公共空间"理念盛行的今天，更让人赞叹先贤们的先见之明。直至现在，学人仍称1931年国立北平图书馆发展的高峰时期"馆舍优美宏伟，设施功能齐备，加之丰赡的馆藏，使北图从此跻身于世界著名大图书馆之列"②。没有这次大力投入，是不可能有这个成就的。

三、国立北平图书馆的定位

国立北平图书馆的定位如何？我们可以看到，在《国立北平图书馆之使命》中，对该馆的定位是"为中华文化之宝库，作中外学术之重镇""通中外图书之邮，为文化交通之介"③。袁同礼

---

① 李芳馥：《旧北京图书馆回忆点滴》，载《国家图书馆学刊》1982年第3期。

② 摘自王玉良《纪念与随想——怀念国家图书馆善本特藏部三位已故专家》，载《文津学志》第4辑，国家图书馆出版社2011年版，第8~13页。

③ 袁同礼：《国立北平图书馆之使命》，载《北平晨报》1931年6月24日。

在日常工作中，也将国立北平图书馆视为"研究学术机关，并非通俗图书馆"①。其购书政策，如 1929 年也定位于"一为国家庋藏重籍之图书馆，二为供给科学（包括自然与人文科学）研究之图书馆"。在馆务报告中，该馆的发展目标定为：（一）购书方面：对于中国旧籍担负广为收存之责任，当就原有基础，尽量补充，以期造成中国唯一之图书馆，对于西文书籍则特别注重供给科学研究之方便，期成若干研究之中心。（二）研究方面：重在如何供给研究者之便利。（三）阅览方面：重在应用，愿以此已有之基础，供大多数人之利用。（四）行政方面：用人办事，力主严格，期求科学化，产生最大之效率，为新事业树一楷范。② 这在该馆后期的发展过程中，确实是遵照此进行的。

1929 年 9 月 2 日，在合并后的国立北平图书馆召开第一次馆务会议上，袁同礼发表如下讲话："在中央图书馆未成立之前，北平图书馆可算很完好的图书馆。办图书馆，须注意学术化。徐（森玉）主任对目录、版本考订，素有经验，可称难得之人材，希大家与徐主任时常研讨。北海图书馆曾出一月刊，内容材料，皆各馆员自己创作，以后本馆亦当加入合作。此外，组织一专门委员会，以便与来馆诸名流共同研究参考。图书馆亦属事业机关，希大家充分努力工作，则阅览人必有增加。"③ 可见其提出了

---

① 苏健：《北平〈华北日报〉有关袁同礼的两则史料》，载《山东图书馆学刊》2016 年第 4 期。

② 《北平国立图书馆今日开幕》，载《大公报》1931 年 6 月 25 日。

③ 袁咏秋、曾季光主编：《中国历代国家藏书机构及名家藏读叙传选》，北京大学出版社 1997 年版，第 132~133 页。

"学术化"的目标，并主张须在徐森玉的指导下"时常研讨"，并继续出版刊物。此后，在 9 月 30 日的第五次馆务会议上，袁同礼又强调：以后本馆进行方针，重在学术，希本馆同人，均有所编辑，于刊物上发表。①

为把国立北平图书馆办成一座现代化的图书馆，袁同礼"又延揽学者十余人，令其在馆中开展历史、地理、地图、小说、目录、版本、金石、碑帖、满文、蒙文、藏文等研究，图书馆不啻一研究院，人才济济，各能发挥其特长"②。据严文郁回忆，"除京师图书馆原有的徐鸿宝、谭新嘉二老及爨汝禧（僖）、范腾端和李文裿诸人外，守和先生从南北各校院罗致国学之士如：胡鸣盛、向达、谢国桢、马廉、王庸、刘节、贺昌群、梁廷灿、杨永修、王重民、孙楷弟（第）、于道泉（藏文专家）、谭其骧、赵录绰、张秀民、刘修业、萧璋、万斯年、顾华、马万里、胡英、李德启及茅乃文等，从事编纂工作。从金陵大学聘到钱存训、袁涌进、胡绍声；从文华添聘孙述万、邓衍林、张树鹄及颜泽霨等担任技术方面的工作。老一辈的刘国钧、陈任中、叶渭青（清）、王访渔及王祖彝诸先生皆为守和先生十分借重。留美返国的图书馆学专家加入北平图书馆的有：吴光清、梁思庄和莫余敏卿三人"③。这

---

①　袁咏秋、曾季光主编：《中国历代国家藏书机构及名家藏读叙传选》，北京大学出版社 1997 年版，第 133 页。

②　摘自张秀民《忆与向觉明先生交往的琐事》，见沙知编《向达学记》，生活·读书·新知三联书店 2010 年版，第 125～128 页。

③　摘自严文郁《提携后进的袁守和先生》，见《严文郁先生图书馆学论文集》，辅仁大学图书馆学系 1983 年版，第 259～263 页。

些人才的加入，有利于实现国立北平图书馆的建馆宗旨。即使在全面抗日战争期间，国立北平图书馆仍将成立宗旨定位于"提倡高深学术，沟通中西文化，并供给参考资料"①。虽表达方式稍有不同，办馆宗旨始终如一。

由此可以看出，国立北平图书馆的定位是一个"中华文化之宝库，中外学术之重镇"。为实现"中华文化之宝库"的目标，就必须在藏书方面"广为收存"；二为实现"中外学术之重镇"的目标，必须给予学术研究以大力支持，为此专门延揽专精学者开展研究。另外，图书馆的职能与以往藏书楼的秘不示人相比，大有不同，必须要开放阅览，因此求得"大多数人之利用"。而这一切，均需要极高的行政效率和行政效能作为保障。在行政效能这一方面，唐德刚等人曾盛赞袁同礼带领整个图书馆事业转型，蒋复璁亦曾对袁同礼的高效行政能力表示叹服。

第二节　国立北平图书馆的组织结构

1929 年，教育部与中华教育文化基金董事会签订协议，设立国立北平图书馆委员会，除正、副馆长为当然委员外，由教育部再选聘另外的 7 位委员。在内部组织上，除正、副馆长，该馆设有总务、采访、编纂、阅览、善本、金石、舆图、期刊八部，各设主任一人，各部之下再分若干组。另出于前述的"学术化"的

---

① 北京图书馆业务研究委员会编：《北京图书馆馆史资料汇编（1909—1949）》，书目文献出版社 1992 年版，第 1101 页。

考虑，设立编纂委员会，同时还设有购书委员会及建筑委员会。①
现细而分之，加以论述②：

一、国立北平图书馆委员会

在此之前，1926 年国立京师图书馆与中华教育文化基金董事
会共同设有"国立京师图书馆委员会"，并订有章程。③ 为延续
之前做法，《国民政府教育部　中华教育文化基金董事会合组国
立北平图书馆办法》也提到国立北平图书馆应设有专门委员会进
行督导、管理。该委员会也有专门的《国立北平图书馆委员会组
织大纲》④［民国十八年（1929 年）九月　教育部公布］。

根据此组织大纲，组建了委员会名单⑤，有：

委员长：周诒春

副委员长：刘复⑥

---

①　袁同礼：《国立北平图书馆概况》，载《图书馆学季刊》1931 年第 2
期。

②　国立北平图书馆编：《国立北平图书馆馆务报告　民国十八年七月
至十九年六月》，国立北平图书馆 1930 年版。

③　北京图书馆业务研究委员会编：《北京图书馆馆史资料汇编
（1909—1949）》，书目文献出版社 1992 年版，第 1033 页。

④　国立北平图书馆编：《国立北平图书馆馆务报告　民国十八年七月
至十九年六月》，国立北平图书馆 1930 年版，第 43~44 页。

⑤　中国第二历史档案馆编：《中华民国史档案资料汇编　第五辑　第
一编　教育（二）》，江苏古籍出版社 1994 年版，第 799 页。

⑥　刘复，即刘半农（1891—1934），江苏江阴人，时为北京大学国文
系教授。

委员兼会计：孙洪芬①

委员：马叙伦②、陈垣③、任鸿隽、傅斯年④

当然委员：蔡元培

当然委员兼书记：袁同礼

该委员会共有 9 名委员，除蔡元培和袁同礼作为国立北平图书馆的正、副馆长为当然委员，其他的 7 名委员，来自中华教育文化基金董事会的有周诒春、任鸿隽和孙洪芬 3 人，此外其余 4 人均为文教界知名人士。委员长由中华教育文化基金董事会董事周诒春担任，副委员长则是刘复担任。委员会的主要工作是办馆经费预算的编制以及经费使用上的管理。如 1930 年第五次委员会会议，主要讨论该年度预算，"曾将预算内各项酌为增加，经常费总额为全年十二万元，购书费则仍定为七万五千元"⑤。

自委员会成立后，部分委员发生了变动，到 1937 年具体变动情况是："1932 年 9 月，马叙伦任满，胡适续任。同年 10 月，

---

①　孙洪芬（1889—1953），名洛，安徽黟县人。自 1929 年开始，后任中华教育文化基金董事会执行秘书、秘书长、干事长、董事，中央科学研究院委员等职。

②　马叙伦（1885—1970），时为北京大学教授。

③　陈垣（1880—1971），时任辅仁大学校长。

④　傅斯年（1896—1950），时任中央研究院总干事等职。

⑤　《馆讯（十九年三四月）：委员会开会》，载《国立北平图书馆馆刊》1930 年第 2 期。

以通信方式改选委员会职员，胡适任委员长，傅斯年任副委员长。1934 年 7 月，刘复病逝。9 月，委员会推举蒋梦麟继任。1935 年 10 月，委员会职员改选，蒋梦麟任委员长，傅斯年连任副委员长。1936 年春，任鸿隽因任国立四川大学校长，不能兼顾馆务，辞去委员职务。委员会公推秦德纯①继任。"② 该委员会成员总体较为稳定，只有在缺员时才会补充新成员。该委员会为该馆的最高决策部门，亦可称为发展的智囊团，在发展导向上起到重要的引领作用。

二、国立北平图书馆内部组织机构

1909 年京师图书馆初创时，设正、副监督各 1 人，提调 1 人。1912 年起，改设馆长 1 人，1915 年又增设主任 1 人。1916 年，教育部所核准的《京师图书馆暂行办事规则》13 条中规定除馆长外，置主任和事务员，分设目录、庋藏、总务 3 课。其后虽有数次修改，目录、庋藏、总务 3 课的设置未变。1922 年，浙江图书馆《考察京津济宁苏沪各图书馆事项表》介绍京师图书馆人员为馆长 1 人、主任 1 人、馆员 20 人、录事 4 人。③ 1924 年，京师图书馆人员概况为：馆长傅岳棻，主任徐鸿宝，馆员 32 员。1925 年，馆员数 24 人。1929 年，人员情况为：总务部主任罗普，

---

① 秦德纯（1893—1963），字绍文，山东沂水人，时任北平市市长。

② 李致忠主编：《中国国家图书馆馆史（1909—2009）》，国家图书馆出版社 2009 年版，第 64 页。

③ 李致忠主编：《中国国家图书馆馆史资料长编（1909—2008）》，国家图书馆出版社 2009 年版，第 118 页。

图书部主任徐鸿宝，馆员 23 人。1929 年 5 月 21 日，教育部核准《国立北平图书馆组织大纲》13 条，所规定的组织机构为馆长 1 人，下设总务、图书 2 个部门。总务部下分文书、庶务、会计 3 股；图书部下分庋藏、阅览和编订 3 股。①

根据 1929 年 11 月 28 日教育部核准的《国立北平图书馆组织大纲》14 条，可知其内部分支机构有 8 部 16 组。具体如下：

国立北平图书馆组织大纲②

第一条　国立北平图书馆受教育部与中华教育文化基金董事会合组之国立北平图书馆委员会之监督，蒐藏图书供众阅览。

第二条　国立北平图书馆设馆长一人，副馆长一人，综理馆务。

第三条　国立北平图书馆设左（下）列各部，每部设主任一人分掌馆务。

一、总务部

二、采访部

三、编纂部

四、阅览部

五、善本部

六、金石部

① 李致忠主编：《中国国家图书馆馆史资料长编（1909—2008）》，国家图书馆出版社 2009 年版，第 126~127 页。

② 国立北平图书馆编：《国立北平图书馆馆务报告　民国十八年七月至十九年六月》，国立北平图书馆 1930 年版，第 44~46 页。

七、舆图部

八、期刊部

第四条　国立北平图书馆各部分组办事，每组设组长一人，组员书记各若干人分别处理各该管事务。因学术上之必要，得设编纂委员会，以编纂委员若干人组织之。

第五条　总务部设文书、会计、庶务三组，其职掌如左（下）：

一、关于馆员事项；

二、关于馆务会议、馆务报告及馆规事项；

三、关于文书事项；

四、关于会计事项；

五、关于庶务事项；

六、关于馆舍事项；

七、关于出版物之发行事项。

第六条　采访部设中文采访、西文采访、官书三组，其职掌如左（下）：

一、关于调查事项；

二、关于采购事项；

三、关于登录事项；

四、关于校钞事项；

五、关于装订修补事项；

六、关于入藏图书杂志之统计事项；

七、关于征求交换事项。

第七条　编纂部设中文编目、西文编目、索引三组，其职掌如左（下）：

一、关于编目事项；

二、关于分类事项；

三、关于考订雠校及撰拟提要事项；

四、关于出版物之设计及编纂事项。

第八条　阅览部设参考、阅览、庋藏三组，其职掌如左（下）：

一、关于阅览事项；

二、关于答覆咨询事项；

三、关于图书出借事项；

四、关于书库保管事项。

第九条　善本部设考订、写经二组，其职掌如左（下）：

一、关于善本图书之考订编目事项；

二、关于善本图书之影印流传事项；

三、关于善本图书之调查访求事项；

四、关于写经之考订编目事项；

五、关于陈列展览事项；

六、关于善本书库及陈列室之保管事项；

七、关于善本图书及写经之装潢修补事项。

第十条　金石部之职掌如左（下）：

一、关于金石拓本之采购事项；

二、关于拓本之整理编目事项；

三、关于拓本之阅览及保管事项；

四、关于拓本之装潢修补事项。

第十一条　舆图部之职掌如左（下）：

一、关于舆图之采购事项；

二、关于舆图之整理编目事项；

三、关于舆图之阅览及保管事项；

四、关于舆图之装潢修补事项。

第十二条　期刊部设中文期刊、西文期刊二组，其职掌如左（下）：

一、关于期刊之采购事项；

二、关于期刊之整理编目事项；

三、关于期刊之阅览及保管事项；

四、关于期刊之装订修补事项。

第十三条　本组织大纲经委员会三分之一之提议三分之二之通过，得修改之。

第十四条　本组织大纲经委员会通过后施行。

此大纲虽较长，但因极为重要，故不惜篇幅转录于此，现具体分而述之。

（一）馆领导

从以上"组织大纲"可知，馆长设 1 人，副馆长设 1 人，综理馆务。教育部聘定蔡元培为馆长，袁同礼为副馆长。蔡元培身兼多职，不能常到馆视事，其身份更多类似荣誉职务，或是象征性职务。主要由副馆长袁同礼代理馆长，主持日常馆务。1934 年 2 月至 12 月，袁同礼奉教育部委派赴欧美考察图书馆事业，"中基会"孙洪芬曾代理副馆长，主持馆务。①

国立北平图书馆内部分支机构设计较为合理，共 8 部 16 组。1929 年各部主任、组长派定如下②：

总务部主任：王访渔

文书组组长李芳馥、会计组组长宋琳、庶务组组长罗端

采访部主任：徐鸿宝

中文采访组组长赵万里兼、西文采访组组长岳良木、官书组组长曾宪三兼

编纂部主任：刘国钧

中文编目组组长蒋复璁、西文编目组组长严文郁、索引组组长王重民兼

阅览部主任：刘国钧兼

参考组组长汪长炳、阅览组组长梁全林、庋藏组组长韩嵩寿

善本部主任：徐鸿宝兼

考订组组长赵万里兼、写经组组长胡鸣盛

金石部主任：徐鸿宝

舆图部主任：钱稻孙

期刊部主任：袁同礼兼

中文期刊组组长李文裿兼、西文期刊组组长顾子刚兼

---

① 李致忠主编：《中国国家图书馆馆史（1909—2009）》，国家图书馆出版社 2009 年版，第 64 页。

② 《新组织之国立北平图书馆》，载《中华图书馆协会会报》1929 年第 1、2 合期。

　　编纂委员会各部主任均为当然委员，委员：叶渭清、赵万里、胡鸣盛、顾子刚。

　　1930 年 6 月，各主任名单如下：王访渔为总务部主任，徐鸿宝为采访部主任兼金石部、善本部主任，刘国钧为编纂部主任兼阅览部主任，钱稻孙为舆图部主任，袁同礼兼期刊部主任。①

　　1930 年 6 月至 1931 年新馆开馆，各部门主任基本不变，有变化的是舆图部，由王庸代理，编纂部与阅览部因原主任刘国钧请假离馆，主任一职悬缺。②

　　此后，各部主任任职者亦有所变动。1933 年，严文郁继任编纂、阅览二部主任。1934 年 2 月，徐鸿宝辞去金石部主任一职，刘节代理金石部主任。1935 年 2 月，为了使部门名称与工作内容更为贴切，国立北平图书馆将编纂部改为编目部，编纂委员会委员改称编纂。③ 同时裁去期刊部，改为期刊组，并入采访部。1935 年 6 月，严文郁受聘于北京大学，阅览部主任由王访渔兼任，编目部则新聘吴光清担任。1935 年 9 月，金石部代理主任刘节受燕京大学之聘而离职，由谢国桢代理主任。1936 年 5 月，王

---

　　①　国立北平图书馆编：《国立北平图书馆馆务报告　民国十八年七月至十九年六月》，国立北平图书馆 1930 年版，第 82~87 页。

　　②　李致忠主编：《中国国家图书馆馆史（1909—2009）》，国家图书馆出版社 2009 年版，第 65 页。

　　③　国立北平图书馆编：《国立北平图书馆馆务报告　民国二十三年七月至二十四年六月》，国立北平图书馆 1935 年版，第 27 页。

庸受聘任职于浙江大学, 舆图部主任一职悬缺。① 这些部主任, 皆为一时之选。当时所设的部组制, 现在也仍在国家图书馆沿用, 如今日国家古籍保护中心下设有多个组。

总务部相当于今日之办公室 (行政), 王访渔为原京师图书馆员工, 业务娴熟。采访、编纂、阅览、期刊等部门也相当于今日之采访、编目、阅览、期刊等部门。

其他三部, 善本、金石、舆图三部, 类今日之古籍特藏部, 但对于这一块的工作分工很细, 极为重视, 似已开今日之古籍保护事业之先河。舆图部系 "就写经室分出古地图及两馆旧藏舆图, 组织舆图部"②。各部之工作职责亦有明确分工, 其中善本部的写经组之工作职责是 "考订并重新编写敦煌遗书目录"③, 前后参与写经组工作的人有: 徐鸿宝、胡鸣盛、李柄寅、徐声聪、张书勋、陈熙贤、于道泉、许国霖、李兴辉、孙楷第、朱福荣、王廷燮、王少云、马准等。④ 陈列展览由善本部负责。

金石部之设是 "鉴于地下物质材料有时较书本为重要, 而其相关关系尤为密切, 特设金石部, 以处理该项实物及墨本"。袁

---

① 李致忠主编:《中国国家图书馆馆史 (1909—2009)》, 国家图书馆出版社 2009 年版, 第 65 页。

② 《各部之改组成立》, 载《国立北平图书馆月刊》1929 年第 4 期。

③ 摘自余欣《空谷微妙声: "边缘敦煌学家" 许国霖的历史印痕》, 见余欣《博望鸣沙——中古写本研究与现代中国学术史之会通》, 上海古籍出版社 2012 年版, 第 47~80 页。

④ 方广锠:《北京图书馆藏敦煌遗书勘查初记》, 载《敦煌学辑刊》1991 年第 2 期。

同礼在《〈中国图书馆计划书〉［书评］》中提出："又李君所拟图书馆中之博物院，吾人亦未敢苟同，盖博物院之组织与图书馆迥异……前人之活动见于文字者，均在搜集之列，如碑帖墨迹拓片等等，应另设一金石部，专司其事，似无须设博物院也。"① 在1929 年中华图书馆协会第一次年会上，袁同礼就曾提出"请各大图书馆搜集金石拓片，遇必要时得设立金石部以资保存"的提案②，可见其对金石资料的重视，积极主张设立金石部。国立北平图书馆就曾"在河南洛阳购入汉《熹平石经》后记一方，宽尺余，长二尺许，两面存字凡一百四十余，于经学所裨至巨。又购得陈寿卿氏手辑金文二十巨册，王廉卿旧藏南北朝碑志八百余种，均可宝贵。此外又聘定郭玉堂君在洛阳方面广收新出土金石墨本，前后寄到者已在六百种以上，可称大观矣"③。到1936 年，金石部所藏金石拓本，"为今日图书馆中收藏拓本之最富者"④。赵爱学《抗战期间北平图书馆的金石文献业务工作》⑤ 一文对国

---

① 和（袁同礼）：《〈中国图书馆计划书〉［书评］》，载《中华图书馆协会会报》1928 年第 5 期。

② 《中华图书馆协会第一次年会纪事》，载《中华图书馆协会会报》1929 年第 4 期。

③ 国立北平图书馆编：《国立北平图书馆馆务报告　民国十八年七月至十九年六月》，国立北平图书馆 1930 年版，第 18 页。

④ 中国博物馆协会编辑：《中国博物馆一览》，中国博物馆协会 1936 年版，第 32 页。

⑤ 赵爱学：《抗战期间北平图书馆的金石文献业务工作》，见国家图书馆编《国图与抗战——纪念中国人民抗日战争暨世界反法西斯战争胜利 70 周年国家图书馆员工文集》，国家图书馆出版社 2016 年版，第 228～250 页。

立北平图书馆金石部职员及其工作做了详细的研究，可供参考。

　　舆图部自成立以来，先后有职员钱稻孙、王访渔、茅乃文、王庸、金勋、赵炳勋、赵荫厚、马龙璧、贺昌群等人任职，从事该部门的工作。① 王庸曾代理舆图部主任，他"擅长史地学，博览地学古籍，对人文地理和地图史料的研究造诣甚深，还见到他对明清海防、边防图籍尤感兴趣"②。其工作成就是："从1932年起，开始全面清理，举凡编注、校阅、考证、整理以及制订规划到目录的编辑出版，无不出自以中先生之手，我们仅从目录中可以清楚的看到检订之认真，著录之详尽、对工作切切实实、一丝不苟。这种不畏艰难、又勇于负责的工作作风，是值得我们学习的。接着把一些破损的残卷委由北京著名的大树斋精工细裱、得以恢复原貌。到1934年春，历时两年已大部装裱完竣、一时琳琅满目，蔚为大观。还特制专柜、专架，以利久藏。"③ "以中先生"即王庸，其在该部的工作中贡献极大。

　　1946年6月28日国民政府令准《国立北平图书馆组织条例》④，较之前有较大的变化，主要如下：

---

　　① 白鸿叶：《抗战期间国立北平图书馆的舆图业务工作》，见国家图书馆编《国图与抗战——纪念中国人民抗日战争暨世界反法西斯战争胜利70周年国家图书馆员工文集》，国家图书馆出版社2016年版，第251~265页。

　　② 赵荫厚：《古图今何在　故人永不归——记南迁舆图和王庸先生》，载《国家图书馆学刊》1982年第3期。

　　③ 赵荫厚：《古图今何在　故人永不归——记南迁舆图和王庸先生》，载《国家图书馆学刊》1982年第3期。

　　④ 北京图书馆业务研究委员会编：《北京图书馆馆史资料汇编（1909—1949）》，书目文献出版社1992年版，第1083~1084页。

（一）国立北平图书馆直接隶属于教育部，中华教育文化基金董事会因抗战胜利而取消，不再参与国立北平图书馆馆务的管理。

（二）无副馆长之设，不设副馆长是在 1940 年蔡元培去世后，国立北平图书馆委员会会议中提到"建议教育部及中华教育文化基金董事会以袁副馆长升任馆长并取消副馆长一职"① 时决定的。

（三）八部改为八组，其中编纂部改为编目组，金石部改为特藏组，期刊部改为研究组，其他部改为组，名称不变。

（四）与前相比，各部门的职责在此组织大纲未再细加规定，或已为众熟悉，不再强调。

（五）各组聘任人员有了更为具体的数额规定。

（六）额外强调会计、人事等职位，可见教育部加强了对国立北平图书馆的管理。

（七）强调须向教育部报告全年工作概况及下年度工作计划。

这是抗战胜利后，因为"中基会"取消后所作的更改。

（二）馆员

国立北平图书馆合组成立后，进入了发展的快车道。从馆员人数上看，大幅增长。自 1931 年至 1937 年，馆员人数均在 100 人以上。具体如下：

---

① 北京图书馆业务研究委员会编：《北京图书馆馆史资料汇编（1909—1949）》，书目文献出版社 1992 年版，第 715 页。直到 1943 年，教育部方正式任命袁同礼为国立北平图书馆馆长。

表 1-1　国立北平图书馆 1931 至 1937 年度馆员、职员人数表①

年　度	人　数
1931 年 7 月至 1932 年 6 月	107
1932 年 7 月至 1933 年 6 月	123
1933 年 7 月至 1934 年 6 月	127
1934 年 7 月至 1935 年 6 月	110
1935 年 7 月至 1936 年 6 月	117
1936 年 7 月至 1937 年 6 月	120

如 1931 年，新入职的职员就有：张树鹊、邓衍林、丁潾、张桂森、曾宪文、袁涌进、宋友英、王淑宽、马万里、岳梓木、吴宣易、李玉钧、于冠英，编纂委员梁思庄，特约编纂员陈任中共 15 人。②

可见在抗日战争全面爆发以前，国立北平图书馆发展到了最好的时期。国立北平图书馆的工作人员一度达到峰值 135 人。③抗日战争全面爆发以后，馆员人数大为减少，具体后面还将论述。抗日战争胜利以后，袁同礼向教育部争取将职员定额规定在150 人。以今日之眼光看，当时的员工人数当然算不多，但在当时已较为可观。

---

① 李致忠主编：《中国国家图书馆馆史（1909—2009）》，国家图书馆出版社 2009 年版，第 65 页。

② 《馆讯》，载《国立北平图书馆馆刊》1931 年第 5 期。

③ 北京图书馆业务研究委员会编：《北京图书馆馆史资料汇编（1909—1949）》，书目文献出版社 1992 年版，第 866~867 页。

三、国立北平图书馆编纂委员会

1929 年《国立北平图书馆组织大纲》第四条中谈及"因学术上之必要，得设编纂委员会，以编纂委员若干人组织之"①。1949 年《国立北平图书馆组织条例》也规定"编纂八人至十二人，编辑十四人至二十人，均聘任"②。前已提到，袁同礼倡导馆员多向对版本目录之学深有研究的徐森玉先生请教，以促进研讨，现又特设编纂委员会。这个编纂委员会就是一个小群体（一般不超过 20 人），成员间频繁互动，亲密相处，形成一个共同体。对此，荣方超已有较为全面的研究。③ 自 1929 年 8 月到 1937 年 6 月，该委员会每工作年度的人数，从最开始的 11 人（1929.8—1930.6），发展到最多有 21 人（1933.7—1934.6），最少有 2 人（1936.7—1937.6）。编纂委员会与该馆八大业务部门之一的编纂部有联系也有区别，"编纂部侧重对馆藏文献目录的揭示，以方便读者查找、检索；编纂委员会侧重对专题文献的整理、史料的考释与汇编，最后编印成书，为学术界之相关研究提供参考"④。刘波也认为编纂委员在馆内从事的工作主要有：编纂馆藏专题目

① 国立北平图书馆编：《国立北平图书馆馆务报告　民国十八年七月至十九年六月》，国立北平图书馆 1930 年版，第 45 页。

② 北京图书馆业务研究委员会编：《北京图书馆馆史资料汇编（1909—1949）》，书目文献出版社 1992 年版，第 1084 页。

③ 荣方超：《国立北平图书馆编纂群体及其职能考（1929—1937）》，载《国家图书馆学刊》2018 年第 6 期。

④ 荣方超：《国立北平图书馆编纂群体及其职能考（1929—1937）》，载《国家图书馆学刊》2018 年第 6 期。

录、编辑文献索引、古文献辑佚、古籍校勘与文献整理、编辑丛书期刊、开展专题学术研究等。① 荣方超所编制的《国立北平图书馆编纂群体成员列表（1927—1939）》和《国立北平图书馆编纂群体职务统计》② 已有详细统计。在荣方超的研究中，以赵万里、顾子刚、王重民、向达、孙楷第、刘节、王庸、谢国桢、梁思庄、贺昌群 10 人构成的青年编纂群体更引人注目。他认为："国立北平图书馆的编纂群体本质上是为学术提供参考服务的图书馆职员群体，而非专门的研究人员群体。只是因为他们在从事编纂工作的同时，抓住了学术训练机会，结合知识背景和研究兴趣，加之自身努力钻研，最终在学术研究领域取得了瞩目的成就。"③

编纂委员会的编纂有一部分是从原有馆员内聘任，如王重民、赵万里、顾子刚等。有一部分是直接从外聘入。如：1931年，受聘入馆任编纂委员的有刘节、王庸、梁思庄、孙楷第等 4人。此外，张秀民也于当年 7 月毕业到馆任职。1932 年，谭其骧入馆任职。1933 年，贺昌群、马廉受聘为编纂委员，萧璋也于同年入馆任职。1935 年，吴光清受聘担任编纂兼编目部主任兼中文编目组组长。同年，又聘得杨殿珣入馆。除上列诸位，还有马

---

① 刘波：《国家图书馆与敦煌学》，国家图书馆出版社 2018 年版，第263～264 页。

② 荣方超：《国立北平图书馆编纂群体及其职能考（1929—1937）》，载《国家图书馆学刊》2018 年第 6 期。

③ 荣方超：《国立北平图书馆编纂群体及其职能考（1929—1937）》，载《国家图书馆学刊》2018 年第 6 期。

准、刘修业、万斯年、顾华、胡英、马万里等。①

笔者在此拟对几位担任编纂委员但学界关注较少的学人予以介绍。

叶渭清（1886—1966），字左文，号俟庵，浙江兰溪人。1922 年 10 月 21 日，教育部派叶渭清任京师图书馆主任。② 1929 年，叶渭清应邀任京师图书馆编纂部主任，并代马叙伦处理日常馆务。1930 年底，叶渭清辞去该职。1933 年 1 月，叶渭清再度受北平图书馆之聘，与傅增湘、陈垣、章钰等共任《宋会要辑稿》③ 编印委员。该年的馆务报告中称："《宋会要》一书，仅有稿本，从未付印。本馆承刘翰怡先生之让与，拟为校勘写定，设法付印，以备治宋史者之一助，现由叶渭清君从事校勘。"④ 该馆从嘉业堂刘承干先生处购得《宋会要辑稿》，至 1935 年，编成200 册。1935 年华北事变后叶渭清归隐衢州。1936 年，《宋会要

---

① 李致忠主编：《中国国家图书馆馆史（1909—2009）》，国家图书馆出版社 2009 年版，第 69 页。

② 李致忠主编：《中国国家图书馆馆史资料长编（1909—2008）》，国家图书馆出版社 2009 年版，第 131 页。

③ 《宋会要》由嘉庆年间学者徐松从《永乐大典》辑出，其辑稿于同治年间散出，由缪荃孙购得，缪荃孙又与屠寄在广雅书局进行整理，但只整理了部分，此部分原稿和整理稿后归广雅书局提调王秉恩所得，又转让给嘉业堂刘承干。刘承干继续请人整理，形成嘉业堂清本，其原稿又于 1931 年转让给国立北平图书馆，经叶渭清整理形成《宋会要辑稿》，1936 年由国立北平图书馆影印出版。见刘琳、刁忠民、舒大刚等校点《宋会要辑稿》第 1 册，上海古籍出版社 2014 年版，"序言"。

④ 国立北平图书馆编：《国立北平图书馆馆务报告　民国二十一年七月至二十二年六月》，国立北平图书馆 1933 年版，第 27 页。

辑稿》由国立北平图书馆影印出版。在《影印〈宋会要辑稿〉缘起》中，叶氏对其所做的工作进行了较为全面的总结。在其《宋会要校记》手稿中，自陈如下："吾为此注，绳愆纠缪，期欲撤去此阶，以多存逸书，故不觉其言之切至也，苟有罪，我庸敢此乎？中华民国二十二年十一月十一日，叶渭清。"① 其整理之功过，后人评价为："叶氏对原辑稿及清本的研究，发现了不少问题，校订了一些史文，并说明清本与原稿的一些状况，是有所贡献；在对前人的批评中，如某些篇幅编排不当，'杂引他书不注所本'，以及剪裁丢失原稿等，都是正确的。但对于删去校出异同后的重出篇幅，对时序错乱原稿的排整，亦看作'移改''删并'，而予以否定，则似欠公允。"② 此外，叶渭清还有《嵇康集校记》等作。

胡鸣盛（1886—1971），字文玉，文史学家，教育家。1929年8月，胡鸣盛应聘于国立北平图书馆，为该馆编纂委员会委员，兼写经组组长。胡鸣盛主持重编敦煌遗书目录，名为《敦煌石室写经详目》③、《敦煌石室写经详目续编》，此外还编有《四

---

① 王云海：《宋会要辑稿研究》，河南师大学报编辑部 1984 年印行，第 83 页。

② 王云海：《宋会要辑稿研究》，河南师大学报编辑部 1984 年印行，第 85 页。

③ 先后主持及参加编写的人员有徐鸿宝、胡鸣盛、许国霖、李柄寅、李兴辉、徐声聪、张书勋、陈熙贤、于道泉、孙楷第、朱福荣、王少云、马淮等。誊录时北平李柄寅、湘阴许国霖、北平李兴辉用力最深。见方广锠《北京图书馆藏敦煌遗书勘查初记》，载《敦煌学辑刊》1991 年第 2 期。

库荟要目录索引》（1933）等。为提高编辑质量，其还聘请周叔迦先生帮忙考证。二目著录敦煌遗书约万件，惜后因战争，未能出版。1935 年 7 月，胡鸣盛应邀赴青岛出任国立山东大学文学院教授兼图书馆主任，离开了国立北平图书馆。

陈贯吾（1894—1988），又名陈观悟，字佛荣，号陈毅。早年毕业于北京大学法学院，1931 年 7 月，经北京大学同学、国立北平图书馆袁同礼副馆长介绍，到该馆担任编纂。任职共有三年，除编馆刊外，另编有《梁氏饮冰室藏书目录》①　一部。1939年冬，复到国立北平图书馆上海办事处工作，编辑出版《图书季刊》，并保管运沪珍本古籍。②

编纂委员会中的青年编纂，因为有更多研讨学术的机会，在学术研究上取得了傲人的成绩，这在后面还将继续讨论。

四、国立北平图书馆购书委员会

在该馆成立购书委员会之前，最开始成立的是北京图书馆1928 年 5 月 5 日成立的购书商榷会。其成立之缘起与细则如下：

> 本馆以同人见闻寡陋，经费有限，购书方面，极愿各科专家，随时建议。特先就自然科学中敦请名家指示选购方

---

① 《梁氏饮冰室藏书目录》，国立北平图书馆 1933 年版。
② 李桐明：《陈贯吾先生传略》，见《张家港文史资料》第 13 辑，张家港市政协文史资料委员会 1994 年印行，第 77~86 页。

针，拟有简约五条如左（下）：

北京图书馆购书商榷会简约

一、北京图书馆为确立购书方针起见，敦聘各科学者组织购书商榷会。

二、会员援助馆长之事项如左（下）：

（一）推荐应购之书；（二）审核拟购之书；（三）指示新出之书。

三、会员于前条各事项随时通函或通知馆长，不拘形式。

四、图书馆得随时通函会员乞其指教。

五、图书馆书目应编印分致各会员。①

北京图书馆的购书商榷会名单如下：

哲学	冯友兰	金岳霖	胡　适	等
文学	温源宁	陆　源	吴　宓	等
语言	赵元任	刘半农	陈寅恪	等
数学	秦　汾	姜立夫	李　俨	
物理	叶企孙	吴有训	等	
化学	赵红民	吴　宽	等	
地理	竺可桢	丁文江②		

---

① 《购书榷商会》，载《北京图书馆月刊》1928 年第 2 期。

② 袁咏秋、曾季光主编：《中国历代国家藏书机构及名家藏读叙传选》，北京大学出版社 1997 年版，第 131 页。

北京图书馆更名为北平北海图书馆后，也继续成立购书委员会，除馆长为当然委员，并推定丁文江、任鸿隽、陈垣、叶企孙、胡先骕五君为委员。其旨趣在审定各方面学者介绍之书籍，并规定采访方针。①

国立北平图书馆购书委员会则下分两个组②，由以下成员担任。

中文组委员　陈　垣　陈寅恪　傅斯年　胡适之

顾颉刚　徐鸿宝　赵万里（兼书记）

西文组委员　丁文江　胡先骕　陈寅恪　傅斯年

孙洪芬　王守竞　顾子刚（兼书记）

购书委员会日常之工作主要还涉及购书经费之使用。1930年召开的第二次会议，即"议决下年度购书费七万五千元，除以二万元为购置中文书籍外，其余五万五千元，请基金董事会按照美金折半计算，计合美金二万七千五百元云"③。1930年12月，购书委员会与馆委员会联席召开会议，商定增加购书预算。④

---

① 《购书委员会之组织》，载《北平北海图书馆月刊》1929年第2期。

② 中国第二历史档案馆编：《中华民国史档案资料汇编　第五辑　第一编　教育（二）》，江苏古籍出版社1994年版，第799页。

③ 《馆讯（十九年三、四月）：购书委员会开会》，载《国立北平图书馆馆刊》1930年第2期。

④ 《馆讯（十九年十一、十二月）：委员会联席会议》，载《国立北平图书馆馆刊》1930年第6期。

1931 年 8 月，购书委员会中的西文组委员傅斯年提议开办大同书店。时任馆购书委员会西文组委员兼书记的顾子刚兼任经理，开办最初馆方投入 500 元启动资金，店址设在馆方宿舍本市西小石作二号。书店开办的初衷是无须通过中介机构，该馆就可直接跟国外联系购买外文文献，并能享受一定的折扣。从成立之日起到 1941 年，书店一直是该馆西文文献采访的重要渠道。①

此外，指导购书也是购书委员会的重要工作内容。如 1932 年 7 月至 1933 年 6 月此一年度，"承购书委员会之指导采购中文书共一千七百六十四种，计一万零三百十册又一千五百九十张，其中珍本秘籍颇多，得未曾有之佳品"②。所获珍本文献有四明范氏天一阁、贵阳陈氏诗听阁旧藏之明代别集六百种，常熟毛氏汲古阁、陈氏稽瑞楼旧藏之明清地志一百五十余种，海盐朱氏旧藏之明清戏曲书等。另还购进舆图、金石拓片等。

1933 年，购书委员会的西文组委员王守竞辞职，国立北平图书馆委员会于 12 月公推叶企孙继任。1934 年 9 月，国立北平图书馆委员会推举出新一届购书委员会。任职名单如下：

中文组委员：陈垣（主席）、孟森、顾颉刚、傅斯年、胡适、徐鸿宝、赵万里（兼书记）

西文组委员：张子高（主席）、胡先骕、陈寅恪、叶企

---

① 赵爱学、林世田：《顾子刚生平及捐献古籍文献事迹考》，载《国家图书馆学刊》2012 年第 3 期。

② 国立北平图书馆编：《国立北平图书馆馆务报告 民国二十一年七月至二十二年六月》，国立北平图书馆 1933 年版，第 5 页。

孙、陈受颐、江泽涵、严文郁、顾子刚（兼书记）①

1934 年 10 月 13 日，该委员会又修正了《北平图书馆购书委员会组织大纲》，仍规定该委员会职权为：（一）决定购书方针及进行计划；（二）审核图书馆拟定之每年分组分类购书费概算；（三）介绍及审核图书。② 1934 年 11 月，增聘梁思永为西文组委员，指导选购考古学与人类学书籍。1936 年 6 月，西文组江泽涵、陈受颐离任。同年，先后增补顾毓琇、谢家声、张印堂、姚士鳌、叶公超为西文组委员。

购书委员会成员行使其职权可在陈垣的一通书札中可窥一二。1934 年，该委员会议购安徽寿县出土楚国铜器事，9 月 7 日，陈垣致函国立北平图书馆称：

> 此项古物应否保存是一事，本馆应否购买又是一事。如果此项古物值得保存，中央博物馆及安徽博物馆应先购置。区区贰千四百元，中央及省府何至无办法，而必欲售归本馆？本馆经费并不充裕，且系图书馆，非兼办古物馆。古物日有出土，此端一开，本馆恐无此力量。在中文购书费内挪购，理由亦似不充足……即使不欲古物流出外洋，政治亦应

---

① 李致忠主编：《中国国家图书馆馆史（1909—2009）》，国家图书馆出版社 2009 年版，第 64 页。

② 北京图书馆业务研究委员会编：《北京图书馆馆史资料汇编（1909—1949）》，书目文献出版社 1992 年版，第 1073～1074 页。

有整个计画，枝枝节节截留无当也。若基金会有款可购，乃另一问题，不在本馆范围之内矣。拙见如此，仍请公决。①

此处陈垣提出了自己对于该馆是否购买古物的意见，他认为该馆为"图书馆"，非兼办"古物馆"，且购书费本不充足，不应购买。其所论有理有据，为该委员会所采纳。

民国期间的图书馆，如燕京大学图书馆，亦设有购书委员会，商讨并决定购书之办法。可见此种委员会的设置较为常见，是现代行政管理之一法。

五、国立北平图书馆建筑委员会

考虑到新馆建筑事务繁重，北平图书馆于1927年9月成立专门的建筑委员会董理其事。委员先为5位，1929年改选后为7位，名单如下：

建筑委员会委员名单

周诒春　十六年九月选任

李四光　仝上

戴志骞　仝上

袁同礼　仝上

---

① 陈智超：《陈垣来往书信集（增订本）》，生活·读书·新知三联书店2010年版，第626页。该信原标为"约1935年"，刘波考其年代为1934年。见刘波《国家图书馆与敦煌学》，国家图书馆出版社2018年版，第268页。

安　　那① 仝上

建筑委员会改选委员名单

周诒春　十八年八月选任

任鸿隽　仝上

丁文江　仝上

戴志骞　仝上

刘　复　仝上

孙洪芬　仝上

袁同礼　仝上

以上人员多有欧美留学背景。该委员会向全球征集设计图案（实收 17 份设计图案），公开进行建设招标，聘莫律兰（V. Leth-Moller）为建筑师，由天津复新建筑公司等中外多家公司参与承造，此后又经多番努力，严格执行账目管理，才有了该馆建筑的落成与使用。② 已有学者据《北京图书馆征选建筑图案条例》（1926 年 11 月 15 日）、《北京图书馆征募建筑图案审查会报告》③ 等材料，对该委员会所从事的工作进行了较为全面的分析④，此

① 　原协和医院建筑师 G. W. Anner。

② 　与此同时，静生生物调查所之建筑也同时建设，并由该委员会管理。

③ 　国立北京图书馆编：《国立北京图书馆第一年度报告　民国十五年三月至十六年六月》，北京图书馆 1927 年版，"附录"。

④ 　张复合：《国立北平图书馆建筑缘起》，载《建筑师》1996 年第 68 期。

处不赘。1933 年 1 月，该委员会呈递了一份详细报告①，也可资学者参考。该委员会在该馆建筑功成后自动撤销。

六、国外通讯员与名誉编纂员

1929 年 10 月 25 日，国立北平图书馆函聘中外名誉编纂委员、通讯员、名誉调查员 12 人。具体为②：

名誉编纂委员

余绍宋

钢和泰

吴其昌

张陈卿

通讯员

长泽规矩也（日）

王光祈（德）

阿理克（俄）

张凤举（法）

耶慈（英）

斯永高（美）

---

① 北京图书馆业务研究委员会编：《北京图书馆馆史资料汇编（1909—1949）》，书目文献出版社 1992 年版，第 1222～1233 页。

② 北京图书馆业务研究委员会编：《北京图书馆馆史资料汇编（1909—1949）》，书目文献出版社 1992 年版，第 307～310 页。

名誉调查员

庄严①

郭玉堂②

　　1930 年 7 月 7 日，该馆又增聘伯希和（法）和劳佛（美，又称洛佛尔，Berthold Laufer，1874—1934）为通讯员。③ 增聘伯希和为通讯员，为以后王重民、向达等人赴英法等国的访书活动奠定了良好的基础。《国立北平图书馆馆刊》中有一栏目名为"通讯"，即登载该馆所聘之通讯员之信函。如 1930 年登载了长泽规矩也的两封来信，谈静嘉堂文库所藏宋元版本及静嘉堂文库陈列目录等问题④，起到了促进中外交流的作用。这些通讯员亦为《国立北平图书馆馆刊》撰稿，或作品被译为中文刊布在该刊上，如伯希和撰的《牟子考》⑤ 由冯承钧翻译，就发表在该刊上。1934 年，该馆通信研究员洛佛尔逝世，贺昌

---

　　① 庄严（1899—1980），字尚严，河北大兴（今属北京）人。1924 年北京大学哲学系毕业，历任北京大学研究所国学门助教、故宫博物院古物馆第一科科长等职，后任台北故宫博物院副院长等。

　　② 郭玉堂时受聘在洛阳采访出土墓志等金石拓片。郭玉堂有"十石经斋"，铺号"墨景堂"，以售碑帖为业，著有《洛阳出土石刻时地记》。

　　③ 北京图书馆业务研究委员会编：《北京图书馆馆史资料汇编（1909—1949）》，书目文献出版社 1992 年版，第 324 页。

　　④ ［日］长泽规矩也：《通讯》，载《国立北平图书馆馆刊》1930 年第 6 期。

　　⑤ ［法］伯希和撰，冯承钧译：《牟子考》，载《国立北平图书馆馆刊》1932 年第 3 期。

群撰写其生平，评述其代表性论著，并编制其论著目录专为悼念。①

七、国立北平图书馆抗战时期临时机构

（一）上海办事处

1935 年华北事变后，为保护且南运图书计，国立北平图书馆在上海设立了办事处。据 1941 年 2 月 17 日李耀南致袁同礼函，可知上海办事处馆员薪俸及津贴，每月共 445 元，其中馆员 3 人，计钱存训月薪 130 元，陈贯吾、李耀南月薪各 120 元，三人津贴，每月各 25 元，馆役 1 名，工资 20 元，津贴 15 元。② 另据《1941 年平馆驻外办事处职员表》，职员有：钱锺书，主任，英文《图书季刊》；钱存训，英文《图书季刊》；李耀南，中文《图书季刊》；陈贯吾，中文《图书季刊》。该年 6 月，李芳馥由美返国，也到国立北平图书馆驻沪办事处工作。③ 到 1949 年 8 月，该办事处已有人员 6 名④，具体如下：

---

① 贺昌群：《悼洛佛尔氏》，载《国立北平图书馆馆刊》1934 年第 5 期。

② 北京图书馆业务研究委员会编：《北京图书馆馆史资料汇编（1909—1949）》，书目文献出版社 1992 年版，第 730 页。

③ 李致忠主编：《中国国家图书馆馆史资料长编（1909—2008）》，国家图书馆出版社 2009 年版，第 341 页。

④ 北京图书馆业务研究委员会编：《北京图书馆馆史资料汇编（1909—1949）》，书目文献出版社 1992 年版，第 948 页。

表 1-2　国立北平图书馆上海办事处职工名册

职别	姓　名	性别	年龄	籍　贯	到馆年月	薪　额	备　考
主任	李芳馥	男	47 岁	湖北黄陂	1927 年 8 月	490 元	
编纂	王育伊	男	42 岁	浙江黄岩	1935 年 8 月	380 元	
编纂	爨汝僖	男	56 岁	四川宜宾	1919 年 4 月	360 元	
干事	钱孝如①	女	25 岁	江苏泰县	1946 年 12 月	160 元	
书记	朱义钧	男	28 岁	浙江慈溪	1946 年 1 月	110 元	
工友	阮金生	男	29 岁	江苏镇江	1948 年 10 月	12 元	

可见人事变动较为频繁。由于袁同礼馆长不在沪，只能通过书信指示馆务，仅 1938 年 10 月 18 日至 1939 年 4 月 29 日上海办事处就曾致函袁同礼 18 通②，汇报该办事处工作情况。该处的工作还涉及"善本运美"一事，关系极为重大，后文还将论述。1950 年 1 月，赵万里奉派至上海办事处结束该处事务，清理本馆图书 208 箱，装箱待运。③ 李芳馥、王育伊留沪，参与筹备上海图书馆，为上海图书馆的建设作出了贡献。

（二）南京办事处——工程参考图书馆

1934 年 2 月，与中国工程师学会、中美工程师协会合作，国立北平图书馆在当时的国都南京设立工程参考室，藏工程书 2000

---

①　钱存浩（中国钱币学会学术委员，贵州省钱币学会副会长）之侄女。

②　北京图书馆业务研究委员会编：《北京图书馆馆史资料汇编（1909—1949）》，书目文献出版社 1992 年版，第 642~676 页。

③　刘波：《赵万里先生年谱长编》，中华书局 2018 年版，第 307 页。

余种，3 月 1 日开放阅览。1936 年 9 月，该室迁至南京珠江路 942
号的中央研究院地质调查所大楼内，定名为南京工程参考图书馆。
馆内所藏书籍杂志可分为六种：（1）工程参考书；（2）普通参考
书；（3）工程期刊；（4）工程小册；（5）工程公司出品目录；（6）
工程照片。工作内容除提供阅览咨询，还编辑论文索引。[①] 1937 年
7 月 1 日，聘钱存训为该办事处主任，七七事变爆发后，南京分馆
奉命疏散。抗战胜利后复员，该办事处 1946 年有职员 3 人，编纂
顾斗南、编辑程德谟、书记董正荣。藏书主要是内阁大库地图、西
文工程参考工具书、新书等。后来钱存训到此负责。1950 年 1 月，
赵万里奉派结束该处事务，顾斗南等五位职员转至中央图书馆（即
后来的南京图书馆），该办事处图书 68 箱打包待运回北京。

（三）昆明办事处

抗日战争全面爆发后，国立北平图书馆之部分职员数经辗
转，转移到后方。1938 年 5 月在昆明设立了该馆办事处，1939 年
3 月起拟改为国立北平图书馆本部，4 月 10 日获教育部社会教育
司批准。[②] 该处设立后，因地制宜地开展了工作。在《国立北平
图书馆昆明办事处工作大纲 廿七年度至廿八年度》[③] 中，对该

---

① 国立北平图书馆编：《国立北平图书馆馆务报告 民国二十五年七
月至二十六年六月》，国立北平图书馆 1937 年版，第 24 页。

② 北京图书馆业务研究委员会编：《北京图书馆馆史资料汇编
（1909—1949）》，书目文献出版社 1992 年版，第 683～684 页。

③ 北京图书馆业务研究委员会编：《北京图书馆馆史资料汇编
（1909—1949）》，书目文献出版社 1992 年版，第 1078～1079 页。

处所开展的工作和人员分工有详尽的安排，具体如下：

（一）关于采访事项

1. 征购西南文献（包括各特种民族照片） 万斯年、张敬

2. 传拓西南石刻 万斯年

3. 办理新书呈缴（包括期刊及舆图）及整理中文期刊 毛宗荫

4. 征购抗战史料 颜泽霡

5. 征购安南缅甸文献 莫余敏卿、余霭钰

6. 征购西文书籍及整理西文期刊 莫余敏卿、余炳元、余永和

7. 征集专门论文单行本 陈传惠

8. 整理日报及舆图 岳梓木

（二）关于编目及索引事项

1. 编印新书分类目录 胡绍声、张树鹄、马万里、赵耆康

2. 编制入藏图书目录 何国贵、徐家璧、于自强

3. 编制抗战论文索引 毛宗荫、余瑞芝

4. 编辑西南边疆图籍录 邓衍林

5. 编辑云南书目 邓衍林

6. 编辑云南研究参考资料 袁同礼、万斯年

（三）关于流传事项

1. 影印"孤本元曲" 袁同礼

2. 排印"暴日侵华与国际舆论"初编及二编　颜泽霦

（四）关于与其他学术机关合作事项

1. 协助西南联合大学完成图书设备

2. 协助中华图书馆协会向国外征书及其他复兴工作

　　由以上可知，1938 年昆明办事处有职员 20 人。他们虽然遭遇极大困难，仍坚持不懈，易地重生，开展新的工作内容。1939 年 1 月 1 日，国立北平图书馆与西南联合大学合组中日战争史料征辑会（简称"史料会"）。"史料会"的工作分征辑、整编两部分，北平图书馆负采访、征集和初步整理之责，西南联合大学则负责编纂。初期参加"史料会"具体工作的有：万斯年（中文日文采访）、王育伊（中文资料整理工作）、高亚伟（中文战事书籍提要）、赵芳瑛（中文杂志索引）、周正福（中文剪报）、颜泽霦、刘金宝（西文采访和西文资料整理工作）、王厚真（西文杂志索引）等。①

　　1941 年，国立北平图书馆昆明办事处职员及职责②如下：

　　　　莫余敏卿，主任，并负责西文文牍兼会计，整理西文档案；
　　　　爨汝僖，中文文牍，整理中文档案；
　　　　张敬，中文《图书季刊》；
　　　　毛宗荫，期刊搜集及整理；

---

①　戚志芬：《袁同礼先生与中日战争史料征辑会》，载《国家图书馆学刊》1989 年第 1 期。

②　李致忠主编：《中国国家图书馆馆史资料长编（1909—2008）》，国家图书馆出版社 2009 年版，第 304 页。

王叔曼，史料会采访；

岳梓木，打字，庶务；

岳传美，报纸搜集整理（以上在文庙办公）。

胡英，国学论文索引，采访；

范腾端，编目（线装书）；

宋友英，地学论文索引；

赵耆康，编目（新装书）（以上在起凤庵办公）。

赵芳瑛，抗战论文索引；

袁克勤，剪报；

周培仁，剪报；

俞振仁，剪报（以上在史料会办公）。

万斯年，编辑采访；

朱南铣，编辑采访（以上暂在大理办公）。

到 1942 年，虽在建筑馆舍上仍不尽如人意，各机构不得不分立多处，如"西南文献室（设在昆明），西北文献室（设在兰州）、边地文献室（与丽江国立师范学校合组设在丽江）、中日战争史料征辑会（与西南联合大学合组设在昆明地坛）、政治经济参考室（设在重庆沙坪坝）、西南文献抗战史料室（以上设在昆明）、边地文献室（设在丽江）、政治经济参考室、工程参考影片图书室（以上设在重庆）"①。但在书目编纂方面，仍取得了不

---

① 北京图书馆业务研究委员会编：《北京图书馆馆史资料汇编（1909—1949）》，书目文献出版社 1992 年版，第 1102 页。

俗的成绩，编辑之书有："（一）西南方志目；（二）中文普通书目；（三）国学论文索引六编；（四）地学论文索引三编；（五）么些文目录；（六）西南碑志目；（七）西南文献丛刊：甲、郑子尹年谱；乙、滇南碑传记；丙、贵州名贤像传；丁、黎莼斋年谱；（八）善本丛刊第二集：1. 云南图经志书；2. 滇略；3. 黔南类编；4. 滇台行稿；5. 贵州图经新志；6. 黔草；7. 铁桥志书；8. 桂林郡志；9. 桂胜；10. 百粤风土记；11. 殿粤要纂；12. 西南纪事；（九）新疆书目解题。"① 在艰难困苦中，该馆职员仍坚持工作，且成绩显著。

（四）重庆办事处

因国民党政府抗战时期将重庆设为陪都，为使工作便利，国立北平图书馆在此也设有办事处。"将一部分西文书籍移渝陈列，并承南开大学经济研究所之邀，将此项书籍寄存于该所，供众研究阅览。"此即平馆驻渝办事处。平馆委派了何国贵、胡绍声、颜泽霑、梁慕秦等驻渝办事。1941 年该处任职人员情况如下②：

　　何国贵，主任，原任国立北平图书馆西文编目组组长，现由昆明调任驻渝办事处主任，负责英文《图书季刊》；
　　颜泽霑，负责英文《图书季刊》；

---

① 北京图书馆业务研究委员会编：《北京图书馆馆史资料汇编（1909—1949）》，书目文献出版社 1992 年版，第 1102 页。
② 李致忠主编：《中国国家图书馆馆史资料长编（1909—2008）》，国家图书馆出版社 2009 年版，第 346 页。

胡绍声，采访，中西文经济建设论文索引；

梁慕秦①，中西文国际关系论文索引；

刘节，古文字学研究。

（五）香港办事处及其他驻外办事处

香港办事处设立于 1938 年初，设立的初心旨在谋求将来图书馆事业复兴。最初有邓衍林、徐家璧、孙述万、颜泽霱等人，后该馆主要人员西迁入滇后，只留 1~2 人处理事务。1941 年，平馆驻外办事处职员表显示，香港办事处有孙述万一人，负责运输。

除此外，另有仰光办事处，徐家璧负责运输；华盛顿办事处则有吴光清负责采访，王重民负责编辑，刘修业负责中文《图书季刊》之附录栏，于道泉负责藏文研究，刘大荣负责俄文研究。②

八、其他特色机构

1927 年还在京师图书馆时期，该馆就为学者研究专门高深学问而设有研究室，并设有暂行章程。研究者除摘录笔记外，如欲钞得全书须托该馆临时写生代钞，给以额定之报酬，同时该馆备有"创获记"一册，研究者遇有心得，可载入，该馆汇集刊布，以交换智识。③ 1929 年，国立北平图书馆又设

---

① 梁慕秦为颜泽霱夫人。

② 李致忠主编：《中国国家图书馆馆史资料长编（1909—2008）》，国家图书馆出版社 2009 年版，第 350 页。

③ 北京图书馆业务研究委员会编：《北京图书馆馆史资料汇编（1909—1949）》，书目文献出版社 1992 年版，第 1038~1039 页。

立善本阅览室，其设立目的和阅览规则①一如此前设立的研究室。1931—1932 年度，又增设金石阅览室、舆图阅览室。1932 年，持有善本阅览室证件的有 201 人。为研究专门问题而使用研究室的学者②包括：

表 1-3 1931—1932 年度利用研究室的学者一览表

姓　名	单　位	职　务	专　题
汤用彤	北京大学	教　授	佛　学
萧纯锦	东北大学	教　授	东北问题
瞿宣颖	营造学社	编　纂	北平志、建筑史、方志考
徐敦璋	国际问题研究会		东北问题
陈乐素	日本研究社		东北问题
洪美英	日本研究社		东北问题
罗莘田	历史语言研究所	研究员	广　雅
何永佶	北京大学	教　授	国际关系
鲁光桓	南开大学		历史学
吴尚德	燕京大学		教案改革
童季龄	实业部		经济学
朱士嘉	燕京大学		方　志
梁启雄	营造学社	编　纂	哲匠录

---

① 北京图书馆业务研究委员会编：《北京图书馆馆史资料汇编（1909—1949）》，书目文献出版社 1992 年版，第 1046~1049 页。

② 国立北平图书馆编：《国立北平图书馆馆务报告　民国二十年七月至二十一年六月》，国立北平图书馆 1932 年版，第 28~29 页。

　　1933 年 11 月，该馆重订的《研究室暂行规则》简化了申请与担保程序，放宽了取阅书籍的限制。研究室人员借阅书籍可达 10 种。为满足更多研究者的需要，研究证的使用期限缩短为一个月。①

　　1946 年 12 月 1 日，为便利研究，国立北平图书馆进一步增设开放研究室。设国际问题研究室、舆图研究室与金石拓片研究室。② 后又增设工程研究室、边疆文献研究室、满蒙藏文研究室、苏联研究室、日本研究室等。③ 这些研究室的开放，有助于提高该馆的学术性，且能更好地为学者服务。

　　以上为国立北平图书馆所设的内部机构，可以看到除了日常的科层机构，为了应对战时情况，还机动地设置了一些临时办事机构。在条件有限的情况下，该馆采用合作互助的形式，与其他机构如西南联合大学等开展了合作，确保了在战时条件下互助合作。除此外，为了满足研究需求，该馆曾设立了一些特殊室所，极有特色。这为整个机构的良好运行打下了较好的行政基础。

---

　　①　李致忠主编：《中国国家图书馆馆史（1909—2009）》，国家图书馆出版社 2009 年版，第 89 页。

　　②　《北平图书馆增设研究室　聘定学者多人分任会务》，载《大公报》1946 年 11 月 27 日。

　　③　北京图书馆业务研究委员会编：《北京图书馆馆史资料汇编（1909—1949）》，书目文献出版社 1992 年版，第 1266 页。

第三节　国立北平图书馆之行政制度特点

从前述的机构内部科层和办事处的设置，已可看出该馆具备了较高的行政效率。现从人员行事风格上，继续分析该馆员工在行政办事上的特点。

一、行政效率高

在该馆 1929 年的馆务报告中，在行政方面曾提出：用人办事，力主严格，期求科学化，产生最大之效率，为新事业树一楷范。[①]身为馆长的袁同礼，行事雷厉风行。他深知"敷衍了事为国人之通病，因循苟且为事业之障碍"[②]。因此，他非常注重提高行政效率，绝不拖沓。1933 年国立北平图书馆和国立中央图书馆就影印《四库全书》之事起了争议，二馆为影印《四库全书》都在积极行动。赵万里曾对蒋复璁说，可能蒋复璁还未回南京，袁同礼就会把事情办完了。这种行事作风，在官僚办事拖沓成风的旧时代，无疑是有积极意义的。即使在全面抗战时期，在朝不保夕之时，袁同礼仍然保持了其办事的高效率。据称："1939 年后，日军飞机常到昆明轰炸。大家白天到郊区躲警报，一躲就是半天，回来后疲惫不堪无力工作。可袁先生却不顾疲劳，常在晚间于家

---

① 《北平国立图书馆今日开幕》，载《大公报》1931 年 6 月 25 日。

② 北京图书馆业务研究委员会编：《北京图书馆馆史资料汇编（1909—1949）》，书目文献出版社 1992 年版，第 585 页。

中拆看信函，用打字机打英文信件。这样，早晨一上班他就可以把信件交给有关人员处理。受他的作风影响，全馆人员的工作效率很高，在当时人少事繁的情况下，书刊及时得到整理，从没出现过积压。"①

关于该馆工作之高效，从1947年5月14日在北平复员后第一次馆务会议记录可窥见一二，试将该次会议记录②移录如下：

第一次馆务会

时间：三十六年五月十四日下午四时

地点：本馆会议室

出席人员：袁馆长、王访渔、王重民、赵万里、顾子刚、王祖彝

主席：袁馆长

记录：王祖彝

甲、报告事件

一、馆长报告每月第二星期三下午开馆务会议，由馆长召集，各组主任、秘书及文书股长举行；

二、馆长报告本日平津院校联合会开会情形；

---

① 摘自赵其康《北京图书馆变迁纪略》，见中国人民政治协商会议北京市委员会文史资料研究委员会编《文史资料选编》第32辑，北京出版社1987年版，第250~284页。

② 北京图书馆业务研究委员会编：《北京图书馆馆史资料汇编(1909—1949)》，书目文献出版社1992年版，第878~882页。

三、馆长报告罗氏基金会派员来馆视察，本馆已拟具研究计划，向其申请每年补助美金一万五千元，为期三年。此外并申请影照图书设备费美金一万五千元，总于本年秋间可以决定。

乙、决议事件

一、俸薪调整案

议决　照五月份政府新调整数先补发基本数，惟此次记购面粉价予以照扣，一面会同本市各院校的办理透支手续，并函中行通知本馆员领，业已增加二十人，透支数目应比例增加。

二、职员增加底薪案

议决　仿照各大学的办法，暂缓举行。

三、太庙临时工作职员调整后之待遇案

议决　每人平均暂照四十五万元计算，先向部中商洽，俟整理费寄到，再行分配，至于整理日期，拟请教育部再予延长半年。

四、何国贵恤金案

议决　第一次应得之恤金先由馆垫发。

五、傅沅叔先生捐赠批拨书籍请奖案

议决　呈请教育部褒奖并请约洽养老及医药等费。

六、接收各汉奸书籍案

议决　听取杨殿珣君报告后，即行移运来馆，现须先事预备此交通工具、书箱、麻绳、照料人员及存放地址等。交通工具拟借此大卡车或改雇挑子车，照料人员须多派几人，地址先请本馆藏满蒙藏文书库存放，若不能容，再借团城后院各房存放，已与文整会函商，必要时可托请会俞同奎先生协助。

七、罗氏基金会拟捐影照书设备一份安置处所案

议决　用大楼后面楼下东北角两室。

八、李耀南君薪俸增补案

议决　照三十四年登记案月薪三百元，自三十六年一月起按月连同本俸及生补费一并补发。

五时半散会

袁　五．十五

由上可知，1947 年王重民自美回国后，即参与到该馆的行政管理事务中。袁同礼所倚重的人员中，除王访渔、顾子刚外，还有赵万里。王祖彝也是老员工，负责本次会议的记录。在北平复员后的第一次会议中，一个半小时的会议，共完成了三份报告、八项决议，可见行政效率之高。

这一行事特点，在袁同礼的弟子及下属王重民身上也有体现。20 世纪 50 年代，在编校《敦煌变文集》时，从王重民致启功等人的信中，我们也可以看到，信中多处提及"每人接到传稿后，应在一周或十天内看完，传与第二人。逾期因故不能完成任务，亦必须在定期内传与第二人""俗赋进行如何？日内可以完成么？""因为下礼拜内，我的重校稿一定要交去付印"①，等等。

---

① 萨仁高娃整理：《王重民等有关〈敦煌变文集〉的信函二十四通》，载《文献》2009 年第 2 期。

其时参与此事者为多人，有王重民、王庆菽、向达、周一良、启功、曾毅公等人，均很忙碌，只有不停地往前推进才能确保顺利进行。《敦煌变文集》① 于 1957 年由人民文学出版社出版。

当然这种行事效率，从另一角度看，也会被视为急切。谭其骧在晚年回忆其在该馆的工作经历，称："我的工作进度很慢，编了一年只编了差不多一半。馆长急于要出书，决定不等我编完，从 1933 年 5 月起先把已编好的几省付印，其余则编好一省印一省，大约到 1934 年下半年才全部竣工出书。"② 从此可以看出，袁同礼一直在积极推进工作，不免有时显得急迫。如不能及时推进，便会流于因循苟且，凡事都有两面，不便一概而论。

二、福利待遇好

国立北平图书馆为职员们提供了较好的生活条件，使他们过上了较为悠闲康宁的生活。据孙楷第自述，"因为师大的长期欠薪，我不得不辞去助教的职务，而专任北图的研究员和编纂处的编辑。北图给我两百元的月薪，使我的生活稍微富裕起来，也可以买点书了。但更为优越的是，我得了一个理想的读书环境"③。以当时的薪资水平，国立北平图书馆学人的待遇还不错，并且较

① 王重民、王庆菽、向达等编：《敦煌变文集》，人民文学出版社 1957 年版。

② 谭其骧：《值得怀念的三年图书馆生活》，载《文献》1982 年第 4 期。

③ 黄克：《建立科学的中国小说史学——孙楷第先生晚年"自述"及其他》，载《文学遗产》2008 年第 4 期。

有保障。刘节辞职离馆后，1939 年担任中英庚款协会的研究员，仍苦于薪资太少，称"但薪俸似太少，如果到二百元之数，亦可一做也"[①]。可见 200 元在当时是比较理想优厚的待遇。

国立北平图书馆还实行福利储金制度，为员工提供福利储金，类似于今日之"公积金"制度。全面抗日战争期间，由于经费困难，这一福利实施时遇到了挑战。1940 年国立北平图书馆委员会会议仍议决："本馆举办之职员福利储金在战争未终了以前暂行停止施行，如职员中有因事实上之需要，愿提取个人部份（分）之储金者，可以照办，但馆方担任之储金，仍继续存储，暂不退还。"[②] 此一制度，为员工的生存与发展提供了另一项储备金，有着积极的意义。

中华教育文化基金董事会为国立北平图书馆提供了较为雄厚的资金保障，该馆的顺利发展亦得益于此。

三、奖罚分明

抗日战争期间，部分员工因与日伪组织合作被袁同礼辞退，可见袁同礼坚守原则不动摇。当然表现突出者，他亦为职员请奖。

1935 年 2 月 28 日，顾子刚因任书店经理工作努力而受到馆方嘉奖，国立北平图书馆委员会的会议记录记载，"袁副馆长提

---

① 刘节著，刘显曾整理：《刘节日记（1939—1977）》上册，大象出版社 2009 年版，第 45~46 页。

② 北京图书馆业务研究委员会编：《北京图书馆馆史资料汇编（1909—1949）》，书目文献出版社 1992 年版，第 715 页。

议，顾子刚经营大同书店，暑假三次均整日办公……在大同书店盈余款内提出三百元作酬赠顾君之用，议决通过"①。

抗战胜利后，袁同礼亦为留守平馆的 52 名职员向教育部请奖。此外，他亦曾为钱存训在善本运美事中的劳绩请奖。可见袁同礼奖罚分明，管理有则。

小　结

国立北平图书馆学人群体的形成，首先须有国立北平图书馆的设立。国立北平图书馆由两馆合并而成，它有两个前身，其一是成立于 1909 年的京师图书馆，其二是成立于 1926 年的北平北海图书馆。二馆定位不同，发展历史亦有差异。在中华教育文化基金董事会的推动下，实现了两馆合组，新的国立北平图书馆成为隶属于教育部，但资金来源亦由中华教育文化基金董事会支持的新型图书馆。为顺利合组，当时订有详细的合组办法。合组后的新馆，一个很大的举措就是建立新馆舍。这在当时是一个重大事件，新馆的落成标志着该馆踏上了新的发展征程。

新的国立北平图书馆的定位是"中华文化之宝库，中外学术之重镇"。为实现"中华文化之宝库"的目标，就必须在藏书方面"广为收存"；而为实现"中外学术之重镇"的目标，必须给

---

① 北京图书馆馆史资料汇编（二）编辑委员会编：《北京图书馆馆史资料汇编（二）（1949—1966）》，北京图书馆出版社 1997 年版，第 898~899页。

予学术研究以大力支持，为此专门延揽学者开展研究。在新馆建设之初，该馆成立了国立北平图书馆建筑委员会对整个建设工程进行督促，并提供智力支持。新馆成立后，设有国立北平图书馆委员会，除正、副馆长为当然委员外，由教育部再选聘另外的 7 位委员构成。该馆由深孚众望的蔡元培先生领衔，其任职时间从 1929 年 8 月至 1940 年 3 月止，又由具有现代管理观念的实干型领导袁同礼先生掌舵，行政效率之高，一洗此前官僚机构之落后散漫、人浮于事之弊端陋习。在内部组织上，设有总务、采访、编纂、阅览、善本、金石、舆图、期刊八部，各设主任一人，各部之下再分若干组。此外该馆还设有国立北平图书馆编纂委员会、国立北平图书馆购书委员会，聘有国外通讯员与名誉编纂员等。在后期的发展中，还设有国立北平图书馆抗战时期临时机构，如上海办事处、南京办事处、昆明办事处、重庆办事处、香港办事处等。该馆设计完善，组织合理，像一株根深叶茂的"职业树"一样，为"平馆学人"提供了学术栖息之地。在该馆的管理过程中，袁同礼运用了现代管理的方法，因此，此馆具有行政效率高、福利待遇好、奖罚分明等特点。

国立北平图书馆是"平馆学人"群体得以存在的"母体"机构。这个"母体"机构自 1909 年成立，历经辛亥革命、北洋纷争、抗日战争和解放战争时期，在曲折的发展道路上顽强求存。在发展的早期，该馆经费紧张，陷入了极大的困境。蔡元培曾发出《拟联合同志陈请各国退还庚子赔款专供吾推广教育事业意见书》，自中华教育文化基金董事会成立后，为该馆争取了一笔稳定的经费。自 1929 年北平图书馆与北海图书馆两馆合组后，该馆实现了馆藏资源的整合发展，引进了各方学界的新生力量，进入了新的发展阶段。1931 年新馆落成后，为该馆事业的发展奠定了更为良好的物质基础。资金充裕、馆藏扩充、人员引进，这一切为"平馆学人"群体的发展奠定了良好的基础，一个昂首阔步的学人群体向我们走来。

第二章

"平馆学人"群体的形成与演变

第一节　"平馆学人"的来源与构成

一、"平馆学人"的任职资格

国立北平图书馆学人之任职资格有一定的标准，但形成的正式文件中，目前能看到的是 1944 年 2 月 29 日教育部指令第 10078 号核准《国立北平图书馆工作人员任用规则》，具体如下①：

1. 在馆长之下设各部主任、编纂、助理编纂、组长及组员；

2. 部主任具有以下资格之一：（1）具有《公务员任用法》第三条"荐任职公务员"各项资格之一，或曾任大学教授三年以上，对所司部门有丰富之学识与经验者；（2）曾在公立或已立案之私立专科以上学校毕业，并曾任省市立图书

---

① 北京图书馆业务研究委员会编：《北京图书馆馆史资料汇编（1909—1949）》，书目文献出版社 1992 年版，第 1080~1082 页。

馆馆长，或专科以上学校图书馆主任三年以上，或其他有关图书馆教育职务五年以上者。

3. 编纂须具以下资格之一：（1）曾在公立或已立案之私立大学毕业，有学术研究能力，或有著作刊行，并曾任编纂或其他相当职务三年以上者；（2）曾在公立或已立案之私立专科以上学校图书馆学科系毕业，曾任编辑工作，或其他图书馆行政职务三年以上者；（3）曾任公立或已立案之私立专科以上学校教授一年，或副教授或讲师二年以上者；（4）曾任本馆助理编纂或组员三年以上，著有成绩者。

4. 助理编纂及组员须具以下资格之一：（1）曾在公立或已立案之私立大学毕业并有编纂及办事能力者。（2）曾在公立或已立案之私立专科以上学校图书馆学科系毕业者。（3）具有"委任职公务员"各项资格之一者。

可见，国立北平图书馆人员的任用规则，首先参照的《公务员任用法》的"荐任职"和"委任职"资格；其次是在学历、年资上拟定了要求；再次是对"有学术研究能力""有著作刊行""有成绩者""有办事能力者"等杰出人才提供绿色通道；第四是部分职位要求必须是"图书馆学科系"毕业，确保了职员的专业性；最后任职达一定年限后，可正常晋升。在该办法中，专列一条论及"编纂"一职，可见该馆对"编纂"甚为重视，也要求甚高。除有学术研究能力和著作刊行，其还要求"曾任公立或已立案之私立专科以上学校教授一年，或副教授、或讲师二年以上者"。可见其要求并不低于高校中对教职的要求。我们虽然只看到的是 1944 年《国立北平图书馆工作人员任用规则》的版本，但从行政事务的连续性，以及此前该馆员工入职的情况看，之前亦基本上是参照此标准进行的。

二、"平馆学人"的主要来源

据前人统计，1909—1949 年，国立北平图书馆工作人员共有 655 位。① 现据此名录，介绍其中学人的主要来源和构成情况。该馆早期发展时，未有大批员工入职的情况。在两馆合并初期和合并之时，须招聘较多数量的员工，员工入职呈现出"扎堆"现象。当然据员工的主要来源进行分析，虽然可能仍有较多遗漏，但似可抓住主体部分。

（一）清华学校

北平图书馆的好几位职员来自清华国学研究院的助教、学生。清华国学院以研究高深学术、造就专门人才为办学宗旨，即培养中国历史、文学、哲学及语言等方面的有志于以著述为毕生事业的学者或国学教师。② 清华国学研究院先后延聘王国维、梁启超、陈寅恪、赵元任、李济为教授。因李济在美还有工作聘约，改聘为讲师。该院于 1925 年 7 月开始招生，首批招生 30 人。1926 年，录取 24 名，备取 2 名。"平馆学人"中，赵万里曾是清华国学研究院导师王国维的助教。王庸自该院毕业后，担任李济

---

① 北京图书馆业务研究委员会编：《北京图书馆馆史资料汇编（1909—1949）》，书目文献出版社 1992 年版，第 1362~1383 页。

② 《研究院章程》，载《清华周刊》1925 年第 360 期。

的助教。1928 年 6 月，王庸由梁启超推荐，入北平图书馆工作。① 梁廷灿（梁启超侄子）和蒋善国是梁启超的助教。助教薪资当时为 60 大洋。赵万里、王庸都毕业于东南大学。同出自清华国学研究院的还有谢国桢、刘节，二人分别为该院 1926 级的状元、榜眼。

赵万里

赵万里（1905—1980），字斐云，号芸盦、舜盦，浙江海宁人，与王国维是同乡。1921 年入东南大学，跟随词曲研究大家吴梅先生研习词曲。其时东南大学的名师还有顾实、陈中凡等人。在此赵万里系统学习了古文字、训诂、校勘、音韵等传统小学方面的知识。1923 年 18 岁即开始发表论文《述录、方二字义》。1925 年经吴梅推荐，赵万里拜王国维为师②，其后赴清华国学研究院任王国维助教。1927 年 6 月 2 日王国维逝世后，赵万里受陈寅恪、吴宓之托整理王国维遗作，先后编撰了《王静安先生著述目录》《王静安先生手校手批书目》《王静安先生年谱》等。此后，其一生的学术研究受到王国维的深刻影响。1928 年 6 月初，由陈寅恪先生介绍，赵万里转任北平北海图书馆编目科。其时该科科长由副馆长袁同礼兼任，科内有严文郁、汪长炳、蒋复璁、

---

① 马强才：《清华国学院助教的聘用机制及其双重身份——以赵万里、浦江清为重心》，载《杭州师范大学学报（社会科学版）》2014 年第 1 期。

② 赵万里与王国维虽有点姻亲关系，王国维是其表姨父，但尚无交往，遂托蒋复璁陪赵万里至王国维家晋见。据称赵万里拿了两条大前门香烟，进门就叩头行礼，拜了师。见陈平原、王风《追忆王国维（增订本）》，生活·读书·新知三联书店 2009 年版，第 119 页。

王重民、于道泉、杨维新、吕才等。1929 年，赵万里出任北平图书馆善本部考订组组长，即除敦煌写经外所有善本书的负责人。此后，虽有部分兼职，如 1929 年其还受聘在北大兼课，讲授"词史"，讲义《词概》和《词学通论》由北大出版部印行；也曾于 1933 年 9 月在清华国文系讲"金石学"，讲义《中国金石学》由清华出版部印行。但赵万里一生都在国立北平图书馆及其后的北京图书馆工作，为古籍保护事业作出了重大贡献。赵万里还曾兼任过中央研究院历史语言所特约及通讯研究员、故宫博物院图书馆专门委员。

王庸

王庸（1900—1956），字以中，江苏无锡人。1925 年，考入清华国学研究院，跟随王国维、梁启超、李济等人学习。在清华国学研究院时，王庸跟梁启超先生学习，选题为"中西交通史"。王庸与同学吴其昌、谢星朗还曾一同被聘为《清华周刊》的特邀编辑。完成的毕业论文题目为《陆象山学述》《四海通考》。1926 年，他以优异的成绩毕业，名列"甲七"，获得奖励，同时留校担任李济先生的助教。1928 年 6 月，王庸离开清华赴南京女子中学任教，担任地理教员。1929 年，王庸受聘上海暨南大学历史社会学系担任讲师，讲授中国通史。其时的学生中有谭其骧，师生二人关系交好。其时王庸还在私立持志大学国学系兼课，讲授地理学史，又在中国公学任教。王庸经顾颉刚介绍，于 1931 年娶顾颉刚之内侄女殷绥贞为妻。1931 年 6 月 6 日，国立北平图书馆委员会召开第一次会议，议程第四项审查了馆长推荐之职员，编

纂委员刘节、王庸，馆员陈贯吾、张秀民、徐俊。① 1931 年 7
月，王庸赴国立北平图书馆任职，接替王访渔任舆图部代理主
任，并成为该馆编纂委员会成员，其他委员有徐森玉、向达、谢
国桢、刘节、王重民、赵万里。1932—1933 年，舆图部有馆员茅
乃文、金勋，书记赵炳勋。如其所说，王庸是"由于偶然的因
缘，一跤跌进了图书馆界"②。此后在国立北平图书馆工作的 5 年
间，是王庸整个学术生涯中最为稳定、取得成就最多的时期。③
他的《中国地理学史》即撰成于此时。在此期间，王庸于 1934
年 3 月加入禹贡学会，1936 年 5 月 24 日，又以 56 票当选为禹贡
学会理事。④ 1936 年 5 月 18 日，王庸回杭州拜见竺可桢先生。其
时竺可桢即将就任国立浙江大学校长，召王庸至该大学任职。
1936 年 6 月 30 日，王庸辞去国立北平图书馆舆图部主任之职，
转任国立浙江大学图书馆主任。⑤ 王庸与组员茅乃文编有《中国
地学论文索引》《国立北平图书馆中文舆图目录》等。1954 年，
又从南京图书馆调回北京图书馆，直至 1956 年突发疾病去世。
其一生与国立北平图书馆两度结缘，发展于此，又逝世于此，让
人感叹。

---

① 北京图书馆业务研究委员会编：《北京图书馆馆史资料汇编
（1909—1949）》，书目文献出版社 1992 年版，第 334 页。
② 摘自王庸《闲话图书馆》，见赵中亚选编《王庸文存》，江苏人民出
版社 2014 年版，第 408~413 页。
③ 谭其骧：《悼念王庸先生（1900—1956 年）》，载《地理学报》1956
年第 3 期。
④ 《本会纪事（十七）》，载《禹贡》1936 年第 7 期。
⑤ 《会员消息》，载《中华图书馆协会会报》1936 年第 6 期。

谢国桢

谢国桢（1901—1982），字刚主，河南安阳人。据其《自述》①，可知其 1925 年考入清华国学研究院，名列榜首，师从梁启超、王国维等先生。1926 年毕业，协助梁启超编纂《中国图书大辞典》，并担任梁家的家庭教师，教授梁思达、梁思懿等人。1927 年，经梁启超介绍谢国桢任南开中学国文教师。1929 年 9 月 12 日，又由梁启超推荐成为北京图书馆的编纂兼金石部之馆员。1929 年，协助刘国钧博士从事编目工作。在馆期间，曾南到江浙，北上大连、沈阳，东渡日本访求遗书，历时 4 年多，编成了《晚明史籍考》一书，后于 1933 年由国立北平图书馆铅印出版。1932 年，谢国桢由胡适、傅斯年先生推荐任国立中央大学讲师。1934 年，回老家河南编纂《河南通志》，不久北上仍返回国立北平图书馆，担任金石部主任。1937 年秋，谢国桢任职于国立长沙临时大学图书馆。1938 年，"中基会"孙洪芬又将其召回北平，典守北平图书馆金石古籍，同时他被周作人延聘到伪北平大学史学系。袁同礼馆长因其接受伪职，勒令谢国桢辞职。后来谢国桢只得经傅增湘介绍到大中银行任职，并协助傅增湘编纂《绥远通志》。1945 年，谢国桢在北平临时大学任教。1946 年春，他受范文澜之托在上海为华北大学购书，仍在上海大中银行供职，并为开明书店编稿。1948 年，经钱穆、王庸介绍，谢国桢任国立云南大学和五华书院教授。1949 年，谢国桢回到北京，范文澜令谢国桢到华北大学政治研究所学习，9 月，谢国桢任教于南开大学历

---

① 谢国桢：《自述》，载《文献》1981 年第 4 期。

史系。1957 年，谢国桢调任中国科学院历史研究所明清史研究室研究员，后任中国社科院研究生院教授。1981 年，谢国桢被聘为国务院古籍整理规划领导小组顾问。谢国桢在明清史和目录学方面成就显著。其曾两度在北平图书馆任职，因曾接受伪职，受到馆长袁同礼的斥责。在该馆工作期间，谢国桢出版了其代表性的著作《晚明史籍考》等。

刘节

刘节（1901—1977），原名翰香，字子植，浙江永嘉人。自1919 年在浙江永嘉的浙江省立第十中学毕业后，留校担任图书馆管理员工作三年。后来在上海商学院旁听半年，于 1923 年春考入上海私立南方大学读哲学。在此其与王力结识并交好，王力成为他一生的挚友。1925 年，二人因参加爱国学生运动被开除，进入国民大学就读哲学系。1926 年秋，二人也一起考入清华国学研究院。刘节入学后的研究题目是《中国古代哲学之起源》，导师为梁启超先生。梁启超、王国维、陈寅恪等人的为人治学均对刘节产生了很大的影响，后其转向史学史、金石学方面，所做的毕业论文为《好太王碑考释》。1928 年夏，刘节从清华国学研究院毕业后，任教于天津南开中学并兼任南开大学讲师。1930 年夏，刘节又赴国立河南大学任文学院教授兼中文系主任。1931 年夏，刘节到国立北平图书馆金石部任职，其后担任该部代理主任，一直工作到 1935 年秋应燕京大学之聘离开国立北平图书馆为止。在馆工作期间，除日常工作外，刘节主要从事的是古器物及古文字的考释工作，且收获颇丰，每年都有 3 ~ 4 篇的考释文章发表。1935 年，受顾颉刚之邀，刘节到燕京大学任教，离开了国立北平图书馆。1941 年，又在国立北平图书馆重庆办事处从事古文字学研究。刘节之岳父钱稻孙（1887—1966）亦曾为国立北平图书馆舆图部主任，翁婿二人都曾在该馆任职。

梁廷灿

梁廷灿（约 1898—1937）①，字存吾，广东新会（今江门市新会区）人，为梁启超族侄，跟随梁启超时间最长②。梁启超担任清华国学研究院导师时，介绍梁廷灿到国学研究院工作，担任梁启超的助教，编有《历代名人生卒年表》③。梁廷灿还为梁启超编《（乙丑重编）饮冰室文集》，该套书于 1925 年编集，1926 年正式出版，共 80 册（卷）。1928 年辑有《宋词三种》出版。1929 年梁启超逝世后，梁廷灿转到国立北平图书馆工作，著有《年谱考略》④。他曾与清华国学研究院的吴其昌合编《饮冰室藏书目初编》。1930 年，在梁启超逝世后，其子女将饮冰室藏书寄存在国立北平图书馆。国立北平图书馆遂派梁廷灿与爨汝僖、范腾端、杨维新四人同赴天津点收其全部藏书，并于 1933 年编成《梁氏饮冰室藏书目录》⑤。梁廷灿在馆期间，多从事目录编制等工

---

① 梁廷灿之卒年据吴三立所撰《哭梁廷灿兄》诗原注："五句后：二年前君在羊城，病疟且殆，欲以身后事见托。1939 年。"见吴三立《吴三立诗集》，花城出版社 2017 年版，第 17 页。

② 梁启超谓："从子廷灿，从余最久，每有著述，辄令其检查资料。"见梁廷灿《历代名人生卒年表》，商务印书馆 1930 年版，"序"。

③ 梁廷灿：《历代名人生卒年表》，商务印书馆 1930 年版。

④ 刊于《国立北平图书馆月刊》1929 年第三卷第 1~5 期。

⑤ 国立北平图书馆编：《梁氏饮冰室藏书目录》，北京图书馆出版社 2005 年版。

作。受梁启超影响，他对目录学也有较多思考，从其为余绍宋
《书画书录解题》所作之跋①中可窥见一二。后来他转职中山大
学图书馆，很快因病离世。② 其一生与梁启超关系颇大，后人视

---

①　其跋为："余越园先生撰《书画书录解题》十二卷，本馆为之刊行，
廷灿获预校字之役。曩侍先叔任公先生读书时，听称道先生著述精思独辟，
不喜蹈袭前人，尤以所创序例可为后世法。丁卯夏，先生移居津沽，与先叔
朝夕过从，纵谈学问，间及当世事。趋侍间，时得亲言论风采。其时先叔方
从事《中国图书大辞典》，而先生亦正草创《中国美术史》。先生擅精书画，
故平昔蒐罗，言书画之书极富，而其学深于史，于《七录》《七略》之流别
无不贯通，谓此书成后，将原有资料重为整理，可入《图书大辞典》书画部
分。书未写定，省亲南归。《图书大辞典》因先叔辞世亦随而中辍，此二书
不得与社会相见，实学术界一大损失也。先生此行，途中散失手稿书籍不
鲜，后乃收拾残阙，重加补缀，以成此书。全书大别为十类，每类复分若干
子目，所分类虽注重学理，而不失时代系统，于著录书，备列著者姓字籍
贯，又撮其指要，述其流传之绪为提要体，撰成解题八百余篇，博引繁征，
详审精核，以视近世谈目录学者，专言板本题识，某抄本，某藏本，于书之
内容茫然，且自诩为目录学专家，殆不可同日而语耳。先生于所录各书内容
优劣，能以忠实态度时下批评，其未见之书，别存其目，附于十类之后，标
明原目曾见何处，以俟采辑，末附著者时代者，其体例亦先生所自创。闻诸
先叔尝言著书足以备学者顾问，实目录学家最重要之职务。先生创此表，令
读者得知兹学发达之迹，后之学者必有闻风而起，可断言也。窃谓目录之学
创自刘子政《汉书·艺文志》，刘向校中秘书，辄条其篇目，摄（撮）其指
意，录而奏之，后此解题之滥觞。晁志、陈录为现存最古目录学专书，亦以
解题见称于世。先生之书，洵目录学之正轨，而又书画艺术之津逮也。廷灿
于此学初涉其樊，诚不足以窥先生堂奥，校印既竟，聊记数语而为之跋。民
国二十一年四月十二日新会梁廷灿识于国立北平图书馆。"见余绍宋《书画
书录解题》，北京图书馆出版社 2003 年版，第 741~742 页。
②　1935 年 8 月 28 日，谢国桢过访，当时梁廷灿正因腿上生疮，在广
州家中休养。见《谢国桢全集》第七册《两粤纪游》。

为"之所以在历史上留下姓名，完全是因为其族叔梁启超"①。

顾子刚

顾子刚（1899—1984，T. K. Koo），上海人。父亲顾春林为圣公会牧师，兄长顾子仁（T. Z. Koo，1887—1971）为著名的中国基督教学生运动活动家。1919 年，顾子刚毕业于上海圣约翰大学史学系，大学毕业后曾任天津南开学校英文教员。1924 年，任清华图书馆参考员，开始其图书馆员的职业生涯。1928 年 11 月，转任北平北海图书馆阅览部主任及编纂等职，并在国立北平图书馆工作直至退休。抗战期间，与张允亮、王访渔为该馆行政委员会成员，为维持馆产作出了重要贡献。他还有一特殊经历，兼任大同书店经理，并且编辑英文《图书季刊》，为西文图书采访和中外文献交流作出很大贡献。② 后曾被日本军队缉捕，被拘留两月，不曾屈服，展现了坚贞不屈的爱国精神。晚年，顾子刚将自己所藏之《永乐大典》及敦煌遗书等文献捐赠给了其所工作的国家图书馆③，为人们所钦敬。

由于清华国学研究院购书经费充足，"随着新书的大量增添，图书馆不得不新增添了三名工作人员，还请助教梁廷灿、赵万

---

① 辛智慧：《梁廷灿与梁启超》，载《中国社会科学报》2019 年 1 月 28 日。

② 雷强：《顾子刚：大同书店和〈图书季刊〉英文本》，载《图书资讯学刊》2018 年第 1 期。

③ 赵爱学、林世田：《顾子刚生平及捐献古籍文献事迹考》，载《国家图书馆学刊》2012 年第 3 期。

里、浦江清等人来协助编目管理"①。而为了解决学生们的生活费问题，梁启超先生也安排学生们如刘节等到松坡图书馆编目录。②他们在清华的助教、学习生涯，也使他们开始与图书馆事业结下了不解之缘。梁启超、陈寅恪等人与国立北平图书馆的关系，也为这些学生和助教们的入职提供了便利之资。

（二）私立武昌文华图书馆学专科学校

来自私立武昌文华图书馆学专科学校（简称"文华图专"）的有严文郁、邓衍林、汪长炳、李钟履、吕绍虞、李芳馥、曾宪三、何国贵、李永安等人，该校亦是国立北平图书馆学人的一个重要来源。该校校规严格③，有教会学校背景，注重英语教学，毕业生多能翻译国外图书馆学论著。现大体按这些学人在文华图专就读期间的时间先后顺序加以介绍。

严文郁

严文郁（1904—2005），字绍诚，湖北汉川人。幼入武昌文

---

① 刘秀俊选编：《刘节文存》，江苏人民出版社 2014 年版，第 14 页。

② 刘秀俊选编：《刘节文存》，江苏人民出版社 2014 年版，第 16 页。

③ 在 1947 级文华学生刘庆德写给友人的信中，其谓："……文华是一个死的学校，根本无一运动器具，到校第一天就遭训骂，校规之严，和尚庙、孤儿院不过如此。宿舍内不准谈笑、挂衣服，校长不但要注意你的功课言行，甚至一切细微小节……宿舍距校有一刻钟的路程，开学才二天，功课就能累死人，一点空暇没有……"这也可能是其初到一学校，不适应之故，但也可看出该校管理之严。此信由丹东图书馆曹阳提供。另在文华图专教员张遵俭致缪廷梁的信函中，亦称"学校业务奇忙，向所未有，寒假学习方竣，暑假学习又将开始，不胜紧张之至，特烦"。见周余姣、李丽《刘国钧等人致缪廷梁书札七通考释》，网址：https：//www. the paper. cn/news De-tail_forward_20718966，2022 年 12 月 28 日。

华中学肄业，后入武昌华中大学，获得文学士学位，又获文华图书科专科文凭，为文华图专图本 4 班（1923 年 9 月至 1925 年 6 月①）学生，与孙述万、曾宪三同学。1925 年毕业后，严文郁跟随袁同礼在北京大学图书馆从事编目工作。1926 年夏，北海图书馆（位于北海庆霄楼）成立，梁启超任馆长，袁同礼为图书馆主任，严文郁到该馆从事西文编目工作。1929 年，严文郁赴美国哥伦比亚大学图书馆学研究院深造，获图书馆学硕士。1932 年，又赴德国国立图书馆和柏林大学图书馆交流。1933 年归国，任国立北平图书馆编纂部主任兼阅览部主任。1936 年，北京大学图书馆新馆落成，严文郁获聘为该馆主任，离开了国立北平图书馆，但仍与国立北平图书馆保持密切联系。严文郁的这些出国学术交流经历，为其日后的图书馆生涯奠定了坚实的基础，笔者曾在前期研究成果中予以介绍。其后，严文郁在中美多个单位任职，一生献给了图书馆事业。1986 年，旅美华人图书馆协会将"杰出服务奖"颁给了他，他在获奖感言中表示："从事图书馆工作是我一生最正确的选择。"②

　　曾宪三

　　曾宪三（1901③—1949），湖北武昌（今武汉市武昌区）人。为文华图专图本 4 班（1923 年 9 月至 1925 年 6 月）学生，与严文郁等人同学，为曾宪文之兄。1925—1928 年在清华图书馆工

---

① 彭敏惠：《文华图专珍稀史料图录》，武汉大学出版社 2020 年版，第 272 页。

② 周莲：《一位在书海中辛勤耕耘六十年的老人——记美籍华人严文郁先生》，载《国家图书馆学刊》1989 年第 2 期。

③ 一说生年为 1900 年。

作，1928 年进入国立北平图书馆工作，曾任西文编目组组长，组员有何国贵、徐家璧、曾宪文、胡英、宋友英、王钦骞、贾宝成、王锡印、岳梓木、顾华、王宜晖。[①] 编有《北平各图书馆西文期刊联合目录》等。1936 年，获美国洛克菲勒奖学金赴美留学，在美国国会图书馆工作。1943 年，在克莱蒙特学院图书馆整理藏书。1944 年，进入斯坦福大学东亚图书馆工作。1947 年，任武昌华中大学图书馆馆长兼文华图专教授[②]，1949 年 5 月去世。

孙述万

孙述万（1902—1988），湖北黄陂（今武汉市黄陂区）人。为文华图专图本 4 班（1923 年 9 月至 1925 年 6 月）学生，与严文郁等人同学。曾任湖北省立图书馆馆长、厦门大学图书馆主任、浙江大学文理学院图书馆主任。1933 年 11 月，由文华图专校长沈祖荣和同学严文郁推荐，孙述万前往国立北平图书馆任职。进馆后曾任中文期刊组组长，后来转任西文采访组组长。在北平工作期间，孙述万一家住在北平图书馆配给的宿舍，它是距离文津街国立北平图书馆仅十分钟距离的陟山门街 22 号，一处位于景山公园西门与北海公园东门之间的独家小院。[③] 全面抗日战争期间南下到长沙，转香港，在国立北平图书馆香港办事处工作，直至 1943 年 9 月，孙述万一直任该通讯处负责人。1943 年 10 月，孙述万得以脱身前往重庆，于 1944 年元月抵达重庆南岸，回到国立北平图书馆

---

① 国立北平图书馆编：《国立北平图书馆馆务报告 民国二十一年七月至二十二年六月》，国立北平图书馆 1933 年版，第 7~8 页。

② 《会员消息》，载《中华图书馆协会会报》1947 年第 1、2 合期。

③ 陈润好：《孙述万生平述略》，载《图书馆论坛》2020 年第 4 期。

重庆办事处任编纂，这一工作直至 1944 年 2 月结束。1944 年 3 月起，孙述万先在重庆天府矿业股份有限公司研究室任助理研究员，后又任总务科科员，负责管理公司资料室、图书室。新中国成立后，任重庆大学教授，1952 年起任西南师范学院图书馆馆长。他在该馆任职长达 11 年，是其职业生涯的一个重要时期。

汪长炳

汪长炳（1904—1988），字文焕，湖北汉川人。文华图专图本 5 班（1924 年 9 月至 1926 年 6 月）① 毕业生。自 1926 年毕业后到当时的北京图书馆任编纂部西文编目组馆员、阅览部参考组组长。这段时间，汪长炳参加了北平图书馆协会的较多活动，先后任北平图书馆协会监察委员、执行委员等。1932 年，出版《馆藏西文参考书书目》，并在严文郁之后赴美国哥伦比亚大学图书馆中文部做交换馆员，兼在图书馆学研究院深造，获硕士学位。1934—1936 年，汪长炳又赴美国国会图书馆东方部任职，其间受中华图书馆协会之派，参加 1935 年国际图书馆协会联合会大会，同年还担任中华图书馆协会监察委员。② 1936 年，归国后回母校文华图专任教，从事图书馆学教育和图书馆工作近六十载。1949 年后，任南京图书馆副馆长。

李芳馥

李芳馥（1902—1997），湖北黄陂（今武汉市黄陂区）人。

---

① 彭敏惠：《文华图专珍稀史料图录》，武汉大学出版社 2020 年版，第 272 页。

② 周余姣：《异地造才——国立北平图书馆学人海外访学考略》，载《图书馆研究与工作》2022 年第 1 期。

为文华图本 6 班（1925 年 9 月至 1927 年 6 月）学生，与岳良木同学。1927 年 9 月，到国立北平图书馆工作，1929 年任文书组组长，1932 年任采访组组长。1934 年，获洛克菲勒奖学金，到哥伦比亚大学图书馆学研究院留学。1935 年，进芝加哥大学图书馆研究院深造，修完博士课程。1936—1938 年，到美国国会图书馆实习，从事中文图书编目工作。1941 年，李芳馥回国，在国立北平图书馆上海办事处工作，地点在上海宝庆路十七号。① 因日军侵入上海，该处关闭，1942 年 9 月任上海沪江大学主任。1945 年，上海办事处恢复办公，有职工 6 人，即采访组主任李芳馥、编纂爨汝僖、编纂王育伊、干事钱孝如、书记朱义钧、工友阮金生。藏书有：善本书二十五大箱，内有宋元本及清康熙朝方志，种数甚多；敦煌写经八千数百卷；德文书十五箱；中西文普通书等。② 1951 年初，上海文管会决定成立图书馆筹备委员会，聘请徐森玉、顾颉刚、顾廷龙、李芳馥、王育伊、刘汝醴为委员。其中，李芳馥为召集人，具体负责图书馆的筹建工作。1952 年，上海图书馆成立，李芳馥担任馆长，其为上海图书馆的建设作出了突出的贡献。③ 晚年撰有《旧北京图书馆回忆点滴》④ 一文回忆

---

① 周余姣：《异地造才——国立北平图书馆学人海外访学考略》，载《图书馆研究与工作》2022 年第 1 期。

② 北京图书馆业务研究委员会编：《北京图书馆馆史资料汇编（1909—1949）》，书目文献出版社 1992 年版，第 860~861 页。

③ 《沉痛悼念李芳馥同志》，载《图书馆杂志》1997 年第 5 期。

④ 李芳馥：《旧北京图书馆回忆点滴》，载《国家图书馆学刊》1982 年第 3 期。

在馆期间的工作与生活，将之视为"第二母校"。李芳馥与赵万里为连襟。

　　岳良木

　　岳良木（1905—1993），字荫嘉，湖北汉川人。为文华图专图本6班（1925年9月至1927年6月）学生，与李芳馥同学。1928年8月至1937年6月，在国立北平图书馆任职，曾任采访科科员、采访部西文采访组组长、总务部文书组组长。1934年赴美在哥伦比亚大学留学，1936年获图书馆学硕士学位。1936年10月至1937年6月，担任南京工程参考图书馆主任等职。1937年7月转往国立中央图书馆服务，其后转职多个单位，1949年后在上海图书馆服务直至终老。① 在馆期间发表有《试拟图书登录条例》《读〈图书登记略说〉后》等文。晚年撰有《七年回忆》②、《景仰北京图书馆》③ 等文回忆在平馆的工作与生活。

　　何国贵

　　何国贵，字驭权，安徽宣城人。为文华图专图本7班（1926年9月至1928年6月）学生。在馆时间自1928年7月至1946年9月。曾任西文编目组馆员、中西文期刊组组长、编纂主任等职。

　　徐家璧

　　徐家璧（1907—1999），字完白，湖北江陵（今荆州市）人，

---

　　①　郑锦怀：《岳良木图书馆生涯与贡献考述》，载《图书馆》2020年第7期。

　　②　岳良木：《七年回忆》，载《国家图书馆学刊》1982年第3期。

　　③　岳良木：《景仰北京图书馆》，载《图书馆学通讯》1982年第3期。

徐家麟①之弟，为文华图专图本 8 班（1928 年 9 月至 1930 年 6 月）学生，与曾宪文同学，曾任西文编目组馆员。1935—1942 年在馆，后在重庆文华图专兼职，最后赴美国，在耶鲁大学东亚图书馆任职。1965 年，与袁同礼之次子袁清编《袁同礼中文著述目录》。②

曾宪文

曾宪文，女，湖北武昌（今武汉市武昌区）人，曾宪三之妹，裘开明之夫人。③ 为文华图专图本 8 班（1928 年 9 月至 1930 年 6 月）学生。1931 年由武汉大学图书馆转职国立北平图书馆，曾任西文编目组馆员。1937 年，获密歇根大学所设的巴伯东方女子奖学金出国进修，后在波士顿大学图书馆任职。

李钟履

李钟履（1906—1983），字仲和，山东阳谷人。1925 年毕业于财政商业专科学校，1928 年入当时的北京图书馆工作。他后来又去文华图专图本 9 班（1929 年 9 月至 1931 年 6 月）④ 深造，毕业后仍回国立北平图书馆工作。以参考服务为研究专长，毕生从事图书馆工作。

童世纲

童世纲（1911—1982），字敦三，湖北汉川人。为文华图专

① 文华图专图本 5 班（1924 年 9 月至 1926 年 6 月）毕业。

② 吴光清：《原北平图书馆馆长袁同礼学术传略》，载《文献》1985 年第 4 期。

③ 曾宪文还有一妹，名曾宪华，为我国博物馆学奠基人韩寿萱之夫人。

④ 彭敏惠：《文华图专珍稀史料图录》，武汉大学出版社 2020 年版，第 273 页。

图本 9 班（1929 年 9 月至 1931 年 6 月）学生。1930 年 11 月到
1931 年 8 月在馆。1946 年，童世纲应哈佛大学燕京图书馆的邀
请，赴美工作，后在普林斯顿大学东方图书馆任职。①

邓衍林

邓衍林（1908—1980），字竹筠，江西吉安人。早年家境贫
寒，自南昌宏道中学毕业后，于 1927—1930 年服务于江西省立图
书馆，主要负责登记股事宜。1930 年，他考取文华图专讲习班免
费生（共 14 人），为文华图专讲习班第一届学生（图讲 1 班，
1930 年 9 月至 1931 年 6 月），与喻友信、舒纪维等人是同学，9
月入读。邓衍林在文华图专就读期间就很关注编目问题，还担任
文华图专季刊社（毛坤为社长，钱亚新为副社长）的编辑股干
事，负责"什说""消息""补白"类的编辑。1931 年 6 月毕业
后先在国立北平图书馆阅览组工作，1932—1937 年任参考组组
员。在 1933 年中华图书馆协会第二次年会上，邓衍林提交了
"建议省立图书馆应为全省最高行政执行机关，并保障其行政及
行政经费独立案"。1935 年 1 月 6 日，在北平图书馆协会该年度
第一次常会上他被选为北平图书馆协会执行委员（共 7 人）。
1936 年 1 月 5 日，北平图书馆协会第一次常会上，被选为监察委
员（共 5 人）。1936 年 7 月 18—22 日，中华图书馆协会第三次年
会在青岛举行，邓衍林作为北平图书馆参考组职员参加了这次会
议，并与其他人一起提交了"请教育部保障图书馆服务人员并饬

---

① 张素初：《忆普林斯顿大学东方图书馆前馆长童世纲先生》，载《图
书馆杂志》1983 年第 3 期。

订颁待遇标准案"。全面抗战爆发后，1937 年 12 月，邓衍林等 4
人奉副馆长袁同礼之命赶至长沙，后又转港。1938 年 1 月 5 日，
邓衍林致函袁同礼，报告北平图书馆香港办事处工作情况以及与
香港大学冯平山图书馆合作事宜。1938 年 8 月，邓衍林被派至昆
明，协助西南联合大学图书馆参考组工作兼征求外国图书，同时
在国立北平图书馆昆明办事处编辑西南边疆图籍录和云南书目
等。此外还承担中日战争史料征辑会中文组中文资料整理工作。
与此同时，西南联合大学遵教育部令增设师范学院，以培养合格
的中学教员为任务。1939 年，邓衍林入西南联合大学师范学院第
二部教育学系就读，离开了国立北平图书馆。在馆期间，其编有
《中文参考书举要》（初稿）、《北平市各图书馆所藏算学书籍联
合目录》、《中国边疆图籍录》等论著。后赴美国，在美国学习和
工作。1956 年底，自美返国在北京大学图书馆学系工作，并担任
联合目录编辑组组长，仍与国立北平图书馆的后身北京图书馆有
较多的工作联系。笔者曾对其人其学作了较多研究，参见《邓衍
林之生平、著述与贡献》①、《"图写边疆"——邓衍林〈中国边
疆图籍录〉研究》② 等文。

张树鹄

张树鹄（1906—1995），安徽滁县（今滁州市）人。早年就
读于吴淞中国公学大学部，后又就读于文华图专，为文华图专讲

---

① 周余姣：《邓衍林之生平、著述与贡献》，载《中国图书馆学报》
2017 年第 1 期。

② 周余姣：《"图写边疆"——邓衍林〈中国边疆图籍录〉研究》，载
《国家图书馆学刊》2018 年第 3 期。

习班第一届学生（图讲 1 班，1930 年 9 月至 1931 年 6 月），与邓衍林是同学，曾任期刊部馆员。先后任职国立北平图书馆、西南联大、同济大学、湖南大学、中正大学等，1946 年暑期转职上海沪江大学图书馆主任。①

李永安

李永安，字文钦，河北昌平（今属北京）人。1929—1939 年在国立北平图书馆工作。其间赴文华图专就读，为图本 11 班（1933 年 9 月至 1935 年 6 月）② 毕业生。毕业后，仍回国立北平图书馆工作，1935 年 8 月任职该馆西文编目部。1936 年 2 月，曾去往协和医院图书馆襄助此馆西文编目业务。1937 年 3—6 月，被派往南京工程参考图书馆服务。由沪返回后，继续在北平图书馆从事西文编目工作。1939 年后，北京图书馆的工作人员名录已没有李永安的名字，不知他是在抗战中牺牲，或是转往他馆。③

于震寰

于震寰（1907—1999），或写为"于振寰"，字镜宇，常以字行，山东蓬莱人。其别名包括：宇、大宇、竞宇、敬、敬禹、余敬禹、于敬禹、余愚、净雨、吾愚、俞章等。书斋名曰"无挂碍室"，故而他又自称"无挂碍室主"。其曾担任中华图书馆

---

① 《会员消息》，载《中华图书馆协会会报》1947 年第 1、2 合期。

② 彭敏惠：《文华图专珍稀史料图录》，武汉大学出版社 2020 年版，第 273 页。

③ 周余姣：《一篇被忽略了的译文——巴特勒〈图书馆学导论〉在中国的首次译介》，载《图书馆杂志》2011 年第 1 期。

协会总事务所书记、执行委员会常任书记、事务所常务干事等重要职务。① 于震寰最初在国立北京美术专门学校图书馆服务，后入职国立北平图书馆（任职时间为 1929 年 10 月至 1931 年 7 月；1933 年 7 月至 1935 年 6 月，曾在文华图专学习）、国立北京大学图书馆、国立中央图书馆服务。1939 年 6 月受裘开明之邀，以国立中央图书馆"交换馆员"身份赴美，供职于哈佛大学哈佛燕京图书馆，一直到 1946 年 6 月回国，仍供职于国立中央图书馆。1947 年应《中央日报》邀请，主编《书林评话》。② 1948 年，再次赴美供职于哈佛大学哈佛燕京图书馆，直至 1973 年退休。在馆期间著有《善本图书编目法》，被姚名达评为"论此道颇精"③，后曾与裘开明编有《汉和图书分类法》。

颜泽霮

颜泽霮，广东连平人，为文华图专图本 12 班（1934 年 9 月至 1936 年 6 月）毕业生。毕业后即入馆工作，后来其夫人亦在馆工作。1943 年 10 月离馆。

吕绍虞

吕绍虞，1947 年转职国立中央图书馆编纂。著有《图书馆学论丛》《图书馆学论丛续集》。

毕业于文华图专的"平馆学人"人数较多，后来又有部分回到文华图专任教或兼职，如汪长炳、徐家璧、颜泽霮等人。

---

① 郑锦怀、顾烨青：《于震寰生平考略》，载《国家图书馆学刊》2014 年第 5 期。

② 《会员消息》，载《中华图书馆协会会报》1947 年第 1、2 合期。

③ 姚名达：《中国目录学史》，吉林出版集团 2017 年版，第 294 页。

（三）北京大学

"平馆学人"中来自北京大学的亦有不少。主要有：

蒋复璁

蒋复璁（1898—1990），字美如，号慰堂，浙江海宁人。1923 年，毕业于北京大学哲学系，来馆前曾在清华任职，也曾在北平松坡图书馆从事图书编目。在馆期间，编有《论语集目》《孟子集目》《四书集目》《易经集目》等书目。[①] 后赴德国研习图书馆学。1933 年 1 月 21 日，教育部委派蒋复璁任国立中央图书馆筹备委员会委员。同年的 4 月 8 日，蒋复璁被聘为筹备处主任，此后一直担任国立中央图书馆的馆长。蒋复璁对大陆及台湾的图书馆事业均作出了重要贡献。

于道泉

于道泉（1901—1992），字伯源，山东临淄人。其父于明信为山东教育界的名流之一。1917—1920 年，于道泉就读于山东省立甲种工业学校。1920 年，毕业后考入山东齐鲁大学。1924 年，于道泉考取留美资格，恰此时印度泰戈尔来华访问，于道泉任其翻译。因泰戈尔有意请于道泉赴印访问，于道泉放弃留美资格。在赴印不成后，由泰戈尔介绍，赴北京大学担任梵文教授钢和泰的随堂英语翻译，并跟从钢和泰学习梵文。1926 年，经袁同礼介绍，于道泉到北平北海图书馆任职，负责征集藏、蒙、满及其他少数民族文字图书，最初每周只工作三天。为更好地学习蒙、藏

---

① 慰（蒋复璁）：《易经集目》，载《中华图书馆协会会报》1928 年第 3 期、1929 年第 1、2 合期。

文，于道泉住在雍和宫，被称为"于喇嘛"。1927年，因家庭负担增加，经陈寅恪先生介绍，于道泉到中央研究院历史语言研究所任助理研究员，每周也是工作三天。于道泉利用陈寅恪所倡导的历史语言学派的研究方法进行藏、蒙、满等少数民族历史之研究，同时继续在北平图书馆工作。1929年，完成《北平图书馆藏满文图书馆目录》。1931年，为完成中研院的科研任务，于道泉拿出其之前翻译的《第六代达赖喇嘛仓央嘉措情歌》（赵元任记音）出版。于道泉成为仓央嘉措62节66首情歌的首位汉译者，一时名声大噪。1934年，被中央研究院派往法国巴黎索邦大学留学，在法国巴黎5年，1939年转赴英国，在伦敦大学东方学院教授古典汉文。1949年，于道泉回国，任北京大学东方语文系教授，创立藏学专业，并仍在北京图书馆兼特藏部主任和研究馆员。1951年，于道泉调任新成立的中央民族学院教授直至退休。

萧璋

萧璋（1909—2001），字仲珪，四川三台人。其父萧龙友（1870—1960），为光绪丁酉科拔贡，先从政，1904年开始悬壶行医，为民国时"北平四大名医之首"。萧璋自小在家接受教育，13岁入中学，17岁入北京大学国文系读书。1931年大学毕业后，先后到吉林省立第一师范学校和南开中学任教。随后入职国立北平图书馆。在馆期间，编《国立北平图书馆书目目录类》。1934年此书问世后，沈兼士、罗庸介绍萧璋到国立北平大学女子文理学院任专任讲师和图书馆主任，讲授文字学、目录学课程。1940年，萧璋到浙大任副教授。1948年，余嘉锡聘其到辅仁大学任教。1952年，辅仁大学改为北京师范大学，后任中文系主任。

（四）北京师范大学

"平馆学人"中来自北京师范大学的亦有几位，具体如下：

孙楷第

孙楷第（1898—1986），字子书，号钝翁，河北沧州人。幼时聪慧，得当时的教育总长傅增湘赏识，后成为其弟子。[①] 1922年，孙楷第入北京师范大学国文系，学制6年，1928年毕业。在校期间，得杨树达、钱玄同、高步瀛、黎锦熙等人器重。1929—1931年，孙楷第担任钱玄同助教，同时任中国大辞典编纂处编辑。1929—1937年，孙楷第任国立北平图书馆编辑、写经组组长，北平师范大学、北平私立辅仁大学、北京大学讲师。1937年夏，受聘为北京大学国文系副教授。自七七事变起，北平各国立大学不能开学，而北平图书馆以常年经费用美国退还庚子赔款关系，仍继续办理，孙楷第复回国立北平图书馆任职。1941年，日本宪兵接收国立北平图书馆，孙楷第弃职居家。1942年，入辅仁大学当讲师。1945年，抗日战争胜利，孙楷第继续担任北京大学教职。1948年，入燕京大学任教授。1953年，调至中国社科院文学研究所。他的研究包括：诸子研究、小说史研究、戏曲史研

---

① 1931年商务印书馆印过一批古小说，尚未公开发售时，当年的8月13日傅增湘即致函张元济代孙楷第求书，信中道："敝门人孙楷第素喜研究小说，颇有撰述流传，近知贵馆新印三种，尚未发行，欲求先睹为快，拟请公设法（若公事忙，交拔可先生代办亦可），每种先惠寄一份，仍照价奉缴。如未装订，或草订亦可，或有打样本子亦可。其《隋史遗闻》一种，因近撰一书，急待考查。盼之尤切，此原在大连，若得影印可省此一行矣。"见《张元济傅增湘论书尺牍》，商务印书馆1983年版，第266页。

究、变文研究、"楚辞"及汉魏两晋南北朝乐府歌词研究。① 在小说史研究领域，被学人视为"实际建构规模，指引门径，真正将小说史打造为现代学术的独立王国，则以孙楷第为始"②。

柯昌济

柯昌济（1902—1990），字纯卿，又作莼卿，号息庵，山东胶县（今胶州）人。父柯劭忞，兄柯昌泗。毕业于北京师范大学，于1921年8月至1922年11月、1924年4—12月两度任国立北平图书馆馆员，1937年后任北京古学院研究员。

王重民

王重民（1903—1975），字有三，号冷庐，河北高阳人。比孙楷第低一级，1929年毕业于北京师范大学，师从陈垣、高步瀛、杨树达等人攻读文史，同年任河北大学国文系主任。1930年任国立北平图书馆索引组组长，1933年索引组有馆员徐绪昌，书记：刘树楷、索恩锟、吴藻洲、杨殿珣、王廷燮。③ 1934年，赴法国巴黎国立图书馆搜集流落海外的敦煌资料，1939年，受聘于美国国会图书馆，整理中文善本古籍。1947年归国，在胡适的支持下创办北京大学图书馆学专修科，同时任国立北平图书馆参考组主任。1949年，代理北京图书馆馆务，后专任北京大学图书馆

---

① 黄克：《建立科学的中国小说史学——孙楷第先生晚年"自述"及其他》，载《文学遗产》2008年第4期。

② 胡文辉：《现代学林点将录》，广东人民出版社2010年版，第171~173页。

③ 国立北平图书馆编：《国立北平图书馆馆务报告　民国二十一年七月至二十二年六月》，国立北平图书馆1933年版，第8页。

学系系主任和教授。王重民与国立北平图书馆结缘，与袁同礼有莫大的关系，二人为亲密的师生关系。在多个场合，王重民不讳言这种关系，如"吾师袁守和先生，身典秘书，职司校雠……重民亲炙教诲，谨将所闻，参以愚见，撮为四点，愿国内外学者共鉴之"①。并在其指示下，在学术上不断成长。如《海外希见录》的撰写，即出于袁同礼的鼓励，王重民谓："廿三年十月七日，重民来巴黎恰为周旬，吾师袁守和先生至自伦敦，侍教之次，先生诏余曰：'海外保存吾国史料颇多，善本书之流出者亦不少；君于图书稍窥门径，盍记之，可以海外希见录命编也。'余谨诺，拳拳于心者五阅月矣！……将来稍稍读书，赖海内外师友之介绍，与收藏者之不吝嘉惠，奇书异帙，寓吾目以入吾录者殆可什一乎？谨志简端，以自策励！三月十六日。"②另如《清代文集篇目分类索引》，也是在袁同礼指示下从事并完成的。2023 年为其 120 周年诞辰，北京大学正加紧编纂《王重民全集》以为纪念。

杨殿珣

杨殿珣（1910—1997），字琚飞，河北无极人。家境贫寒，1924 年，考入河北省立第七中学，1929 年 8 月，杨殿珣考入北京师范大学预科班。1931 年 12 月，经当时的索引组组长王重民介绍开始到国立北平图书馆索引组半工半读。1931—1934 年间，在

---

① 王重民：《论教育部选印四库全书》，载《大公报》1933 年 8 月 14 日。

② 王重民：《海外希见录》，载《大公报》1935 年 4 月 18 日。

王重民的指导下，二人编成《清代文集篇目分类索引》①。1934年，调任金石部馆员。1935年，毕业于北平师范大学中文系，获文学学士，继续在国立北平图书馆工作。1937年起担任中文采访组组长。1943年4月15日，由庶务组组长调任善本部金石组组长。1950—1960年，任采访部副主任。1962年，调任参考部主任，直至退休。编有《石经论著目录》（1936）②、《石刻题跋索引》（1940）、《中国历代年谱总录》（1980）。他与王重民交好，亦师亦友，曾多次为王重民校《巴黎敦煌残卷叙录》等稿。后又应刘修业之托，为王重民《中国善本书提要》校稿。

（五）金陵大学

金陵大学亦是我国较早开办图书馆学教育的学校，"平馆学人"来自该校的有刘国钧、吴光清、袁涌进、钱存训等人。

刘国钧

刘国钧（1899—1980），字衡如，江苏南京人。1920年，刘国钧毕业于金陵大学哲学系，遂在该校从事图书馆工作，后留学美国，获威斯康辛大学哲学博士。刘国钧先后任金陵大学图书馆主任、文理科科长，哲学及图书馆学教授，中华图书馆协会常务委员会委员。1929年9月，他应国立北平图书馆之聘来北平工作。1929年9月23日，国立北平图书馆召开第四次馆务会议，袁同礼报告图书馆编目工作，称"第一、二馆中文

---

① 王重民、杨殿珣编：《清代文集篇目分类索引》，国立北平图书馆1935年版。

② 杨殿珣编：《石经论著目录》，国立北平图书馆1936年版。

书约有 20 余万册，分类编目专业化自始匪易，刘国钧先生在美国研究图书馆学多年，对于伦理、逻辑、哲学等素有心得，现请为主持"①。其任国立北平图书馆编纂部主任和阅览部主任，主持分类编目工作。后又担任金陵大学图书馆馆长，筹备国立西北图书馆。新中国成立后在北京大学图书馆学系任教，为著名的图书馆学界的"北刘南杜"之"北刘"。著有《中文图书编目条例》（1928）、《图书馆学要旨》（1934）、《中国书史简编》（1958）等。

吴光清

吴光清（1905—2000），字子明，江西九江人。吴光清早年考入南京金陵大学附属中学，1923 年，升入金陵大学，主修教育及英文，并选习图书馆学。1927 年秋季毕业，曾任中学教员三年。1930 年，他获得美国卡耐基基金会的奖学金，赴美入哥伦比亚大学进修，主修图书馆学，后又进入密歇根大学图书馆学系，1932 年，获得硕士学位后回国。1932—1935 年，曾任金陵女子大学图书馆馆长。1935—1938 年，转任国立北平图书馆编目部主任。在馆期间，他曾担任中华图书馆协会建筑委员会书记，还是《图书馆学季刊》编辑部的成员。1938 年，获得洛克菲勒基金会的资助，到美国国会图书馆东方部实习。1941 年，进入芝加哥大学图书馆学研究院攻读博士学位，跟随巴特勒（Pierce Butler）研究西方图书印刷史，1944 年，获得图书馆学博

---

①　袁咏秋、曾季光主编：《中国历代国家藏书机构及名家藏读叙传选》，北京大学出版社 1997 年版，第 133 页。

士学位，此后一直在美国国会图书馆工作，直至退休，但仍与国立北平图书馆联系紧密。抗日战争胜利后曾表示欲回国内工作而未实现。笔者《图书馆界的林语堂：吴光清》① 一文对其生平和学术有介绍。

袁涌进

袁涌进（1908—1996），江苏金坛人，1931 年毕业于南京金陵大学图书馆学专业。1931 年 6 月入馆，1932 年担任国立北平图书馆中文编目组馆员，曾任国立北平图书馆中文编目组组长。后兼任国立北京大学图书馆学系教授，编著有《现代中国作家笔名录》（1936）、《回忆三十年代的北京图书馆》（1982）②。

钱存训

钱存训（1910—2015），江苏泰兴人。1936 年，钱存训从上海交通大学转职到国立北平图书馆南京分馆工作，是由吴光清向袁同礼推荐的。曾因"善本运美"而获当时的教育部嘉奖。1947 年后，本欲出国考察，并运回寄存在美国之善本书，因交通阻遏，滞留美国，在美国芝加哥大学远东图书馆任职并任教。1949 年后，仍与国立北平图书馆之后身——北京图书馆联系紧密。

---

① 周余姣：《图书馆界的林语堂：吴光清》，载《图书馆论坛》2016年第 12 期。

② 袁涌进：《回忆三十年代的北京图书馆》，载《图书馆学通讯》1982年第 3 期。该文手写稿本 2014 年于拍卖场拍出。

（六）燕京大学

王育伊

王育伊（1907—1957①），1935 年毕业于燕京大学历史系，师从顾颉刚、洪业等人。1935 年入馆，担任国立北平图书馆编纂，也是禹贡学会的成员之一，后转至上海办事处工作。② 1951 年初，上海文管会决定成立图书馆筹备委员会，聘请徐森玉、顾颉刚、顾廷龙、李芳馥、王育伊、刘汝醴为委员。王育伊专注于历史地理的研究，发表有《历史地图制法的讨论》③、《宋史地理志燕云两路集证》④ 等，译有《美国经济生活史》等。

---

① 在赵万里 1957 年 9 月致徐森玉函中，谓王育伊得癌病，"竟尔长逝"。见刘波《赵万里先生年谱长编》，中华书局 2018 年版，第 377～378页。又在梅冷生（雨清）致夏蔼（作铭）先生函中提及："弟上月曾经上海一次，到上海图书馆访王育伊先生，已作古矣！"该信落款时间为 1959 年 5月 10 日。见梅冷生撰，潘国存编《梅冷生集》，上海社会科学院出版社 2006年版，第 77 页。

② 关于王育伊的资料不多。笔者在孔夫子旧书网上见到其至王重民书札一函，内容如下："有三先生左右：昨奉廿四日手教，拜悉一一。吾馆不幸，自七七事变之后，南北相隔，复员以还，方冀政党相忍为国，小民甦苏，何期祸起阋墙，烽火连年，今者除旧布新，和平有望，吾馆内部仍有些许纠纷，如来示所云，得毋贻笑外界，授人以柄。弟等前数函所提问题，事已过去，兹为顾全大体计，愿暂作罢论。区区此怀，谅荷洞察，匆上，敬候年安！弟王育伊、李馨吾、爨汝喜（僖）拜上　卅八年一月卅一日。"此函用国立北平图书馆上海办事处稿纸书写，李馨吾即李芳馥。见《王育伊等人书札》，网址：http：//pmgs. kfzimg. com/data/pre_show_pic/1/982/642. jpg，亦见 http：//pmgs. kongfz. com/detail/1_494719/。

③ 王育伊：《历史地图制法的讨论》，载《禹贡》1935 年第 12 期。同一期上还有其《郑秉三先生〈改革历史地图的计划〉读后记》。

④ 《禹贡》1935 年第 3 卷第 7 期。

刘修业

刘修业（1910—1993），字君寄，福建闽侯人。1931年，毕业于燕京大学国文专修科。1933年，到国立北平图书馆索引组任职。1936年，刘修业赴法协助王重民抄敦煌卷子。1937年，同王重民结为夫妇，后又随王重民赴美。1947年，刘修业回国后在国立北平图书馆外文组工作。1953年，调中国社会科学研究院历史研究所任职。一生受王重民影响较大，晚年致力于整理王重民先生的学术著作，如《中国善本书提要》及《中国善本书提要补编》、《冷庐文薮》等。曾编有《文学论文索引续编》《中国史学论文索引》等。

谭其骧

谭其骧（1911—1992），字季龙，浙江嘉兴人。1930年，谭其骧毕业于上海暨南大学历史系，入燕京大学研究院就读。1932年，在伯父谭新嘉推荐下，入职国立北平图书馆担任馆员，并在辅仁大学兼任讲师，讲授中国地理沿革史。在馆期间，编有《北平图书馆方志目录》（1934）。1934年初，受顾颉刚先生邀请，开始承担《禹贡》半月刊的编辑出版工作。1940年，赴时在贵州的浙江大学任副教授。1942年，升任教授。1950年，调任到复旦大学，直至退休。晚年撰有《值得怀念的三年图书馆生活》，回忆在馆的工作与生活。

（七）商务印书馆

向达

向达（1900—1966），湖南溆浦人。自1917年长沙明德中学毕业后，向达在家补习一年，于1919年以第一名的成绩考入南京高等师范学校数理化部学习化学，后改学文史地，1923 年从该校毕业后，又考入东南大学学习历史。因与王庸曾同在东南大学学习，二人交好。① 1924 年夏，自东南大学毕业后考入上海商务印书馆担任编译员。在此工作期间，其与梁思成等人合译了《世界史纲》，并独自翻译了勒柯克的《高昌考古记》，此外还翻译了《印度现代史》，并发表论文及翻译文章 19 篇。② 1930 年秋，经赵万里介绍，赴国立北平图书馆担任编辑之职，从而正式成为国立北平图书馆之一员。其后在国立北平图书馆工作，并接受外派，于 1935 年开始赴英、法、德等国进行文献考察。1938 年 8 月，从法国回国，因国立北平图书馆南迁至昆明，不复往日规模，向达因而去职。1939 年 3 月，向达受迁至广西宜山的浙江大学之聘，担任该校教授。按其所述，他自 1924 年大学毕业后，最初的十五年，做的是编译编辑和研究工作，此后在大学里担任的是教学和行政工作。③

贺昌群

贺昌群（1903—1973），字藏云，四川马边人。著名历史学家。1922—1931 年，在上海商务印书馆工作。1931—1933 年，在

---

① 经王庸介绍，向达与谢国桢相识。后来某年三人曾约同游华山，谢国桢辞而未赴，向达、王庸归来大谈华山胜景，可见当时人之交往也。参见谢国桢《我与向达之友谊关系》，载沙知编《向达学记》，生活·读书·新知三联书店 2010 年版，第 123~124 页。

② 阎文儒、阎万钧：《向达先生小传》，见沙知编《向达学记》，生活·读书·新知三联书店 2010 年版，第 6 页。

③ 向达：《向达的自传》，见沙知编《向达学记》，生活·读书·新知三联书店 2010 年版，第 3 页。

天津河北省立女子师范学院任教。1933—1936 年，任国立北平图书馆编纂委员。1937 年 5 月 25 日，王庸向浙江大学竺可桢校长建议聘贺昌群为历史教授。随后，贺昌群到浙江大学任教。后任中央大学历史系教授。1949 年后，贺昌群担任南京图书馆馆长、中国科学院图书馆馆长等职务。其弟子有潘天祯①等人。其女贺龄华为其编有《贺昌群文集》。

（八）北平大学

万斯年

万斯年（1908—1987），别名轩稼，笔名弃疾，江西九江人。万斯年与袁同礼为表亲。1932 年，毕业于北平大学法学院经济系。1931 年，开始在国立北平图书馆工作，从事编纂工作。全面抗日战争期间在西南采访西南文献，尤其是到彝区访书②，为该馆的地方文献建设有较大贡献。1947 年，负责国立北平图书馆日本研究室工作。1949 年后，历任社会文化事业管理局图书馆处副处长，中国社会科学院历史研究所隋唐史副研究员。编译有：《唐钞本韵书及印本切韵之断片》（1936）、《国立北平图书馆西南各省方志目录》（1941）、《唐代文献丛考》（1947）等。

韩承铎

韩承铎（1909—?），字仲文，山东黄县（今龙口市）人。自

① 潘天祯后为南京图书馆副馆长，曾担任《中国古籍善本书目》副主编，笔者曾撰有《陋室汲古伴芸香——潘天祯与古籍保护研究》（载《国家图书馆学刊》2019 年第 4 期）一文揭示其贡献。

② 马学良：《追念万斯年先生到彝区访书遗事》，见马学良《马学良民族语言研究文集》，中央民族大学出版社 1999 年版，第 263~267 页。

北平大学俄文法政学院经济学系毕业后，任中国营造学社图书部书记，北平行政委员会储才馆勤务。1945 年，入国立北平图书馆任编辑、秘书。1952 年，任文化部社会文化事业管理局图书馆处副处长。1976 年，任书目文献出版社（今国家图书馆出版社）副总编辑，直至退休。

（九）其他

谭新嘉

谭志贤（1874—1939），字新嘉，以字行，浙江嘉兴人。1912 年 7 月，谭新嘉应时任京师图书馆馆长的江瀚之邀到馆工作，是京师图书馆较早的员工。到馆后，时该馆方设目录课，谭新嘉担任编目之工作。曾被缪荃孙监督赞为"管理谭志贤，甚有条理"，1923 年为目录课课长。编有《国立北平图书馆方志目录二编》，有《梦怀录》（抄本）①，部分记录其在京师图书馆及国立北平图书馆期间工作之事。曾积极推动其远祖著述《小雕虫》之刊刻。② 为谭其骧伯父，后介绍谭其骧亦到馆工作。

徐森玉

徐鸿宝（1881—1971），字森玉，后以字行，原籍浙江湖州。早年入江西庐山白鹿洞书院读书，1902 年考入山西大学堂，改读

---

① 谭新嘉：《梦怀录》，载《文献》1982 年第 4 期。

② 张宗祥记述："向在北京，无意中购得钞本书一册，阅之则《小雕虫》也，专以虫名，作成赋体，而详注其下。谭志贤见之，知为其远祖著述，且搜访半生，未获见者，欢喜无量，急为梓行。"见张宗祥著、浙江省文史研究馆编《张宗祥文集　铁如意馆随笔　铁如意馆手钞书目》，上海古籍出版社 2015 年版，第 57 页。

化学。在山西大学堂时期，即有著作问世，得到大学堂监督爱新觉罗·宝熙[①]的赏识。宝熙为收藏家、鉴赏家，常邀请徐森玉鉴赏古物，一起探讨、考证、鉴赏藏品。徐森玉受其影响，在古物鉴赏上奠定了深厚的基础。徐森玉毕业后担任奉天测图局局长等职务，后任学部图书馆编译员。1910 年，任京师图书馆名誉经理员，其后转任教育部统计科科长兼秘书，又以教育部统计科科长兼秘书身份出掌北京大学图书馆。1922 年 2 月，担任京师图书馆主任，其间京师图书馆人事变动频繁，徐森玉在其中承担了较多的工作。1929 年 10 月，国立北平图书馆馆务行政系统改组，徐森玉出掌采访部主任兼善本部、金石部主任。1932—1933 年间，善本部下考订组组长为赵万里，馆员为李耀南、陈恩惠、张孟平；写经组组长为胡鸣盛，书记有许国霖、李柄寅。金石部下有编纂委员刘节、馆员范腾端、孟桂良。[②] 1934 年 2 月，先生调往故宫博物院，辞北平图书馆金石部主任一职，由刘节代理。1937 年 8 月，张允亮出任善本、编目部主任，自此之后仅任采访部主任一职。[③] 其间也在故宫博物院古物馆等处任职。直到 1940 年，在该馆工作长达 24 年。全面抗战期间，参与文物善本南运工作。

---

① 爱新觉罗·宝熙（1871—1942），字瑞臣，号沉盦，室名独醒庵。河北宛平（今北京）人，隶属满洲正蓝旗。宝熙为光绪十八年（1892）壬辰科殿试二甲进士，在清宗室中诗文、书法皆佳，也是金石书画的收藏家、鉴赏家。

② 国立北平图书馆编：《国立北平图书馆馆务报告 民国二十一年七月至二十二年六月》，国立北平图书馆 1933 年版，第 11 页。

③ 柳向春：《徐森玉先生与北平图书馆》，载《文献》2019 年第 1 期。

新中国成立后，在上海文物保管委员会担任领导职务，后任上海博物馆馆长。一生著述不多，今有其子徐文堪整理的《汉石经斋文存》①。焦树安认为，徐森玉在国立北平图书馆工作二十余年，最大的贡献在于两个方面。第一方面是充分利用他对金石、版本和目录之丰富的知识和经验，为国立北平图书馆采集了大批的古籍，其中有很多的善本、孤本，为国立北平图书馆的中文古籍和善本成为世界之最贡献了很大的力量。另一方面，徐森玉在国立北平图书馆善本部期间，指导、培养和造就了一批版本目录学专家。② 这两方面的贡献，一方面是"文"，一方面是"献"，颇合古人寻求"文献"之意。

李耀南

李耀南（1884—1948），字照亭，河南上蔡人。在馆时间自1917年6月直至去世，曾任考订组组长、上海办事处职员等职。抗战期间，护送保护古籍有功。著有《中国书装考》③ 等。

王祖彝

王祖彝（1889—?），字念伦，又字俨伦，号天叙，河北文安人。1911年，于京师译学馆毕业，在馆时间自1929年1月至1949年，曾任文书组组长。曾兼任过黎明中学国文教学、北平市

---

① 徐森玉著，徐文堪编：《汉石经斋文存》，海豚出版社2010年版。

② 焦树安：《国立北平图书馆学者传略：张宗祥 徐森玉》，载《国家图书馆学刊》2002年第1期。

③ 李耀南：《中国书装考》，载《图书馆学季刊》1920年第2期。该文被收入《北京图书馆同人文选》，又被收入马衡等著的《古书的装帧 中国书册制度考》（浙江人民美术出版社2019年版，第91~109页）。

立体育专科学校史地等科教员，先后获教育部四等奖章、三等一级文杏章及八等嘉禾章。① 论著有《京师图书馆回顾录》、《中华民国疆域沿革录》②、《文安王氏宗谱》③、《三国志人名录》④、《三国志人名录（补正本）》⑤ 等。与陈垣等学人有往来。⑥

张允亮

张允亮（1889—1953），字庚楼，别号无咎，河北丰润（今唐山市丰润区）人，清代两江总督及南洋大臣张人骏的第五子，袁世凯长婿。⑦ 1911 年 10 月，毕业于北京京师译学馆，毕业考列优等，奖给举人出身，以主事职分度支部补用。1915 年 10

---

①　张廷银：《缪荃孙、丁丙等有关地志族谱文献的手札六通》，载《文献》2006 年第 4 期。

②　王念伦编：《中华民国疆域沿革录》，集成印书局、五典书房 1935 年版。

③　王祖绎、王祖彝纂修：《文安王氏宗谱》，民国二十五年（1936）铅印本。

④　王祖彝：《三国志人名录》，商务印书馆 1956 年版。该书 1935 年即由商务印书馆排版，但未印行，一直延搁至 1956 年再印行。

⑤　王祖彝：《三国志人名录　补正本》，商务印书馆 1957 年版。

⑥　见张廷银：《缪荃孙、丁丙等有关地志族谱文献的手札六通》，载《文献》2006 年第 4 期。该文中有王祖彝致陈垣信函一通，内容为：昨呈拙著《疆域沿革录》，顷又发现错误两处俱在序中：一为少文卧游，误为宗悫；一为顾祖禹著《方舆纪要》，误为亭林。当时未及深思，率然属稿，致成大错，可笑也。敬乞代予改正，免为讥者所讥。幸甚，幸甚。专此敬候援庵先生刻祺。王祖彝谨启　九日。

⑦　妻为袁世凯长女袁伯祯，1910 年 2 月 8 日结婚。1910 年 8 月 6 日，袁世凯曾有复长婿张庚楼函。见骆宝善、刘路生主编《袁世凯全集》第 18 卷，河南大学出版社 2013 年版，第 528 页。

月 19 日，担任财政部试署佥事。1921 年 2 月 14 日，被授予四等嘉禾章。1922 年 10 月 20 日，被授予二等大绶嘉禾章。1923 年 12 月 1 日，张允亮为泉币司帮办。① 后曾任北京大学图书馆、故宫博物院专门委员、北平古物陈列所等机构。1937 年 8 月至 1939 年，任职于国立北平图书馆。他喜收藏图书，为民国藏书家，精于目录版本之学。1930 年前后编成《国立北京大学图书馆善本书目》，1934 年左右编有《故宫善本书目》三卷，故宫博物院铅印本，又曾手编《故宫书影》等。与徐森玉、沈兆奎同为傅增湘的 "藏园三友"②。在馆期间亦编古籍书目，1938 年曾与王访渔、顾子刚组成行政小组，维持国立北平图书馆馆务，未几以疾辞。

袁同礼

袁同礼（1895—1965），字守和，河北徐水人。1920 年，蔡元培派袁同礼到美国哥伦比亚大学历史系攻读，获学士学位。后又在纽约州立图书馆专科学校获学士学位，并在伦敦大学及巴黎国立文献学院（Ecole Nationale des Chartes）肄业。曾先后任清华图书馆主任、国立广东大学图书馆馆长。后任国立北平图书馆及故宫博物院图书馆副馆长、馆长。今人对袁同礼的研究较为全面，有多篇博士学位论文和专著出版，此处不再赘引。

周叔迦

周叔迦（1899—1970），字志和，安徽东至人。曾在同济大

---

① 刘天昌：《两广总督张人骏》，海洋出版社 2018 年版，第 402～411 页。

② 王菡：《藏书家张允亮学术生涯述略》，载《文献》2011 年第 4 期。

学习工科，后潜心佛学研究。1929 年，创办佛学研究社。1930 年后在北平等多个高校讲授佛教课程，曾入国立北平图书馆任特约编纂，1929—1930 年度之《馆务报告》载："至总目中未注经名者之二百余卷，亦有急速整理之必要。馆中特约周叔迦先生详加审查，已经查出十分之八。"[①] 担任该馆所购入的西夏文佛经百卷、汉文佛经十二卷之编目，发表有《馆藏西夏文经典目录》。他在馆编目之工作，纯为义务劳动，不支取该馆之薪酬，成为一段佳话。[②] 后周叔迦创办佛学院，发起影印《宋藏遗珍》。

赵录绰

赵录绰（1902—1944），字孝孟，山东安丘人。父赵葵畦，为清末著名金石学者。兄赵录绩，被王献唐誉为"山左版本目录第一人"。赵录绰毕业于工科大学，修习电气工程，为柯劭忞弟子。自 1932 年 8 月起，赵录绰任国立北平图书馆馆员，研究目录学、版本学、金石学，著有《清高宗之禁毁书籍》、《北平图书馆善本书目乙编》四卷、《续编》四卷、《筠清馆金文汇笺》、《许印林（瀚）年谱》、《书目答问校注》、《禁毁书目人名便检》、《历代沟洫志》、《中国族谱总目初编》、《山东艺文全录》、《海岱文征》[③] 等。1938 年，因为继续供职于日伪东方文化事业总委员

---

①　国立北平图书馆编：《国立北平图书馆馆务报告　民国十八年七月至十九年六月》，国立北平图书馆 1930 年版，第 34 页。

②　刘波：《国家图书馆与敦煌学》，国家图书馆出版社 2018 年版，第 265 页。

③　王绍曾、沙嘉孙：《山东藏书家史略（增订本）》，齐鲁书社 2017 年版，第 302 页。

会（其师柯劭忞为该委员会委员和研究员），或与日本汉学家桥川时雄①交往密切，而被袁同礼授意主动辞职。为《续修四库全书总目提要》编撰过诸如《杜诗旁训》等多篇提要，后有论述。因编过许瀚年谱，曾就刊刻许瀚遗书问题与王献唐先生②以及傅斯年先生有信札往来。

张增荣

张增荣，字绍典，吉林滨江（今黑龙江省哈尔滨市道外区）人。民国学院毕业，1926 年 8 月入馆，1941 年去职，曾担任采访部馆员。译有服部宇之吉的《佚存书目》③（1933），它多记流散在日本之中国古籍。

李德启

李德启（1904—1986），字子开，入馆后负责满文书籍之编目，任满蒙藏文编目室馆员，与于道泉、彭色丹同事，编有《国立北平图书馆、故宫博物院图书馆满文书籍联合目录》④，系国立北平图书馆及故宫博物院图书馆两处所藏满文书籍之目录，为研究满文者所必备。于道泉、李德启、西门·华德（Walter Simon）、袁同

① 桥川时雄（1894—1982），字子雍，号醉轩，福井县人。日本著名汉学家，长期从事汉文典籍研究。

② 王艳丽：《赵录绰致王献唐信札二通》，载《文献》2010 年第 1 期。李宝祥：《王献唐学术交往研究》，山东大学 2017 年博士学位论文，第 193~199 页。

③ ［日］服部宇之吉编，张增荣译：《佚存书目》，载《图书馆学季刊》1934 年第 2 期。

④ 李德启编，于道泉校：《国立北平图书馆、故宫博物院图书馆满文书籍联合目录》，国立北平图书馆、故宫博物院图书馆 1933 年版。

礼均为之作序。另还编有《阿济格略明事件之满文木牌》①。

茅乃文

茅乃文，生卒年不详，字攸也，浙江杭县（今杭州市）人。1926 年 3 月入馆。编有《国立北平图书馆中文舆图目录》（1933）、《中国地学论文索引》（1934）、《中国地学论文索引续编》（1936）、《中国河渠书提要》（1936）②、《存素堂入藏图书河渠之部目录》（1936）、《国立北平图书馆中文舆图目录续编》（1937）、《存素堂书目》③，等等。其书目著作多与王庸合编。译有《乾隆帝东巡道里考》（青梅书店，1933），著有《清帝南巡事迹考》（文静盦丛书第三种，青梅书店，1933）。抗战期间，担任日伪东方文化事业总委员会的编审，《续修四库全书总目提要》"经部提要"序所列续修提要工作者中有茅乃文，主要编纂史部的河渠类、舆地类。抗战期间，由于中日关系恶化，袁同礼曾勒令其退出，否则予以停薪。1938 年，茅乃文从国立北平图书馆去职。

范腾端

范腾端（1891—?），字九峰，湖南湘阴人。1920 年 12 月，入京师图书馆工作。④ 1922 年至 1924 年，因其擅长篆书，在张宗

---

①　李德启编译：《阿济格略明事件之满文木牌》，国立北平故宫博物院文献馆 1935 年版。

②　南京水利工程学会 1936 年版。

③　存素堂为朱启钤堂名。朱启钤（1871—?），喜藏书，藏书中水利河渠之类的书较为完备。

④　北京图书馆业务研究委员会编：《北京图书馆馆史资料汇编（1909—1949）》，书目文献出版社 1992 年版，第 1373 页。

祥组织补抄文澜阁《四库全书》之时，担任"篆隶"① 之职。自
1929 年至 1945 年间，一直任职于金石部。② 抗战期间，范腾端随
馆南迁，在西南地区访碑，在西南金石文献采访上作出了其特有
的贡献。此外还编有《国子监碑目》③、《馆藏李唐墓志目》④、
《国立北平图书馆藏碑目　墓志类》等。笔者《范腾端生平与著
述考略》⑤ 一文中对其有详细介绍。

　　王访渔

　　王访渔，字子舫，在馆任职时间为 1929 年 6 月至 1949 年
4 月。曾任舆图部主任、阅览部主任、总务部主任等职。在抗
战期间，与张允亮、顾子刚三人坚守在馆，维持馆务，贡献
较大。

　　顾斗南

　　顾斗南，抗战期间主要在国立北平图书馆南京办事处——工

---

① 　周庆云：《补抄文澜阁四库缺简记录》，见王国平主编《西湖文献集
成　第 20 册　书院·文澜阁·西泠印社专辑》，杭州出版社 2004 年版，第
362 页。

② 　摘自赵爱学：《抗战期间北平图书馆的金石文献业务工作》，见国
家图书馆编《国图与抗战——纪念中国人民抗日战争暨世界反法西斯战争
胜利 70 周年国家图书馆员工文集》，国家图书馆出版社 2016 年版，第
228~250 页。

③ 　范腾端：《国子监碑目》，载《图书馆学季刊》1931 年第 3、4 合
期。

④ 　范腾端：《馆藏李唐墓志目》，载《国立北平图书馆馆刊》1935 年
第 3、4、5、6 期。

⑤ 　周余姣、苑盛南、任雪：《范腾端生平与著述考略》，载《山东图书
馆学刊》2022 年第 1 期。

程参考图书馆工作，地点设在南京的金陵大学图书馆内。1946
年，该处有职员 3 人，计编纂顾斗南、编纂程德谟、书记董正
荣。南京办事处的藏书主要有内阁大库地图、西文工程及农学参
考书和新书。① 在抗战期间为保护馆藏作出了贡献。著有《活用
图书和民众图书馆推广事业的问题》②。

何多源

何多源（1909—1969），字浚熙，广东番禺（今广州市番禺
区）人。早年任岭南大学图书馆、中山大学图书馆馆长职务。抗
战后入职国立北平图书馆，曾向袁同礼报告日本战犯掠夺图书经
过。③ 1949 年后，回广东任职。编著有《广东藏书家考》《中文
参考书指南》等。

吴藻洲

吴藻洲，字文轩。在馆期间自 1932 年 4 月至 1937 年 7 月止。
曾任索引组书记，编有《民众教育书目》《日报与索引》。

爨汝僖

爨汝僖（1893—1952?④），字颂生，或作颂声，四川宜宾人。

---

① 北京图书馆业务研究委员会编：《北京图书馆馆史资料汇编
（1909—1949）》，书目文献出版社 1992 年版，第 862 页。

② 顾斗南、刘祖仁：《活用图书和民众图书馆推广事业的问题》，载
《民众教育月刊》1931 年第 4、5 合期。

③ 江山：《何多源致袁同礼书信的史料价值》，载《山东图书馆学刊》
2020 年第 2 期。

④ 1952 年 2 月 26 日，还曾致函徐森玉，述馆中情形，可见此时
仍健在。见刘波《赵万里先生年谱长编》，中华书局 2018 年版，第
334 页。

1906—1908 年，在天津客籍学堂就读。① 自 1919 年 3 月 5 日入馆。擅抄书，谭志贤请其抄《谭子雕虫》②，傅增湘请其抄《玉楮诗稿》③，又请其依乾道本抄补配北宋刻本《范文正公文集》，还抄有刘光第的《诗拟议一卷》④。曾任参考组馆员、编纂、总务主任等职。抗战胜利后，曾转去上海办事处工作。1949 年后，仍任中文采编组组长。编有《孝经集目》（收有关《孝经》论著约 70 种）⑤、《近两年来出版之国学书籍简目》⑥、《古兵书集目》等。

---

① 《批准留堂过夏》，载《大公报》1908 年 7 月 4 日。

② 其为谭志贤所抄之《谭子雕虫》上卷有其己未（1919）题识："右目谭志贤先生手自辑存。按明季谭氏有研山书圃、药山书圃，为扫庵祭酒读书著书之处。当时自项氏天籁阁外，亦颇传重鸳湖也。清初书禁綦严，仓卒自烬，以致遗墨无存，志贤先生笃彝伦，重先泽，二十年来，所至留心搜辑，曾梓其先德筑岩、舟石、左羽诸公遗著若干种，汇为《嘉兴谭氏遗书》，近又得《谭子雕虫》二卷，其上卷命汝僖抄录校雠。既竣，因请以祭酒著述目录冠诸卷端，先生然之。"见徐雁平编著《清代家集叙录》上册，安徽教育出版社 2017 年版，第 582 页。

③ 傅增湘所作跋称："宣统三年，于厂市见钞本《玉楮诗稿》，以值昂不及收，因属爨颂生照写此册，存之箧中。"见许起山《〈玉楮诗稿〉版本发微》，载《新世纪图书馆》2016 年第 9 期。

④ 该书有北图收藏题识，云："《诗拟议》，戊戌六君子之一富顺刘裴村先生未刻之著作，本馆宜宾爨颂生先生与刘氏同乡而有雅，故行箧中有此抄本，因以捐赠馆中。时民国十二年也。"该抄本现影印在蒋寅主编的《清代诗话珍本丛刊（第一辑）》的第 36 册，国家图书馆出版社 2019 年版。

⑤ 颂生（爨汝僖）：《孝经集目》，载《中华图书馆协会会报》1928 年第 2 期。

⑥ 颂生（爨汝僖）：《近两年来出版之国学书籍简目》，载《中华图书馆协会会报》1928 年第 3 期。

李文祷

李文祷（1902—1947？），又名文绮，字翰章，笔名引玉、冷衷、李冷衷、绮生、慕紫、梅心、飞归、梅子等，室名冷雪盦，河北大兴（今属北京）人。1918 年 11 月 1 日来馆。1932 年起奉派调查河北省图书馆，先后调查通县实验城市民众教育馆图书部、杨村实验乡村教育馆图书部、天津市立第一图书馆、天津市立第一通俗图书馆、沧县第二中学图书馆、南皮县立通俗图书馆、东光县立普通图书馆、景县县立民众教育馆图书部、天津广智馆第一女中、第九师、法商学院、女师学院、工业学院、第一师范、第一中学等各院校内图书馆，并写有调查报告《河北省立三学院图书馆视察记》《河北全省图书馆视察记》。曾担任阅览组组长，阅览组馆员有金裕洲、王鍚祥、丁濬、张桂森，书记有韩公远、赵炳璋、陈丽泉、德玉保、胡汉云。[1] 1935 年 7 月转任北平市立第一普通图书馆。著有《中国书籍装订之变迁》[2]、《冷雪庵知见印谱录目》[3]、《中国体育图书汇目》[4]、《李易安年谱》等，辑有《冷雪庵丛书》（其中较为著名的是《漱玉集》[5]）、《士礼居藏

　　① 国立北平图书馆编：《国立北平图书馆馆务报告　民国二十一年七月至二十二年六月》，国立北平图书馆 1933 年版，第 9 页。

　　② 李文祷：《中国书籍装订之变迁》，载《图书馆学季刊》1929 年第 4 期。

　　③ 李文祷编：《冷雪庵知见印谱录目》，青梅书店 1933 年版。

　　④ 于震寰、李文祷编：《中国体育图书汇目》，青梅书店 1933 年版。

　　⑤ 郑新芳：《收藏李文祷编订〈漱玉集〉》，载《保定晚报》2011 年 11 月 6 日。

书题跋补录》① 等，后调任北平市立第一普通图书馆。他早年在图书馆领域十分活跃，有学者指出或因其在抗战期间与日本学者合作——与日本特务武田熙②共同编辑《北京文化学术机关综览》（新民印书馆1940年版）——而为学界所不齿③。今人刘瑞忍对其之图书馆生涯与贡献有部分总结。④ 笔者《李文裿与古籍保护研究》⑤ 一文对其在古籍保护事业上的贡献进行介绍。

莫余敏卿

莫余敏卿，女，在该馆担任过主任之职。全面抗战期间，随馆南下，后出国访学，完成学业后在美国加州大学东亚馆任职。

宋琳

宋琳（1887—1952），字紫佩（亦作子佩、子培），浙江绍兴

---

① 吴兴文：《"黄跋"的魅力》，见吴兴文《书缘琐记》，海豚出版社2015年版，第96页。

② 武田熙担任过北平维持文化组顾问。武田熙在该书序中谓："……幸于某夕偶与《北平学术机关指南》作者李文裿先生攀谈及此，方知李君亦抱此志，于是二人雀跃异常，相约合作，迩来或讨论范围，或决调查之目标、方法、顺序……昼夜从事于材料上之调查，蒐集整理，竟阅半载，此项功绩大部出于李君之手，稿件完备，而付剞劂，忽因印刷，延宕数月，其间之变化又非逐项更正，始得无疵……"可见李文裿确与武田熙合作过。此书越是编辑得翔备，则是向日本帝国主义暴露更多北京文化学术机关的信息。李文裿一世英名，可说确实是毁于此举。

③ 屈梦君：《李冷衷其人与〈国学常识述要〉》，载《湖南科技学院学报》2017年第8期。

④ 刘瑞忍：《李文裿的图书馆生涯、著述与贡献》，载《大学图书馆学报》2019年第4期。

⑤ 周余姣、刘瑞忍：《李文裿与古籍保护研究》，载《公共图书馆》2021年第4期。

人。宋琳是鲁迅在浙江两级师范学堂任教时的学生，其称鲁迅"待琳如家人"，二人师生关系较好。1913 年 8 月，经鲁迅推荐入京师图书馆分馆工作，擅长行文案牍，曾任总务部主任等。其还曾管理中华图书馆协会经费，于 1946 年 3 月在该会移至南京后，交由国立中央图书馆于震寰兼管。① 其为南社会员之一，后任中央文史研究馆馆员。

陶传尧

陶传尧（1864—1925），1915 年亦是由鲁迅推荐入京师图书馆分馆工作。辑有《校本志书目录》。1918 年，调往沈阳故宫图书馆工作。

梁思庄

梁思庄（1908—1986），梁启超之女。1931 年，从美国留学归国，同年 8 月至 1933 年 2 月任北平图书馆编纂委员。1933 年 2 月至 9 月，到燕京大学图书馆做西文编目工作，后随丈夫吴鲁强教授去广州。在馆期间，编有《穆林德②遗书目录》。后转往燕京大学图书馆任职，1949 年后任北京大学图书馆副馆长。

毛宗荫

毛宗荫，字祖麻，1927 年 7 月入馆，在馆工作多年，后转往国立中央图书馆任采访职，后又返回国立北平图书馆任职。在馆期间著有《图书馆事业合理化之刍见》《书店书目整理法》等。1949 年，在中科院图书馆任职，1952 年，因被疑

---

① 《财务报告》，载《中华图书馆协会会报》1948 年第 3、4 合期。
② 亦写作"穆麟德"。

贪污自杀。①

韩嵩涛

韩嵩涛，曾任庋藏组组长，庋藏组馆员有杨伯良、张志仁、黄祖勋，书记为冯则谦、李纯敏。②

丁溙

丁溙（1905—？），字汇川，亦作丁浚。1931 年 7 月入馆，曾任参考组组长等职。后赴英留学。

赵士炜

赵士炜，字孟彤，贵州贵阳人。1932 年 10 月至 1933 年 11 月在馆。编有《中兴馆阁书目辑考》《国史艺文志辑本》。

毛春翔

毛春翔（1898—1973），字乘云，原名友亮，浙江江山人。1931 年 10 月至 1933 年 5 月在馆。1931 年 10 月，毛春翔经同乡毛子水教授介绍，进入北平图书馆当练习生及《读书月刊》之助理编辑。后任职于浙江省立图书馆，在古籍编目方面成就较大。

王宜晖

王宜晖，女，1932 年 9 月至 1948 年 4 月在馆。编有《一九三四年西文期刊关于中国论文分类索引》③。

---

① 竺可桢：《竺可桢全集》第 12 卷，上海科技教育出版社 2007 年版，第 586 页。

② 国立北平图书馆编：《国立北平图书馆馆务报告　民国二十一年七月至二十二年六月》，国立北平图书馆 1933 年版，第 9~10 页。

③ 王宜晖编：《一九三四年西文期刊关于中国论文分类索引》，载《国立北平图书馆馆刊》1935 年第 5 期。

张秀民

张秀民（1908—2006），字涤澹，1931 年 7 月入馆。其积毕生心血所著的《中国印刷史》，获得了谭其骧的高度评价，被誉为：“内容丰富详赡，无疑前无古人，亦恐后人难以逾越。”①

以上所列，仅是部分，无法穷尽，但已可看出“平馆学人”主体的情况。或将来还可继续补充。

三、“平馆学人”主要来源机构分析

基于上一节所概述的信息，为求更直观，我们用表格来表示。

表 2-1　“平馆学人”主要来源机构（不完全统计）

机构名称	人　数
清华学校	6
私立武昌文华图书馆学专科学校	17
北京大学	3
北京师范大学	4
金陵大学	4
燕京大学	3
商务印书馆	2
北平大学	2
其　他	29

① 张秀民著，韩琦增订：《中国印刷史（插图珍藏增订版）》，浙江古籍出版社 2006 年版，第 852 页。

从上可知，"平馆学人"的来源为北京（北平）、武汉、南京、上海等地多个名校和机构。南北均有分布，主要集中在北京（北平）、上海、南京、武汉等地，西部几乎没有。这与当时人才培养集中在这些大城市有关。同时，也因为图书馆的专业性质，国立北平图书馆也从私立武昌文华图书馆学专科学校引进了很多人才。因缺乏全部学人的完整籍贯信息，暂不做地域分布考察。

四、"平馆学人"的工作年限考察

根据《北京图书馆馆史资料汇编（1909—1949）》所附的《工作人员名录》① 进行分析，截止到 1949 年底，我们对一些工作时间超出 2 年以上"平馆学人"进行统计，在总数 655 人的员工名录中，兼职、北平沦陷期间的职工，以及荣誉职如购书委员会委员、筹备委员等 58 人排除在外，还有 597 人。统计的方法是：对有明确工作起止年限的予以精确计算，未标工作结束时间的只能笼统归入"2 年以下或待考"类，部分结束时间虽未标但笔者已通过其他途径了解的。按笔者所了解到的结束时间进行计算，后得情况如下表：

---

① 北京图书馆业务研究委员会编：《北京图书馆馆史资料汇编（1909—1949）》，书目文献出版社 1992 年版，第 1362~1383 页。

表2-2　"平馆学人"工作年限（不完全统计）

工作年限	人数	学人姓名
30年以上	3	李耀南、宋琳、傅岳棻
20~30年	15	万斯年、王重民、王祖彝、王访渔、刘修业、杨伯良、杨殿珣、李芳馥、陈恩惠、范腾端、赵万里、顾子刚、袁同礼、谭新嘉、爨汝僖
10~19年	29	王鋪祥、王宜晖（女）、王育伊、孙楷第、孙述万、严文郁、苏春暄、杨殿珣、李文裿、李永安、李玉钧、吴文海、何国贵、张增荣、张志仁、张桂森、张秀民、茅乃文、岳梓木、赵兴国、胡汉云、胡英、莫余敏卿（女）、顾华、钱存训、徐森玉、曾宪三、蔡元培、德玉保
5~9年	54	于道泉、马准、王庸、王芷章、毛宗荫、邓衍林、邓何、方梦龙、石宝光、叶觉迈、叶渭清、向达、朱正枢、许国霖、孙初超、邬占元、严寿田、杨景震、杨鹤翔、杨宪成、杨维新、杨永修、杜桂泉、李宏义、李世昌、李廷春、李德芹、吴德亮、吴藻洲、宋友英（女）、汪长炳、张定勋、张书勋、张树鹄、张孟平、张垂天、陈震华、陈洪凯、罗端、岳良木、金守淦、赵静和、赵录绰、胡鸣盛、俞泽箴、夏曾佑、袁涌进、徐俊、徐家璧、戚志芬（女）、谢国桢、曾宪文、黎锦华、颜泽霍
2~4年	103	丁玖英、于震寰、于自强、马应揆、丰华瞻、王德醇、王讯芳、王家杰、王德忱、王泽、王政、王谈恕、王达文、王懋铣、邓高镜、史锡永、包尹辅、冯葆椿、向仲、朱义钧、许达聪、江杜、江绍清、刘国钧、刘节、阮为群、孙平（女）、邬占鳌、严文锦、杜乃杨、李坤、李世曾、李甫森、李肇特、李之璋、李宛文（女）、李燕来（女）、吴光清、吴允曾、余炳元、何人

工作年限	人数	学人姓名
2~4 年	103	璧、何则相、何澄一、何多源、张宗祥、张灿、张树华、张准、张允亮、张申府、张亚贞（女）、陈应麟、陈任中、陈熙贤、陈璧如、陈丽泉、陈贯吾、陈仰贤、陈同文、罗普、周汝诚、周汝华、孟桂良、孟森、单书桢、治于政、赵桢、赵希贤、胡绍声、南隆彬、俞华君、贺昌群、秦锡纯、顾斗南、袁仲灿、徐翼、徐声聪、徐绪昌、陶传尧、萧璋、黄勘怡、黄顺鸿、黄粤、黄仲、黄素英（女）、阎克钧、梁全林、梁启雄、梁慕秦、康毅民、蒋复璁、董正荣、彭楗、韩汝愚、傅云子、程德谟、蔡以镜、赫景祥、谭其骧、缪文逺、翟可舟、潘炳琦、潘翔勋
2 年以下或待考	393	（名单略）

从以上可看出，在 597 人中，工作 30 年以上的有 3 人。工作时间最长的是宋琳，其于 1913 年 2 月入馆工作，到 1949 年，任职时间长达 36 年。此外，工作长达 20~30 年的有万斯年等 15 人，约占 2.51%；工作时长为 10~19 年的有 29 人，约占 4.86%；工作时长为 5~9 年的有 54 人，约占 9.05%；工作时长为 2~4 年有 103 人，约占 17.25%；其余 2 年以下的为 393 人，约占 65.83%。总计在该馆工作超过 2 年的约有 204 人。可见，在民国时期，由于战乱、人事变迁等因素，该馆的馆员流动性还是很大的。另外也可看出，工作时间的长短与学人的学术声誉并不完全呈正相关的关系，学人的知名度较高的仍然是发表论著较多的馆员。

本节对"平馆学人"的任职资格、任职来源及个人生平作了部分介绍，有详有略，但仍不全面。从以上可看出，"平馆"早期的职员中，多是文化界名人或教育部馆员兼职，颇有"养士"之意。到后来急速发展的中期，一些著名的大学机构如北京大学、清华大学、燕京大学、金陵大学、商务印书馆、北京师范大学等都是该馆职员的主要来源，这些人员拥有不同的学科背景，利用了平馆丰硕的文献资源，在各个学科领域大显身手。当然很多人员亦通过学界名人之介绍，如梁启超、陈寅恪、傅增湘、鲁迅、谭新嘉均为该馆推荐过人才。而国内唯一的一所图书馆学专科学校文华图专亦为国立北平图书馆提供了重要的人力资源库，这些人才大多成为图书馆专家，从该馆离职后，也执掌全国各地各大图书馆馆务。学人群体内部也构成了多重关系，如赵万里与李芳馥的连襟关系、王重民与刘修业的夫妻关系、钱稻孙与刘节的翁婿关系、谭新嘉与谭其骧的叔侄关系、袁同礼与王重民的师生关系、傅增湘与孙楷第的师生关系、曾宪三与曾宪文的兄妹关系、岳良木与岳梓木的兄弟关系以及众多的同学关系、徐森玉与年轻一代学人间亦师亦友的关系，等等。来源的广泛性，恰恰印证了"不拘一格降人才"的用人形式，这也是确保该馆事业大为发展的人力基础。

第二节 "平馆学人"的转型与出路

国立北平图书馆在人员流动上也较为自由。一旦有了新的去处，也可正常流动。如《国立北平图书馆馆刊》上记载的"馆员之进退”一例：二月中阅览组组长梁君金林改就安东电灯厂事，请停薪留资。所遗组长，改聘李君文裿兼任。陈璧如女士改就艺文中学事，王讯芳女士改就铨叙部科员，均辞职。又新聘胡瑛君为馆员，在西文编目组办事，已于二月四日到馆。① 该刊“馆讯”中刊布“馆员之进退”信息较多。其他的人员也多有流动，因正常的流动，客观上的结果是很多馆员任职多个机构，反而在诸多领域卓有建树。

平馆学人离职的原因，一是去往其他高校任教职，如王庸、刘节、谭其骧等人；二是去筹备建设新馆或在其他图书馆任要职，如蒋复璁去筹办了国立中央图书馆，严文郁去北京大学图书馆担任馆长等。当然也有一些员工是被馆长袁同礼辞退的，现在可见的袁同礼勒令辞职或停薪的员工中，一为谢国桢，一为赵录绰，一为茅乃文，均因三人在抗战期间接受伪职，才致馆方勒令辞职。谢国桢因接受任伪北京大学史学系教授，并与日人桥川时雄来往近密②被视为不可接受，可见袁同礼虽爱才惜才，但也坚守其用人原则③。现对“平馆学人”的几个主要去向进行分析。

---

① 《国立北平图书馆馆讯（二十年一、二月份）：馆员之进退》，载《国立北平图书馆馆刊》1931 年第 1 期。

② 1940 年，谢国桢曾与张寿林、班书阁、孙海波跟着桥川时雄一起前往朝鲜汉城调查汉文古籍。

③ 《刘节日记》1939 年 3 月 8 日载：“出访袁守和于英年会，谈甚久。与袁公已三年未见，观其情形甚佳，惟于刚主颇有烦言，谈及北平诸旧友，并无其他批评。”见刘节著，刘显曾整理《刘节日记（1939—1977）》上册，大象出版社 2009 年版，第 45 页。

一、"平馆学人"与北京大学图书馆学系

1945 年 10 月 17 日，在袁同礼致王重民的信件中，其称："本馆将与北大合作，在北平办一训练机构，凡目录、版本之课程，由北大担任，凡分类、编目及技术课程，由本馆担任。亦盼台端返国协助训练高级人才。"① 其后，王重民与回北大担任校长的胡适先生多次联系，商讨教学事宜。胡适主张缓办一年，并聘王重民为北大教授。1946 年 11 月 24 日，在王重民致胡适的信中，他已初拟所开的三门课程，即"中国目录学""敦煌史料""中西文化关系"。② 1947 年，北大正式宣布，在该校增开两项职业专门科目：图书馆学方面，将请国立北平图书馆馆长袁同礼设计，并聘在美任图书馆工作多年的专家王重民授课；博物馆学方面，将请韩寿萱③任教，如发展后将扩充为系。当时的北大校长胡适称之是北大试验办理职业训练之始。④ 王重民创立

① 北京大学信息管理系、台北胡适纪念馆编：《胡适王重民先生往来书信集》，国家图书馆出版社、安徽教育出版社 2009 年版，第 438 页。

② 北京大学信息管理系、台北胡适纪念馆编：《胡适王重民先生往来书信集》，国家图书馆出版社、安徽教育出版社 2009 年版，第 467 页。

③ 韩寿萱（1899—1974），字蔚生，陕西神木人。1930 年毕业于北京大学，1931 年留学美国，在胡适建议下先后在华盛顿大学、哥伦比亚大学研修博物馆学。1937—1946 年，在纽约大都会艺术博物馆工作。1947 年回国，在胡适的支持下，创办北京大学博物馆学专修科。此后一直从事博物馆的管理和研究工作。

④ 《试办职业训练 北大设两科目——图书馆学博物馆学》，载《大公报》1947 年 2 月 1 日。《北大考虑增辟图博职业专科》，载《中华图书馆协会会报》1947 年 1、2 合期。

了北京大学图书馆学专修科，早期的开课情况主要如下：

表 2-3　北京大学图书馆学专修科早期开设课程一览表①

课程名称	时　间	学　分	任课教员
中国目录学	全　年	2	王重民
西洋目录学	全　年	1	毛准（毛子水）
校勘学	全　年	2	王利器
版本学	全　年	2	赵万里
图书参考	全　年	8	王重民
中文编目法	全　年	2	陈鸿舜
西文编目法	全　年	2	耿济安
图书馆学概论	半　年	2	袁同礼
四库全书总目研究	半　年	2	王重民

　　由上可知，国立北平图书馆的学人，王重民、赵万里、袁同礼成了该专修科的重要师资来源，并讲授多门核心课程。

　　该专修科后来发展为北京大学图书馆学系。其创办与开课情况如下：

　　　　图书馆学专修科是和武昌的文华图书馆学专科学校，同
　　为目前国内培养图书馆员的学校，成立于去年八月。它的课
　　程：一年级是以介绍图书馆普通知识的"图书馆学概论"和

---

① 张树华：《早期的北大图书馆学系》，载《黑龙江图书馆》1987 年第 5 期。

泛论目录为原理的"目录学概论"二课程为主。二年级则以技术性的"图书分类与编目"为主，其他的功课，都是围绕着这些主题开设的。如一年级有"工具书使用法"，是训练如何更有效地使用各种工具书的方法；"图书常识"，是概括地介绍各类学术的常识；"阅读指导"与"图书馆实习"是利用参观实习等，沟通图书馆学与目录学；"中国目录学文选"是介绍中国目录学上重要的文献。此外有另与他系合开的，如中国文学、中国通史、俄文、英文及全校必修的政治课和本科特开的"唯物史观"。二年级的课程如"校勘学""档案学""索引法"等都是偏于技术的。"版本学"、"图书馆管理与行政"、"专题研究"（内容为近代图书馆事业的发展与图书馆学校之介绍）、"政治经济学"等都是偏于理论的。①

从这些课程看，该专修科非常偏向于传统的学术，如目录学、版本学、校雠学以及古籍保护之类的课程，似是以培养文献学学者为宗旨，与文华图书馆学专科学校注重引介西方图书馆学有着根本的不同。两校一南一北，形成了独特的中国图书馆学教育。

北京大学图书馆学专修科开办后，需要大量的师资。据称：

---

① 《介绍北京大学博物图书馆学专修科》，载《文物参考资料》1950年第7期。

　　图专的教授大都是首都各大图书馆和各大学图书馆的馆长，因此同学们更可以常常到各图书馆去实习，所以当他们毕业的时候，他们已具备了图书馆员应具备的知识与技能，不论到图书馆里任何部门，都能愉快胜任。图专的同学在寒暑假中，常为各图书馆及各机关担任图书资料的临时整理工作，可得有适当的报酬来补助生活。①

　　这两个专修科都很注重聘请在业界广有影响的人来担任负责人或扩充师资力量。王重民曾担任过北平图书馆的代理馆长，而韩寿萱亦兼任国立历史博物馆的馆长。在北京大学图书馆学专修科后来的人才延揽政策中，诸多有国立北平图书馆工作背景的学人成为北京大学图书馆学系的师资来源。其中就有刘国钧、邓衍林、王凤翥等。

（一）刘国钧到北京大学图书馆学系任教

　　1951 年，经教育部批准，北京大学图书馆学专修科升为本科，成立图书馆学系。1951 年 2 月 21 日，北京大学图书馆学系举办座谈会，会议在教育部举行，与会者有郑振铎、裴文中、王冶秋、彭道真、向达、韩寿萱、王重民、杨晦、袁翰青（郝瑶甫代）、马衡（王世襄代），教育部出席者有曾昭抡、高尔柏、邓艾民三人。会议的主要议题是讨论图书馆学系、博物馆学系的学制、设置、学生来源以及组织课改小组问题。刘国钧

---

　　① 《介绍北京大学博物图书馆学专修科》，载《文物参考资料》1950年第 7 期。

先生被推为课改小组组员，课改小组由王重民任召集人，组员还有孙云畴、向达、吕叔湘、彭道真、孙家晋、陈鸿舜、贺昌群。① 4 月 20 日，刘国钧致信王重民，提出对北京大学图书馆学系课程草案的意见。7 月，刘国钧从甘肃兰州人民图书馆上调到北京大学图书馆学系任教，并担任图书馆学教研室的主任，同时还兼任北京图书馆顾问。

1951 年 8 月 22 日，刘国钧参加图书馆学系暑期系务会议，参加者还有万希芬、陈绍叶、孙云畴，会议讨论决定由刘国钧代理系主任。10 月，刘国钧担任"图书馆学概论""图书分类法"两门课程的讲授任务。到北大任教后，刘国钧重点研究中国书史，先后出版过《可爱的中国书》（1951）、《中国书的故事》（1955）、《中国书史简编》（1958）、《中国的印刷》（1960）、《中国古代书籍史话》（1962）等。

刘国钧此后一直在北京大学图书馆学系工作，直至 1980 年去世，为我国图书馆事业培养了较多的人才。

（二）邓衍林到北京大学图书馆学系任教

邓衍林到北京大学图书馆学系任教，一出于其个人志愿，二也是受到了王重民的热情邀请，详情可参见笔者等人的《王重民致邓衍林信札五通考释》② 一文。

1957 年 11 月 29 日下午，刘国钧主持图书馆学系系务委员会

---

① 魏成刚：《论刘国钧先生的学术成就》，北京大学 2008 年硕士学位论文，年谱附录。

② 周余姣、顾晓光、凌一鸣：《王重民致邓衍林信札五通考释》，载《图书馆论坛》2020 年第 6 期。

（扩大）会议。会议参加者有陈鸿舜、李严、魏香文、关懿娴、朱天俊。会议内容是讨论邓衍林的评级，最后定为副教授。

邓衍林在系期间主要教授"工具书使用法""科技文献目录学"等课程，撰写了多个教案。①

（三）王凤翥到北京大学图书馆学系任教

王凤翥是比较晚到国立北平图书馆工作的学人，正值王重民代理国立北平图书馆馆长期间。他到馆工作近两年后，因身体原因，向王重民辞职。其致王重民的辞职信②如下：

　　凤翥自一九四九年一月到馆工作以来，迄今将及两年。在此期间，虽已竭尽绵薄，自愧殊少贡献，但身体健康却日益耗损，以近数月来为尤甚。早已食量大减，精神时感不支，即欲抽时休息，几成势所难能。长此以往，实堪杞忧。此无论就任何一方面言，均属不利。事实如此，实有不已于言者，为此提出辞呈，务恳恤此下情，准予离职，不胜迫切待命之至！

　　谨呈馆长王

　　　　　　　　　　　　　　　　　　中文编目股　王凤翥

　　　　　　　　　　　　　　　　　一九五〇年十月二十三日

此后，王凤翥被聘到北京大学图书馆学系任教。

北京大学专修科虽开办时间不长，但为我国图书馆学培养了不

---

① 　笔者正编写《邓衍林先生编年事辑》，还有待于进一步完善。

② 　此信由丹东图书馆曹阳提供。

少人才，并发展至今日的北京大学信息管理系。该专修科培养目的主要是为图书馆事业培养高级人才，王重民曾说："图书馆系毕业可以当馆长。"① 王重民还培养了一名中国目录学史硕士鲍世钧。②

二、"平馆学人"与北京大学历史系

向达与北京大学也有较深的缘分。1934 年，向达被北京大学聘任为北京大学历史系讲师，讲授"明清之际西学东渐史"。从英国返国后，向达到北京大学任教。1945 年，向达随同北大返回北平，并继续担任北京大学历史系教授。1948 年，向达担任北京大学图书馆馆长。

此外，赵万里亦在多个学校兼课。他应是"平馆学人"中在馆外兼课最多的学人之一。"平馆学人"经过长时间的学术积累，最后有一部分人走上了教职岗位。尽管在课堂教学方法与技能上有一些欠缺，如向达在学生眼里，"先生于讲课似非甚擅场，声音很低，有时听不清楚"③，王重民先生在课堂上也曾被反映讲课非其所长，但他们凭借自己深厚的学养、专精的学术征服了学

---

① 《北京大学教师勇敢地批判资产阶级的腐朽思想》，载《光明日报》1952 年 4 月 3 日。

② 鲍世均（1938—），回族，江苏泗阳人，1964 年北京大学毕业，1967 年北京大学图书馆学系中国目录学史专业研究生毕业，曾任河北省冶金建设公司党委副书记兼纪委书记。其培养之事，在孟昭晋之通信中也曾提及。见孟昭晋《关于王重民研究的通信》，载《图书馆杂志》1998 年第 5 期。

③ 何龄修：《有关向觉明（达）师二三事》，见何龄修《五库斋忆旧》，广东人民出版社 2018 年版，第 123 页。

生，并培养了一批人才。

三、"平馆学人"与图书馆事业的发展

"平馆学人"因在图书馆事业的从业经历，对图书馆事业的发展也产生了很大的影响。他们像蒲公英种子一样被播撒到各地，最突出的表现就是很多图书馆学人后来也担任了其他图书馆的馆长职务。

（一）担任国内馆长职务

蒋复璁担任国立中央图书馆馆长；

严文郁担任北京大学图书馆馆长、罗斯福图书馆馆长；

王重民代理国立北平图书馆馆长；

贺昌群先后任南京图书馆、中国科学院图书馆馆长；

汪长炳担任南京图书馆副馆长；

向达担任北京大学图书馆馆长；

曾宪三担任武昌华中大学图书馆馆长兼文华图专教授；

李芳馥担任上海图书馆馆长，等等。

（二）担任海外东亚图书馆馆长及其他重要职务

于震寰担任美国哈佛大学哈佛燕京汉和图书馆副馆长；

吴光清担任美国国会图书馆中韩文部主任；

钱存训担任美国芝加哥大学远东图书馆馆长；

徐家璧担任耶鲁大学东亚图书馆馆长；

童世纲担任普林斯顿大学东方图书馆馆长。

（三）在国内外图书馆重要岗位上发挥作用

如吴光清是唯一曾在中美两国国家图书馆担任主要职务的

人物①，他于 1935—1938 年在国立北平图书馆担任编目部主任和《图书馆学季刊》编委之外，还自 1938 年在美国国会图书馆东方部实习。1944 年，芝加哥大学博士毕业后，继续在该馆工作，并主管中文参考及编目的业务。1945 年，他编订《中文图书分类法》，该馆超过十万册的中文线装旧籍用他的分类法编目排架。1966 年，吴光清任中韩文部主任，直至 1975 年退休。吴光清在国会图书任职 37 年，退休后又被聘为该馆中国目录学为期三年的名誉顾问。据称遇有版本鉴定之事，皆由其出面，吴光清在其中发挥了重要的作用。2002 年，美国亚洲研究学会在该年年会期间专门举办追悼活动，以表彰其贡献。钱存训亦是如此，为中外图书馆事业作出了重要贡献。

小 结

民国时期"平馆学人"的任职资格参照《公务员任用法》的"荐任职"和"委任职"资格，在学历、年资上拟定了要求。对"有学术研究能力""有著作刊行""有成绩者""有办事能力者"等杰出人才提供绿色通道。由于是图书馆职业，部分职位要求是"图书馆学科系"毕业，确保了职员的专业性。任职达一定年限后，即可正常晋升。这是该馆对人员任职的制度安排。

通过对该馆一些代表性学人生平的简要梳理，我们可以发现，"平馆"早期的职员中，多是文化界名人或教育部馆员兼职，颇有

---

① 钱存训：《吴光清博士生平概要》，载《国家图书馆学刊》2005 年第 3 期。

"养士"之意。到中期，一些著名的大学机构如北京大学、清华学校、燕京大学、金陵大学、商务印书馆、北京师范大学等都是该馆职员的主要来源，这些人员拥有不同的学科背景，利用了该馆丰硕的文献资源，后来在各个学科领域大显身手，实现了"文"（文献资料）与"献"（贤人）的结合。当然很多人亦通过学界名人之介绍进入该馆，如梁启超、陈寅恪、傅增湘、鲁迅、谭新嘉均为该馆推荐过人才。而国内唯一的一所图书馆学专科学校文华图专亦为国立北平图书馆提供了重要的人力资源库。这些人才经过职业生涯的训练，大多成为图书馆专家，后来也在全国各地执掌各大图书馆馆务。

该馆学人的任职时长方面，有长有短。截止到 1949 年，有任职超过 30 年的员工 3 人；工作时常达 20~30 年的员工有 15人，工作时长为 10~19 年的有 29 人，工作时长为 5~9 年的有 54人，工作时长为 2~4 有 103 人。总体而言，超过 2 年任职的约有 204 人，占到了三分之一以上。在那个动乱多变的时代里，较为稳定的员工队伍为该机构的发展提供了一定的保障。部分优秀学人具有较高的社会声望，参与或发起组建了多个社会团体，扩大了该馆的影响力。

在离开国立北平图书馆后，"平馆学人"完成了个人身份和事业的转型，他们转职其他高校，如创办北京大学图书馆学专修科，或到其他高校任职，或再返回文华图书馆专科学校任职等，为我国的教育事业作出了积极的贡献。更多的是学人转职到国内各地，成为全国各大图书馆及海外中文图书馆的主持者和管理者，像种子一样被播撒到各地，为我国图书馆事业作出了卓越的贡献，直接地促成了整个中国图书馆事业的现代转型。

第三章

"平馆学人" 构建的学术世界

从社会学的定义上看，学术群体是指基于一致的学术兴趣和利益而结成的社会群体，一般规模较大，有较严格的群体规范要求。群体领导者往往是在该学术领域作出杰出贡献之人。① 群体在自愿的基础上形成，结构较松散，无严格的结构分工系统，易于解散。但成员之间的直接互动较多，关系融洽。"平馆学人"构成的学术群体，形成了一个独特的学术世界。在这个学术世界里，他们积极参与各种学术交流，推动论著的出版，终而成为各个领域卓有成就的人物。

第一节 学术交流

一、中外学术交流

（一）交换馆员

20世纪30年代，"平馆"实行了"交换馆员"制度，多位

---

① 邓伟志主编：《社会学辞典》，上海辞书出版社2009年版，第268页。

学人被外派出国留学，笔者在前期的研究成果《异地造才——国立北平图书馆学人海外访学考略》① 一文中已有详细的论述，外出访学的有严文郁、汪长炳、岳良木、李芳馥、王重民、刘修业、向达、吴光清、钱存训、蒋复璁、童世纲、曾宪三、于道泉、袁同礼、徐家璧、丁瀞等人，此处不赘。

（二）海外访书考察

1. 谢国桢赴日访书

1931 年，谢国桢赴日访书。该年的 6 月 6 日，馆委员会开会讨论"谢国桢留学案"，议决"聘为调查员，每月津贴六十元，为期二年，期满仍回本馆服务，在留学期内，专为本馆调查及采访日文书籍"②。但很快发生了九一八事变，谢国桢不得不中断访书，从日本归来。

2. 孙楷第赴日访书

1931 年 9 月，国立北平图书馆派特约编纂员孙楷第赴日本调查小说戏曲各书籍。③ 据孙楷第自述，其"用了一年的时间读完了孔德学校的小说藏书。这时，见到日本长泽规矩也先生记述日本小说版刻的著作，提及日本藏有中国小说若干种，闻之一喜。可是长泽氏的记载很简略，一种非读到不可的愿望，在我心头油然而生，而又苦于不得其门而入。正巧长泽规矩也先生来华，承

---

① 周余姣：《异地造才——国立北平图书馆学人海外访学考略》，载《图书馆研究与工作》2022 年第 1 期。

② 北京图书馆业务研究委员会编：《北京图书馆馆史资料汇编（1909—1949）》，书目文献出版社 1992 年版，第 334 页。

③ 《馆讯》，载《国立北平图书馆馆刊》1931 年第 5 期。

蒙慨然相助，我遂于民国二十年（1931）九月东渡日本。至于路费，则由北图出二百、编纂处出一百、傅增湘先生赠五十，这样凑起来的"①。在日期间，孙楷第得长泽规矩也的介绍，结识汉学家盐谷温、河田清等人。其抄录内阁文库中各种中国小说、阅读尊经阁的藏书，自认为"东京访书之行是成功的，收获也不算小"②。九一八事变后，孙楷第也无心再待，自东京返回大连，又在长泽规矩也介绍下在大连图书馆访书。11月回到北平，其所撰的《日本东京所见中国小说书目提要》六卷、《日本东京大连图书馆所见中国小说书目提要》一卷于1932年由国立北平图书馆出版。《国立北平图书馆馆刊》为二书作了介绍。③ 胡适在该书序言中称："专为了看小说而渡海出洋，孙先生真可算是中国小说研究史上的哥伦布了！"1933年，孙楷第又把所有小说材料集结一起，编撰成《中国通俗小说书目》十卷，并由中国大辞典编纂处出版。

当然，海外访书亦非一帆风顺。该馆学人于道泉先生20世纪30年代初赴法国巴黎读书以及在伦敦教书时，就曾试图对敦煌藏文文献进行复制、摄影，以期携归国内供国人研究，曾受到多方阻挠，始终未能接触到珍贵的实物文献。1935年，向达到英

---

① 黄克：《建立科学的中国小说史学——孙楷第先生晚年"自述"及其他》，载《文学遗产》2008年第4期。

② 黄克：《建立科学的中国小说史学——孙楷第先生晚年"自述"及其他》，载《文学遗产》2008年第4期。

③ 《新书介绍：日本东京大连图书馆所见中国小说书目提要》，载《国立北平图书馆馆刊》1932年第4期。

国看敦煌卷子，因经费资助来源有限，也被英国博物馆的工作人员翟林奈多次拒绝。经向达的多次请求只看了区区 500 卷左右。尽管如此，向达仍然根据其所见，撰写了《伦敦所藏敦煌卷子经眼目录》和《记伦敦所藏的敦煌俗文学》两篇关于敦煌学的研究书目。

二、国内学术交流

（一）与研究机构之间的合作与交流

1. 国立北平研究院

国立北平研究院是 1929 年 9 月 9 日以北平大学的研究机构为基础组建成立的，由李煜瀛（石曾）任院长。研究机构分理化、生物、人地三部，设物理、化学、镭学（后改称原子学）、药物、生理、动物、植物、地质、历史 9 个研究所和测绘事务所。作为同在北平的两大机构，二者之间开展了较多合作。1929 年 10 月，国立北平研究院与国立北平图书馆馆长袁同礼协商，由国立北平图书馆担任编纂《北平各图书馆所藏西文书联合目录》，系包括北平 26 家图书馆所藏的西文图书总目，由该院补助经费 4000 元。该联合目录共收 10 万余种，共 4 册。1936 年，国立北平图书馆与国立北平研究院联合举行拓片展览。①

2. 禹贡学会

1936 年 5 月 24 日，在燕京大学临湖轩召开禹贡学会成立大

---

① 《北平研究院与北平图书馆举行拓片展览》，载《中华图书馆协会会报》1936 年第 2 期。

会，到会会员 46 人，会员函寄选票 148 张。刚从广西大瑶山考察归来的费孝通先生在会上作了考察遇险的讲演。与会者通过了禹贡学会章程，选举了职员。顾颉刚、钱穆、冯家昇、谭其骧、唐兰、王庸、徐炳昶当选为常选理事，刘节、黄文弼、张星烺当选为常选候补理事。当选为常选监事的是于省吾、容庚、洪业、张国淦、李书华；当选为常选候补监事的是顾廷龙、朱士嘉。①"平馆学人"中的谭其骧、王庸、刘节、朱士嘉都是骨干成员。

3. 国立北平故宫博物院文献馆

满族早期的文书是书写在木牌上的，称为"满文木牌"，是研究清朝早期历史的重要文献。1935 年，国立北平故宫博物院文献馆发现被高丽纸包裹的满文木牌 26 支。时任馆长的沈兼士先生请国立北平图书馆派员帮忙整理。李德启记述了此一合作交流事宜："前承兼士馆长召往参观，并嘱代为译汉，德启迩年学习满文，虽感兴趣，尚少心得，本不敢妄事翻译，惟老满文乃清文之滥觞，久已失传，而清代开创事业之史料，复以老满文之记载较为质实。前此故宫博物院发见老满文档案，曾惹起中外学术界之注意，而此项木牌之字体，在老满文与加圈点满文之间，尤为满文字体演进史上之绝好资料。爰试为译出，以为治满洲文史者之一助。"②

---

① 马大正：《边疆与民族——历史断面研考》，黑龙江教育出版社 1993 年版，第 67 页。

② 李德启：《阿济格略明事件之满文木牌》，国立北平故宫博物院文献馆 1935 年版，"叙录"第 1 页。

4. 西南联合大学

抗日战争期间，国立北平图书馆与西南联合大学也开展了较多的合作。由两个单位合组中日战争史料征辑会，"平馆"负采访之责，西南联合大学负整理之责，入藏史料逾二万种。中日战事史料征辑会编印《战事史料集刊》，将已整理的史料，分期刊印；另外印行丛刊，内分中文之部和日文之部，每集印十种。①

5. 中央古物保管委员会

中央古物保管委员会成立于 1928 年，是民国时期设立的文物管理机构。1929 年，该会迁至北平团城，其后组织了多项有关古建筑、古墓葬、古遗址的调查。1936 年，国立北平图书馆受中央古物保管委员会委托，调查海外所藏中国古器物。其后受战争影响，部分工作停顿。状况稍改善后，国立北平图书馆委托陈梦家编成《海外中国铜器图录》，第一集共二册，上册为中国铜器概述一篇、各器目录及说明，下册为一百五十件之图版，由上海商务印书馆用珂罗版技术影印②，袁同礼为之作序③。后又有第二集之编。

6. 北京博物学会

北京博物学会于 1925 年由美国古生物学家和地质学家葛利普创办，该学会定期举办学术演讲、年会、野外考察，并出版学术刊物《北平博物杂志》，是民国北平科学界一个国际化程度和学术水准都很高的科学团体。国立北平图书馆前身之一北平北海

---

① 《国立北平图书馆工作近况》，载《图书季刊》1940 年第 2 期。
② 《国立北平图书馆工作近况》，载《图书季刊》1940 年第 2 期。
③ 陈梦家编：《海外中国铜器图录》第 1 集，商务印书馆 1946 年版，"序"。

图书馆与北京博物学会合作编纂第一部联合目录《北平各图书馆所藏植物学书联合目录》。

7. 南开大学经济研究所

1940 年，国立北平图书馆将所藏部分政治、经济书从昆明运往重庆，与南开大学经济研究所合作，为迁至重庆的学术机构提供服务，但限于条件，未能取得显著成效。

（二）与研究者的合作交流

与研究者开展的合作交流，较为典型的是与数学史家李俨的合作。李俨（1892—1963），字乐知，福建闽侯人。曾任陇海铁路工程师，藏中国算学书甚富，与国立北平图书馆交往较多。应李俨的要求，国立北平图书馆编纂《北平各图书馆所藏中国算学书联合目录》。袁同礼馆长派参考组的邓衍林编辑。书稿完成后李俨作了精深的校订，并撰写了序言。

王重民的《跋〈陶人心语〉兼记唐英的事迹》一文中，也可看出"平馆学人"与其他研究者学术交流非常频密。在该文文末，王重民谓："余方草此文时，承傅维本兄告以郭葆昌曾为唐英作过一个年表。属草过半，向觉明兄即以郭葆昌的《唐俊公先生陶务纪年表》见示，敬读一过，叹服其详核。因为我这篇文章或者可为看不到《陶人心语》的一点帮助，所以仍然写完；请读了我这篇文章的人，再去读郭氏的年表，一定更觉得郭表有价值。三十六年五月三十一日。"① 可见，在整个文章的撰写过程

---

① 王重民：《跋〈陶人心语〉兼记唐英的事迹》，载《图书季刊》1947 年第 1、2 合期。

中，王重民都与傅振伦（维本）、向达等保持着学术交流，即使在该文完成后，也请读者关注郭葆昌的年表，体现了一种开放的学术态度。

另有一例，如王重民于 1947 年 11 月 7 日写完《释书本》一文，王利器于 12 月 5 日作《跋〈释书本〉》。在《跋〈释书本〉》前言中，王利器谓："昨日承示大作，以快先读，洛诵再四，无任钦佩。阮元序王引之《经义述闻》道：'使古圣贤见之，必解颐曰："吾言固如是，数千年误解之，今得明矣。"'移諸大作，无愧宗风。拜读之余，小有笺疏，越一日而敬题于后。"① 亦可见"平馆学人"与其他学人之学术交流，互为增益。

（三）国内访书

笔者在《陈农之使：20 世纪 30 年代"平馆学人"的访书活动》一文中对"平馆学人"的访书活动多有介绍，现再叙其梗概并作部分补充：

1. 赵万里访书

赵万里为中华图书馆协会善本调查委员会之书记，该委员会主席为徐鸿宝。赵万里访书足迹遍及全国，曾到过上海东方图书馆、涵芬楼和宁波天一阁等。

2. 谢国桢访书

1930 年，受国立北平图书馆指派，谢国桢到江浙访书，后来又到日本访书。

抗日战争期间，国立北平图书馆南迁至云南，因地制宜，继

---

① 　王利器：《跋〈释书本〉》，载《图书季刊》1947 年第 3、4 合期。

续搜访"西南文献"。如曾收入：《黔南类编》，明陈善撰，万历活字印本，金山钱氏守山阁故物；《飞鸿亭集》，明吴鹏撰，万历刻本；《土官底簿》，彭氏知圣道斋精钞本等。①

3. 万斯年访书

1941 年，国立北平图书馆派万斯年赴迤西各地采访地方文献，历时一年半，所获极多。其所撰的《迤西采访工作报告》②，详细地记录了其采访文献的过程。所获的文献有以下九类：地方文献之搜访传抄、金石之访查传拓、东巴经典之访购、东巴经典之整理、木土司遗踪之踏访、明人真迹之搜访照录、其他文献之入藏、喇嘛寺庙之踏访、滇中刻藏佛经之访查。万斯年在西南地区先后收集东巴经典文献超 3200 册，有精写本、绘像本及彩绘本、封面装饰本、圣手写本、校读本五类。其整理工作主要从以下方面入手：分类、登记、编目、编译。其采访的对象还有方志、纳西族谱、墓碑等。此外，他还收集征购彝族文献 535 册。③

4. 范腾端访碑

抗日战争期间，金石部馆员范腾端受袁同礼指派，带领拓工到处访碑，其成果编为《国立北平图书馆藏云南碑目初编》。在该目的跋语中，范腾端谓"著录汉碑一种，晋碑二种，宋碑一种，唐碑四种，宋碑二种，元碑二十四种，明碑九十二种，清碑一百四十七

---

① 《国立北平图书馆最近工作概况》，载《图书季刊》1939 年第 3 期。

② 万斯年：《迤西采访工作报告》，载《图书季刊》1944 年第 2、3 合期。

③ 郭树亚：《〈图书季刊〉研究》，江西师范大学 2019 年硕士学位论文，第 47 页。

种，近刻碑七十六种，都三百五十一种。按云南地处边陲，久为历代重镇，故中原文化，常被遐陬，函夏声华，早敷远域。是以所在梵宫绀宇，碑碣文字，皆足观摩，至为一方典要。近年以来，本馆斥资传拓，虽毡椎之事，难觅良工，然蒐访之勤，可供秘阁。现仍继续从事，未尝或间。想不难得窥全豹，当可超迈前贤时士之所知见者矣"①。此举为西南文献事业的开拓作出了贡献。

（四）国内考察访古

1. 秦豫访古

1933 年 4—5 月，徐森玉、向达、王庸、刘节四人受国立北平图书馆资助，进行了为期 40 余日的秦豫访古。"先于四月二日由平汉车转陇海路，西赴洛阳，访伊阙及金墉城、白马寺等。继即西去西安，访碑林、大小雁塔、兴教寺、牛头寺、华严寺、崇仁寺、千福寺及未央宫遗址。更由西安乘驴车西往盩厔县②南之东西楼观台、仙游寺及祖庵镇之重阳宫等处。乃由西安经原路东回洛阳，更由偃师转赴嵩山，始由郑州回平。计费时日五星期，所得甚丰。据云在盩厔东观楼之西，发现大秦寺旧址，与景教史迹颇有关系。重阳宫系全真教始祖重阳子之道观，有宋金元碑三十余，为研究道教之重要史料，金石家向少注意；此次大部分拓来，其中元代蒙古文诏书十余种，皆涉及也里可温③事，尤为

---

① 范腾端：《国立北平图书馆藏云南碑目初编》，载《图书季刊》1947年第 1、2 合期。

② 今陕西西安市周至县。

③ 即元代基督教。

重要。"①

此次考察景教大秦寺的情形，在向达的《唐代长安与西域文明》中也有记载。

2. 绥远考察

1936 年 4 月 25 日，王庸与钱穆、蒙文通到绥远考察。

（五）参加学术会议

1. 六学术团体联合年会

1935 年 7 月 24 日至 10 月 3 日，王庸、谢国桢赴广西参加六学术团体共同举办的年会。六学术团体分别为中国工程师学会、中国化学学会、中国地理学会、中国科学社、中国动物学会、中国植物学会。该年会为当时学术界的一个盛会，出版了《六学术团体联合年会特刊》。出发之前，徐森玉、向达、侯芸圻、谭其骧都来送行。8 月 8 日，王庸参加地理学会的预备会。8 月 11—15 日，六学术团体开会。8 月 12 日，王庸作为中国地理学会的代表作报告，指出该学会虽仅成立一年，会员人数已达 170 人，所出会刊《地理学报》"内容充实，不仅在国内学术上已有相当声誉，国外地理学界对此刊物，亦极感兴味"。8 月 13 日，袁同礼作了《现代图书馆及博物馆之重要与管理》的演讲。在演讲中，他提到"图书管理学告诉了我们的方法：第一，要把图书分类清楚，注明号数。第二，要编好图书目录，安置妥适。第三，要管理人有服务的精神，再进而谋来看书的人舒适。比方，光线要充足，座位要适当，以及什么的人应该看什么书，这都是对于图书

---

① 《北平图书馆秦豫访古》，载《燕京大学学报》1933 年第 13 期。

馆管理方面，有着极大的关系"①。或许是注意到了图书馆与博物馆在提高民众素质上的功用，才有次年在青岛图书馆协会与博物馆协会的联合年会的举办。徐森玉也一同参加六学术团体联合年会。归途中，9 月 7 日，王庸与谢国桢参观了常熟铁琴铜剑楼藏书。② 谢国桢写下《两粤纪游》③，1935—1936 年在《禹贡》上连载（后又由禹贡学会列为"禹贡学会游记丛书"④ 之一出版），记录此次旅行。

2. 1936 年中华图书馆协会第三次年会

袁同礼常敦促馆员著文参加图书馆界的会议。如 1929 年中华图书馆协会第一次年会时，袁同礼即敦促王重民著文参会，王重民撰成《刀笔考》一文。1936 年的中华图书馆协会第三次年会更为隆重，"平馆学人"参与更多。关于本次年会的深远影响，笔者此前曾有专文《影响深远的一次盛会——纪念中华图书馆协会第三次年会 80 周年》⑤ 加以探讨。现拟结合曾担任浙江省立图书馆馆长的陈训慈《运书日记　附〈胶海逭暑日记〉》⑥ 中对此

---

① 李青笔记：《现代图书馆及博物馆之重要与管理：袁守和先生在广西省党部大礼堂讲》，载《六学术团体联合年会特刊》1935 年版。

② 赵中亚选编：《王庸文存》，江苏人民出版社 2014 年版，第 501~502 页。

③ 谢刚主：《两粤纪游》，载《禹贡》1935 年第 4 卷第 9 期。

④ 此套丛书还有李书华《黄山游记》《房山游记》《云台山雁荡山游记》，丁稼民《登莱旅程日记》，谭惕吾《新疆之交通》等。

⑤ 周余姣：《影响深远的一次盛会——纪念中华图书馆协会第三次年会 80 周年》，载《河南科技学院学报》2016 年第 11 期。

⑥ 陈训慈著，周振鹤、周旸谷整理：《运书日记　附〈胶海逭暑日记〉》，中华书局 2019 年版。

次年会记载的史料，并从"平馆学人"这一群体的角度再予深入考察。

（1）积极参与会议筹备

良好的筹备工作是确保会议顺利进行的重要前提。本次年会筹备委员会委员多达 38 人，"平馆学人"有吴光清、李文裿、胡鸣盛、袁同礼、刘国钧、严文郁等人。

在年会召开前夕，1936 年 6 月 15 日下午 4 时，协会在国立北平图书馆召开了一次筹备会议。出席者有田洪都、严文郁、何日章、袁同礼（主席）、吴光清（列席）、袁仲灿（纪录）。袁同礼汇报了其提前去青岛考察的经过和达成事项，尤其是获青岛市长沈鸿烈允诺招待一切及派舰游览崂山名胜等事。过济南时袁同礼又与山东教育厅厅长何思源会晤，谈及年会应开办一民众图书馆讲习会，使该省同人可就近听讲。为了争取当地人士的支持，这次会议公推青岛市长沈鸿烈为年会名誉会长，山东教育厅厅长何思源、青岛市教育局局长雷法章为名誉副会长。后又拟请山东大学图书馆主任及山东省省立图书馆馆长加入筹委。①

（2）出版《中华图书馆　中国博物馆协会联合年会指南》

为了更好地导引各地会员参会，1936 年 6 月，中华图书馆协会还出版了《中华图书馆　中国博物馆协会联合年会指南》。该指南共计 22 页。其目的是"惟各地会员，因所在地不同，舟车食宿以及会中情形，事先未免有探询之苦。本书即将年会内容以

① 周余姣：《影响深远的一次盛会——纪念中华图书馆协会第三次年会 80 周年》，载《河南科学院学报》2016 年第 11 期。

及游览地点、食宿状况，分别叙述，详为介绍，手此一编，不难按图索骥，内容计有到会须知，各路行车时刻表，铁道部优待学术团体年会会员乘车办法，联合年会职员名单及会务日程。末附游览青岛、济南各名胜古迹书目，及各学术机关一览等，可作旅行参考之用"①。

(3) 会议概况

第三次年会参会的知名学者众多，群星灿烂。据称："上世纪30年代，高等学校里，中文系、历史系大多开《目录学》，有的是必修课，有的是选修课，是图书馆学鼎盛时期，与会代表有许多著名学者，其中包括袁同礼、万斯年、沈兼士、邓衍林、严文郁、朱光潜、商如逵、金仲华、塞先艾、王献唐、柳诒徵、李石曾、钱存训、毛坤、皮高品、李达……可谓名流云集，有些是国际知名学者。"其中"平馆学人"参与此次盛会的有袁同礼（馆长）、吴光清（编目部主任）、莫余敏卿（参考组组长）、王宜（晖）、万斯年、胡英、宋友英、袁勇（涌）进、邓衍林、徐家骅（璧）、马万照（字耕渔）。② 但实际参加不止此数，很多人刚转职去了其他图书馆，如李文裿、梁思庄、胡鸣盛、毛宗荫等。曾宪文在国立北平图书馆上海办事处，亦仍属于国立北平图书馆馆员。

李文裿《写在第三届年会之后》一文，为我们详细地记录了

---

① 中华图书馆协会：《中华图书馆　中国博物馆协会联合年会指南》，载《中华图书馆协会会报》1936年第6期。

② 山东省文化厅史志办公室、青岛市文化局史志办公室编：《山东省文化艺术志资料汇编　第二十二辑　青岛市〈文化志〉资料专辑》1990年版，第415页。

该会的全部过程。"平馆学人"中，李文裿担任开幕典礼司仪，严文郁主持 21 日上午会议，会上所宣读的论文将在《图书馆学季刊》发表。22 日下午 4 时，袁同礼任主席，提出报告，涉及协助会员留学或进修、维持免费生办法、出版中英文刊物、汇报经常费情形、出席国际会议、美国图书馆专家来华视察事宜。另还有讨论执行委员会各议案等。下午 4 时，举行闭幕式。叶恭绰致闭会词，严文郁报告图书馆协会讨论经过，马衡报告博物馆协会讨论经过，袁同礼、沈祖荣报告教育部讨论经过。①

（4）会议提案

李文裿《写在本届年会之前》曾提出："本届年会有'注意实际问题之商讨，一班提案过于理想者不必提出，以期节省讨论时间'之声明。"② 他还提出了其他三件需要注意的事项，即以民众图书馆事业为侧重，注重图书馆人才之培养，商讨翻印书籍事宜。因此其提案也主要围绕此标准进行。图书馆年会这边共收到提案 80 余件，博物馆年会这边收到提案 35 件。③ 以"平馆学人"为主要提议者的提案④有 10 余件。但多数提案因全面抗日战

---

① 周余姣：《影响深远的一次盛会——纪念中华图书馆协会第三次年会 80 周年》，载《河南科技学院学报》2016 年第 11 期。

② 李文裿：《写在本届年会之前》，载《中华图书馆协会会报》1936 年第 6 期。

③ 周余姣：《影响深远的一次盛会——纪念中华图书馆协会第三次年会 80 周年》，载《河南科技学院学报》2016 年第 11 期。

④ 山东省文化厅史志办公室、青岛市文化局史志办公室编：《山东省文化艺术志资料汇编　第二十二辑　青岛市〈文化志〉资料专辑》1990 年版，第 420~427 页。

争爆发而付诸东流，殊为可惜。

（5）*Libraries in China*

为纪念中华图书馆协会成立十周年，中华图书馆协会特意编纂了 *Libraries in China*：*Papers prepared on the occasion of the* 10*th anniversary of the Library Association of China*（《中国图书馆：中国图书馆协会十周年纪念论文集》）这一英文出版物，以向国际介绍中国的图书馆事业。① 虽第三次年会延迟一年至 1936 年举行，但该论文集于 1935 年按时出版。该文集共收集了多篇论文，其中有吴光清的 "Ten Years of Classification and Cataloging in China"（《中国分类编目十年之进展》），"A history of Chinese libraries"（《中国图书馆史》）等。②

（6）会议特点

中华图书馆协会与中国博物馆协会有着很深的历史渊源。1935 年 9 月，中国博物馆协会在北平景山绮望楼举行了成立大会，时任北平图书馆馆长兼故宫博物院图书馆馆长的袁同礼与有大力。而此前的筹备工作也是由北平图书馆完成的，成立后两协会又联合举办了这次年会。③

---

① Library Association of China. *Libraries in China*：*Papers prepared on the occasion of the 10th anniversary of the Library Association of China*. Peking：Library Association of China，1935.

② 周余姣：《影响深远的一次盛会——纪念中华图书馆协会第三次年会 80 周年》，载《河南科技学院学报》2016 年第 11 期。

③ 周余姣：《影响深远的一次盛会——纪念中华图书馆协会第三次年会 80 周年》，载《河南科技学院学报》2016 年第 11 期。

在该次会议上，还举办了图书博物联合展览。中华图书馆协会举办的是"图书馆用品展览会"，主要由北平图书馆负责，展览地为青岛市博物馆（筹备）。展览会于年会后的 7 月 25 日举行，会期定为 7 日。开幕式上袁同礼报告筹备经过，青岛市长沈鸿烈致辞，阐述保存古物、发扬中国文化之重要。① 展览的陈列物品有三大类：第一图书类、第二博物类、第三为参加伦敦艺展中的中国古物流落在外之照片。②

本届年会闭幕后，也设一民众图书馆学讲习会，授课三星期。推定沈祖荣、刘国钧、严文郁、吴光清、莫余敏卿为讲习会委员会委员，拟具体计划。讲习会自七月二十七日起，到八月十五日结束。借召开年会之机，举办讲习会，可获相得益彰之效，对于提高当地图书馆员工的专业素养和服务水平也是一个极大的促进。③

（7）图书馆事业合理化之刍见

为参加本次年会，国立北平图书馆职员毛宗荫于 1936 年 7 月 16 日在济南旅途中完成了《图书馆事业合理化之刍见》④ 一文。文中提出发展图书馆事业，须集中人才与统一行政，并提出由国

---

① 《图博联合展览昨在青岛开幕，会期定为七日》，载《大公报》1936 年 7 月 26 日。

② 《图书博物展览会在青岛时开幕之盛况》，载《大公报》1936 年 7 月 27 日。

③ 周余姣：《影响深远的一次盛会——纪念中华图书馆协会第三次年会 80 周年》，载《河南科技学院学报》2016 年第 11 期。

④ 毛宗荫：《图书馆事业合理化之刍见》，载《图书馆学季刊》1936 年第 3 期。

家设立图书馆总理机关之五种方式：一、在教育部社会教育司设立图书馆科；二、由中央研究院分设图书馆学研究所；三、由政府设立图书馆事业局；四、由政府组织图书馆委员会；五、由政府指定某图书馆为全国图书馆之师导。此外，由私人自有组织总理图书馆团体之方式有二：一、扩大中华图书馆协会之组织及加重协会之工作；二、由私人组织图书馆事业学会。其所提出的建议，有些得到了实现，有些限于条件，并未能实现。此文得到了陆华深和于镜宇①两位先生的帮助，也反映出正是因为要参加本次会议，毛宗荫所作的积极思考。

（8）难以忘怀的学术之旅——邓衍林先生等人的追忆

邓衍林作为北平图书馆参考组职员参加了这次会议。青岛知名文史专家、原青岛市图书馆馆长鲁海记述了邓衍林对这次会议的印象："他知我来自青岛后盛赞青岛，并对 1936 年学术会议记忆犹新，还能描绘迎宾馆之美。" 此外，还有一些别的学者对本次会议印象深刻。童世纲于 1935 年就写下了以《年会之前》② 为题的诗篇，用以表达他对这次年会关于"选购""馆际合作""统一分类编目法"等方面的热切希望。

当时极有影响力的《北洋画报》，刊发了参加图书馆年会之国立北平图书馆的四位职员——王宜晖、梁思庄、曾宪文、莫余敏卿的合影照片，以记录此次盛会。

---

① 即于震寰。

② 童世纲：《年会之前》，载《中华图书馆协会会报》1935 年第 5 期。

（9）陈训慈日记中的翔实记录

在陈训慈《胶海逭暑日记》① 中，其从个人视角记录了此次盛会，并对参会人员作了月旦评。如其对钱存训印象极佳，谓"钱存训在上海，于图书馆参考书问题颇有攻研，其态度亦沉着有守，与杜定友同事，而意态远胜之也"②。对沈祖荣先生评价不高，谓"沈祖荣先生在斯届多年，然学力殊平庸，脑筋亦不敏捷，为主席似窘于应付也"③。诸如此类，为后人留下了鲜活的资料。在这次会议上，陈训慈约集了"浙江文献展览会谈话会"，取得了图书馆界的大力支持，为浙江省立图书馆举办规模盛大的"浙江文献展览会"奠定了会议基础。

（五）国内进修

除海外交流外，国立北平图书馆还与私立武昌文华图书馆学专科学校积极合作，选派馆员赴该校进修。馆员可向馆中借款自费赴私立武昌文华图书馆学专科学校进修。1931—1932 年度北平图书馆曾派于震寰、童世纲考入私立武昌文华图书馆学专科学校进修。此外，还有丁潘、李永安、范腾端、李钟履、张桂森等人。这些馆员或无图书馆学之背景，到专门学校进修可补足他们在专业上的缺陷。此处不赘。

---

① 陈训慈著，周振鹤、周旸谷整理：《运书日记 附〈胶海逭暑日记〉》，中华书局 2019 年版，第 168~205 页。

② 陈训慈著，周振鹤、周旸谷整理：《运书日记 附〈胶海逭暑日记〉》，中华书局 2019 年版，第 185 页。

③ 陈训慈著，周振鹤、周旸谷整理：《运书日记 附〈胶海逭暑日记〉》，中华书局 2019 年版，第 186 页。

本节以海外学术交流、国内学术交流两大部分总结了"平馆学人"所开展的各种学术交流活动。这些活动包括海外访学、海外访书、国内访书、考察、参加会议与进修等。这些活动的开展，开拓了学者的视野，丰富了人生的阅历，亦为他们带来了扎实的研究资料，尤其是海外访学，也实现了异地造才的目的。今人谈人才培养，学术交流之作用已成为共识，但能否创造条件，选拔人才，异地造才，为我所用，仍然是一个值得思考的问题。

第二节　著作出版

"平馆学人"出版了较多的著作，为他们个人赢得了学术荣誉，也促进了当时的学术研究，现从以下分而述之。

一、书目索引编制

（一）书目编制

还在北平北海图书馆期间，该馆学人所编的专门目录有蒋复璁的《论语集目》《孟子集目》《四书集目》，袁同礼的《中国乐书举要》，爨汝僖的《孝经集目》《国立北平图书馆普通书库排架目录甲编：中文线装书（第一类目录学)》》（1944），汪长炳的《华籍西译书目》，李文裿的《中国定期刊物一览》，谢国桢的《晚明史籍考》等。

如萧璋《国立北平图书馆书目·目录类》以国立北平图书馆所藏及寄存书中关于图书学、图书目录、图书馆学三大部分的书目汇编而成。全书共收录890余种，约2800部。图书目录部又分为著录和收藏两大类，著录类包括书录、丛书目录、艺文志、著述考、学术总目、学科专目、存毁书目、刊行目录、题跋及读书记；收藏类又包括公藏、图书馆书目、私藏。每书条目记录书名、卷数、著者、出版年代、册数、出版地及出版者。书后附书名、著者索引。该书目"叙论原委，分别部属，条理明确，叙次不紊，据版刻以订其异同，辑丛残以考其存异"①。该书有重要的参考价值。

国立北平图书馆员工编制了大量的图书目录，就古籍类目录来说，民国期间就编制了53种馆编书本式汉语文古籍目录。②1931年，谢国桢在梁启超先生的指导下，编写了《晚明史籍考》。《晚明史籍考》仿清代章学诚编纂的《史籍考》之名，专收晚明期间的史书，为一辑录体目录，成为"研究南明史料的一个钥匙"③。

（二）索引编制

袁同礼既是馆长，也担任过目录学的教师。鉴于图书馆工作的特性，该馆学人非常重视书目索引之编制。王重民、刘修业等人先后从国学论文入手，编纂《国学论文索引》，将所有重要杂志的有关国学的论文全部收入。初稿收入杂志59种，经过几次

---

① 寒冬虹：《北京图书馆历年所编的古籍目录》，载《文献》1989年第2期。

② 寒冬虹：《北京图书馆历年所编的古籍目录》，载《文献》1989年第2期。

③ 摘自柳亚子《续忆劫中灰的南明史料》，见柳亚子《怀旧集》，上海科学技术文献出版社2015年版，第98~116页。

增补，共收入杂志 82 种，论文三千数百余篇，1929 年由中华图书馆协会出版，成为当时研究国学极重要的工具书。此外王重民和杨殿珣还编制了《清代文集篇目分类索引》①。该索引是当时国内第一部文集篇目分类索引，全书著录了 428 种清人别集，12 种清人总集中所有文章篇目。编者将这些文章篇目分为学术文、传记文、杂文三大类。学术文下包含经、史、子、集四类，涵盖经史诸子、宫室冕服、婚丧郊祀、田制名物、山川地理、古迹名胜等；传记文则收历代名人生平传记、墓志碑铭、赠序寿序等；杂文下含书启、碑记、诗赋等。另还编制了《所收文集目录》《所收文集提要》《所收文集著者姓氏索引》。在该书序中，王重民论其编制该索引的始末为："余年来服务北平图书馆，余师守和先生属余摘录清代文集篇目，制为索引：以说经者归之经，考史者归之史，校子者归之子，金石版本书画与传状墓志碑记诸文各归之本名本人之下。自二十年秋，开始搜集，迄于二十三年夏，草创斯竟。所收文集都四百余家，纲举目张，粗可观览。虽未敢遽云完备，而三百年来鸿师学人重要文字略具于斯。学者得此一编而用之，则索引之经类，即清代学者经说之渊海也；史类即清代学者史考之总汇也；传记之部，即清代之碑传集也；序跋之类，即诸家之群书录略也。然则区区此编，不诚清代学术之钤键也乎？"② 为了更好地提高索引编制的质量，王重民向

---

① 王重民、杨殿珣编：《清代文集篇目分类索引》，国立北平图书馆 1935 年版。

② 王重民：《清代文集篇目分类索引序》，载《大公报》1935 年 9 月 26 日。

近二十人虚心求教。在提高索引质量的同时，也扩大了索引的影响力。

王庸、茅乃文编辑的《中国地学论文索引》也于1934年6月由国立北平图书馆、国立北平师范大学出版。该书辑录杂志自1902年（光绪二十八年）至1933年6月止，共收123种，论文5000余篇。所录论文，性质不限于纯粹地理学，凡所述自然状态及人文事实之有地域性质者，均在收编之列。分为地志及游记、地文、政治、民族、交通、经济、历史、地理图书（附中国地学与地学家）八大类。胡焕庸、钱稻孙为该索引作序。王庸在自序中称："吾人欲从事于中国地理之研究，一面固可于旧材料中发现新问题，一面又当开拓新知，作实际上专门之考查。"该索引的续编于1936年7月出版，所收论文至1935年底，共约4000篇。

少数民族语言索引编制方面，同样也被视为是"创造研究之工具"①。1926年北平北海图书馆开始编制所购满、蒙、藏文书的索引，先后编有《西番译语索引》《西藏名人著作集十余种之联合索引》《工布查布所著之番汉药名索引》《诸佛菩萨圣像赞中汉满蒙藏四体文字三百六十诸佛菩萨名号索引》《藏文丹珠经（亦名续藏经）索引》《藏文印度西藏所出护持教法者人名录中所有之人名及地名索引》《满汉合璧八旗满洲姓氏部落及方舆全览之满文及汉文索引》《汉满蒙藏四体合璧文鉴之汉文及藏文索引》

---

① 国立北平图书馆编：《国立北平图书馆概况》，国立北平图书馆1929年版，第17页。

《汉文大藏经藏文甘珠经丹珠经及汉满蒙藏四体合璧全咒四书之
联合索引》等。①

专题索引方面，有朱福荣等编的《戏曲索引》，并参考了私
人藏书以编制。在《齐氏百舍斋戏曲存书目》后记中编者谓：
"右目三百六十三种，复本丛书不另计，皆藏齐如山先生百舍斋
中。其数量之多，质量之有价值，在私家为第一大收藏矣。如山
先生原有目，蒙惠假北平图书馆为作'戏曲索引'之参考。朱君
福荣既据以加入索引卡片，又为重编目录如此。兹商得如山先生
同意，在季刊发表。"② 可见，该索引参考了戏曲收藏家齐如山先
生的私藏加以编制。

许国霖之著作，也多为书目编目之作。据其自述："许国霖，
字雨新，湖南湘阴人，北平平民大学毕业，曾任国史编纂处征料
员，湘阴县乡村教育筹办委员会委员，现任国立北平图书馆馆
员，编有《佛学论文索引》《越缦堂东都事略札记》。"③ 1943
年，许国霖不幸因病离世。据载："许国霖，服务北平图书馆多
年，曾著有《敦煌杂录》《敦煌写经题记》《敦煌写经题记汇编》
《佛学论文索引》等书，近因患伤寒在贵阳病故，本界同人均为

---

① 苏健：《更接近于现代意义的北平北海图书馆——以文献编纂与出
版事业为实证的研究》，载《图书馆学刊》2016 年第 3 期。

② 齐如山：《齐氏百舍斋戏曲存书目》，载《图书季刊》1948 年第 1、
2 合期。

③ 摘自余欣《空谷微妙声："边缘敦煌学家"许国霖的历史印痕》，见
余欣《博望鸣沙——中古写本研究与现代中国学术史之会通》，上海古籍出
版社 2012 年版，第 47~80 页。

悼惜云。"①

刘国钧先生于 1956 年 6 月 9 日在信函中曾指出："既是专科目录，当然要结合一门学科，但是在那门学问内不要钻到它自己的小问题中，主要是要知道那门科学有一些什么著作，哪些好，哪些坏，哪些合乎科学研究用，哪些合乎普通阅读。每本有价值的书都解决了些什么问题，某些书在研究什么问题时特别合用，以及诸如此类的问题。总而言之，专门目录学家并不要成为那门科学的专家，而是那门科学的书籍的专家，对象仍然是书。从这方面看，并不是要做两门专家，而是把科学和目录学结合起来，成为自己的专业。这里没有对立问题。"② 可见，"平馆学人"对书目编制有着深刻的认识。清人王鸣盛云："目录之学，学中第一紧要事。必从此问途，方能得其门而入。"做好书目编制之工作，是做好"为人之学"的第一步。

二、著作

"平馆学人"，尤其是青年学人，在馆期间就已出版了其代表作。他们在馆期间从事了大量的文献编纂工作。试列举部分如下：

---

① 《会员消息》，载《中华图书馆协会会报》1943 年第 2 期。然另有讹传，谓许国霖一直在馆内工作，甚至至新中国成立后，当为误记。详见余欣《空谷微妙声："边缘敦煌学家"许国霖的历史印痕》，见余欣《博望鸣沙——中古写本研究与现代中国学术史之会通》，上海古籍出版社 2012 年版，第 47~80 页。

② 黄景行：《忆文华》，载《图书情报知识》2007 年第 5 期。

1932 年，王重民所编的《孙渊如外集》由国立北平图书馆出版。

1933 年，谢国桢也已出版了很具有分量的代表作，《大公报》均予以了报道。其一是《晚明史籍考》，《大公报》为之介绍云："《晚明史籍考》二十卷附《通检》一卷，谢国桢编。北平图书馆印行。每部十册，连史纸九元，毛边纸七元。明清之际，史籍最繁。盖因吾国民族受异族侵略，杀戮压迫，其状至惨。有志之士，或身与抗清之役者，均起而为史，以记当日之真相，而存吾国民族之精神。全祖望氏谓明季野史不下千家。然自清乾隆以后屡次毁禁，研治清掌故者皆以史料难得为憾。是书编者费五六年之力，从事钻研，并至江浙及东瀛各地，访求遗籍，整理爬梳，分其部类，各为题（提）要，兼附序录，著其版本。其中多为秘藏不易经见之书，都一千一百余种，以供学者之探讨。凡有志研究近古史者，不可不人手一编。即不专治史学者，读此一书，足以瞻明清间之掌故，而吾国民族发扬之精神亦可于此略见已。"①与此同时，《大公报》亦曾介绍赵士炜的《中兴馆阁书目辑考》五卷附《续目》一卷、《宋国史艺文志辑本》二卷。谢国桢之另一著作为其所辑的《清初史料四种》，《大公报》同样为之介绍云："计收纪录汇编本马文升著《抚安东夷记》一卷，上虞罗氏传抄本苕上愚公（茅瑞徵）著《东夷考略》，宝日堂集本张鼎著《辽夷略》一卷，铜仙逸史本海滨野史撰《建州私志》三

---

① 《北平图书馆　新出目录学书三种》，载《大公报》1933 年 6 月 12日。

卷。谢君专攻明清史，以前出有《清开国史料考》及《晚明史籍考》，兹又辑此四种，皆研究成化以至万历间辽东史学之要籍也。"① 一年之内，论著频出，正可谓是青年学人的"春风得意时"。1935 年，又出新著《明清之际党社运动考》，且引起学界一定的反响。② 次年，该书经"鄞县马太玄（马准）君，取调原书，一一校勘，并由义乌吴晗君，商榷意见"后，修订后再版。③

1934 年，向达的《中西交通史》列为舒新城所主编的丛书之一在中华书局出版，此一著作也是其代表作之一。该书只五万字，"这一本小小的书，只想将中国同欧洲诸国在政治同文化方面初步的交通情形，作一鸟瞰的叙述""本书的目的只在探寻中西交通初步的史实，略略著其梗概，所以即以鸦片战争为全书的结末"④。此前向达还著有《中外交通小史》，作为万有文库第一集一千种之一，由商务印书馆于 1930 年出版。

1935 年，刘节的《楚器图释》亦由国立北平图书馆印行。该书又题《寿县所出楚器考释》，考释了 1934 年安徽寿县朱家集李三孤堆楚墓出土的九件铜器，是当时第一部研究楚国器物和铭文的专著。⑤

---

① 《清初史料四种　谢国桢辑　民国二十二年七月北平图书馆刊印》，载《大公报》1933 年 10 月 12 日。

② 《书评：明清之际党社运动考》，载《大公报》1935 年 3 月 28 日。

③ 《明清之际党社运动考（订正再版）　谢国桢著　民国二十四年八月商务印书馆　再版　定价六角五分》，载《大公报》1936 年 3 月 12 日。

④ 向达：《中西交通史》，岳麓书社 2012 年版，"叙论"第 6~9 页。

⑤ 李致忠主编：《中国国家图书馆馆史（1909—2009）》，国家图书馆出版社 2009 年版，第 95 页。

即使在全面抗日战争期间，该馆也在推动学人著述的出版。1939 年，该馆"杨殿珣所辑《石刻题跋索引》，邓演（衍）林所辑《中国边防图籍录》①，均由商务印书馆排印发行"②。

三、译作

国立北平图书馆时期，学人之译作亦复不少，据苏健统计，有 29 个学人的 133 种、146 篇（部）译作。作品多以图书馆学与海外研究为主，毕业于文华图书馆学专科学校的学人，如李钟履、严文郁、于震寰、徐家璧、邓衍林、余炳元、颜泽霈、曾宪三、曾宪文、李永安、孙述万等 11 人构成了图书馆学著作翻译的主体，向达、贺昌群、钱稻孙、张申府、于道泉、杨维新、刘修业、欧阳采薇等人将欧美和日本关于中西交通史的先进成果译介入国内，此外时事评论、文学作品和科普文章在译作中也占有一定的比例。③ 苏健的研究较为全面，并以出版时间为序，列有详细的附表《民国时期国家图书馆同人译作一览（以出版时间为序）》，笔者结合自己的研究，择其要简述如下：

---

① 正式出版时名为《中国边疆图籍录》。

② 《国立北平图书馆最近工作概况》，载《图书季刊》1939 年第 3 期。邓演林应为邓衍林，邓衍林之《中国边疆图籍录》因受战争影响，未能按期出版，直至 1958 年再行出版。

③ 苏健：《民国时期国家图书馆同人译作研究》，载《国家图书馆学刊》2016 年第 3 期。

（一）对国外图书馆学著作的译介

1. 对巴特勒《图书馆学导论》的翻译

李永安翻译的《图书馆学问题》，是现在所见到巴特勒《图书馆学导论》（*An Introduction to Library Science*）的最早中文译本。这一译文对于廓清我国学界对美国"芝加哥学派"的认识有着重要意义，将我国学人对"芝加哥学派"的认识又向前推进了近十年，参见笔者《一篇被忽略了的译文——巴特勒〈图书馆学导论〉在中国的首次译介》① 一文。

李永安，字文钦，1929 年起在国立北平图书馆工作，1933—1935 年到文华图书馆学专科学校就读，1935 年顺利毕业。该年毕业同学 9 人，李永安是河北人，与李景新等人是同学。该刊的校闻一栏还记载，"结果除李永安君仍回国立北平图书馆，彭明江仍回上海国立同济大学图书馆服务外，余均已介绍相当工作点"。可见，李永安毕业后又返回国立北平图书馆工作，1935 年 8 月，任职该馆西文编目部。1936 年 2 月，曾去往协和医院图书馆襄助此馆的西文编目业务。1937 年 3 月到 6 月，被派往南京工程参考图书馆服务。由沪返回后，继续在北平图书馆从事西文编目工作。1939 年后，北京图书馆的工作人员名录已没有李永安的名字，不知他是在抗战中牺牲，或是转往他馆。②

① 周余姣：《一篇被忽略了的译文——巴特勒〈图书馆学导论〉在中国的首次译介》，载《图书馆杂志》2011 年第 1 期。
② 周余姣：《一篇被忽略了的译文——巴特勒〈图书馆学导论〉在中国的首次译介》，载《图书馆杂志》2011 年第 1 期。

李永安的翻译应是受到文华图专翻译引进国外作品的影响。此译文发表于 1936 年，正是李永安在文华图专求学期间，并且最后也发表在《文华图书馆学专科学校季刊》上。其翻译距离巴特勒的原著《图书馆学导论》出版时间也仅仅 3 年，可见当时是紧跟欧美学术潮流的。

（二）对国外汉学作品的译介

1. 向达翻译卡特的《中国印刷术之发明及其西传》

卡特（Thomas Francis Carter）的 *The Invention of Printing in China and Its Spread Westward* 一书于 1925 年由美国哥伦比亚大学图书馆出版社出版。由向达择其部分翻译，分 3 次发表在《图书馆学季刊》上，分别是：《中国雕版印刷术之全盛时期》《现存最古印本及冯道雕印群经》《论印钞币》。雕版印刷术是我国的发明，但随着中西学术交流的频繁，海外学者也加强了对我国雕版印刷术的研究。将他们的著作向国人译介，可以进一步促进中西学术的交流。卡特的印刷史研究获得了国内研究者的高度关注，1938 年，刘麟生也翻译了卡特的《中国印刷术源流史》①。除此外，向达还翻译了斯坦因关于中亚考察的报告、《斯坦因敦煌获书记》等。向达有在商务印书馆编译所工作的经历，其翻译水平较高，翻译这些论著有良好的学术基础。

---

① ［美］卡德著，刘麟生译：《中国印刷术源流史》，商务印书馆 1938 年版。

2. 刘修业翻译的美国恒慕义的论文《中国活字印刷术之检讨》

刘修业跟随王重民先生在美国国会图书馆工作期间，翻译了恒慕义《中国活字印刷术之检讨》一文。该文回顾了中西印刷术的不同发展历程，介绍了中国活字印刷术的发明及应用，并以几种活字印本为案例进行说明，最后提出了一个可供思考的问题，那就是：

> 我们不免要问在这一千年来，到底是什么原因使得中国人还是用雕版来印书呢？其中有一个主要的原因，那就是在高敦伯（注：今多译为谷腾堡）那时代中国人比欧西人重视着雕刻上所能保存的遒秀的书法。因为在各城市里，都有精巧的写工与刻工；想刻书的人，尽可选择他们所喜爱的字体，请他们雕刻印行出来。那雕板上能刻出各种不同的风姿，使印出来的每叶书，都能有区别而独具作风的。这是只求一律的活字印刷所不能有的。①

活字印刷术在我国发明后，雕版印刷术仍然是我国印刷业的主流。此篇文章从书法的角度，解释了雕版印刷术为何始终占据主流的部分原因，可供参考。

3. 贺昌群、钱稻孙、万斯年对日本学者著作之译介

贺昌群翻译了日本学者石田干之助《郎世宁传考略》。石田

---

① ［美］恒慕义撰，刘修业译：《中国活字印刷术之检讨》，载《图书季刊》1948 年第 1、2 合期。

干之助认为郎世宁的作品"立轴、横卷、画册皆有之，而属油画者，今其遗品中，殆未之见"①。贺昌群还翻译了日本羽溪了谛的《西域之佛教》。

钱稻孙翻译了日本内藤虎次郎的《影印宋椠单本尚书正义解题》，该译本发表于《国立北平图书馆馆刊》1930年4卷4号。

万斯年翻译了内藤虎次郎的《三井寺藏唐过所考》和玉井是博的《敦煌户籍残简考》。二文汇编为《唐代文献丛考》，1947年结集出版。

20世纪早期，中国学术界对西域佛教史的研究成果较少，与日本学术界的研究存在一定差距。当时学界的主要成果是译介日本的两部研究专著，其一为贺昌群译、羽溪了谛著《西域之佛教》，其二为钱稻孙译、羽田亨著《西域文明史概论》。前者着力从史地角度论述佛教在中亚和新疆的传播与发展，涉及教理方面的内容非常少；后者对西域佛教的发展状况有精辟论述。②

（三）"西书华译目录"的编制

1934年，《图书季刊》创刊。在该刊中，设有"西书华译目录"一栏。在该栏目的首篇，前有序言，备述开设该栏目之初衷。全文如下：

　　西书传入中国，转为汉文，已三百年。顾尚无人为一总

---

① ［日］石田干之助著，贺昌群译：《郎世宁传考略》，载《国立北平图书馆馆刊》1933年第3、4合期。

② 聂静洁：《20世纪西域佛教史若干问题研究述评》，载《西域研究》2005年第1期。

目，以示此方面之成绩者。浙江省立图书馆曾刊有《汉译西文书目索引》，与此差为近似，而限于一馆所藏，览者惜之。北平图书馆采访组旧有调查西书华译之举。本刊创始，因有"西书华译目录"一栏，遂用为参考，而以二十二年为始。积累既久，聚而观之，于一时期思想之传布，并可从此得其大较矣。

本目所收诸书，不尽出诸目验，书店目录、报上广告，率为取材之所。其有原书名不能查悉者，依汉名转译，另加括弧，以示区别。商务印书馆所出诸书，大率已见于旧出之万有文库，以其别为新版，故亦附入。

去岁所出诸译本，小说方面转形消沉，其故留心近年来之思想者当可推知，今不具论也。——编者①

该目录按西书作者之首字母排序，目录形制如：
Alcott, Louisa May: *Good Wives*——郑晓沧译：好妻子. Hangchow：Chekiang Printing Co. ＄1.50
由此可以看出，"西书华译目录"标示以下信息：西书作者：西书题名——译者姓名：华译题名. 出版地：出版社. 书价。

正如编者所言，从1933年目录可看出，小说方面华译趋少，思想史类华译增多，可见学界之趋势。

以上对"平馆学人"之论著译介做了简要介绍，保证了较高的学术产出，才使"平馆"这一机构的"学术化"氛围极为浓

---

① 《民国二十二年西书华译目录》，载《图书季刊》1934年第1期。

烈，这也是我们为之神往之处。

第三节　论文发表

　　"平馆学人"的著述出版有着良好的发表去处，就该馆所主办的书刊主要就有以下四种：《国立北平图书馆馆刊》《图书季刊》《读书月刊》《大公报·图书副刊》四种，在学界以及社会上都有一定的知名度。① 此外还有一些其他的发表平台。关于这些刊物，学界亦开展了较多的研究，现试再做一简析。

一、《国立北平图书馆馆刊》

（一）《国立北平图书馆馆刊》之简史

　　《国立北平图书馆馆刊》经多次更名，杨雨薇已做了专题研究。② 最初始于1928年5月，《北京图书馆月刊》创刊，以六号为一卷。内容为专著、善本书提要、新书介绍及批评、入藏中西文书目、馆讯，并逐期提取宋元精椠书叶，或名人题跋墨迹影印插图。自第一卷第五号（1928年9—10月）起至第二卷第六号更名为《北平北海图书馆月刊》（钱玄同题写刊名）。内容仍为专著、入藏善本书提要、新书介绍及批评、入藏中西文书目、馆讯。从前面看，该刊更像是一部工作性质的刊物，主要介绍该馆

---

　　① 孟化：《国立北平图书馆馆办刊物研究（1928—1937）》，载《国家图书馆学刊》2013年第4期。

　　② 杨雨薇：《〈国立北平图书馆馆刊〉研究》，江西师范大学2019年硕士学位论文。

开展的藏书建设工作。自第三卷第一号（1929 年 7 月）至第三卷第六号又改名为《国立北平图书馆月刊》（仍用钱玄同题写刊名），仍以六号为一卷，改月刊为双月刊。① 但"内容以国学中之目录版本及校勘之学为主，但多比较专门之述作"②。它共出刊三卷六号。《国立北平图书馆月刊》刊载的专著以古籍考辨、古籍校勘方面的文章居多，学术性更为浓重，陈寅恪、傅增湘、梁启超、孙人和等学人都曾在此发表过学术论文，它是当时学术界所重视的刊物之一。

自第四卷第一号（1930 年 1—2 月）起，刊名最终定为《国立北平图书馆馆刊》（沈尹默题写刊名）。第十一卷时拟"增加门类，力求更新，专以传播学术资料，沟通文化消息为目标，除原有各门外，另增'专载''辑佚''参考资料''馆讯'等门，举凡未经刊载之先贤著述，久经遗佚之前代群籍，某项专题之重要资料，以及东西洋学术界消息、重要论文目录等皆择要备载，以备读者之参考，而补本馆事业所不及"（《本刊启事》）。第十一卷第一号（1937 年 1—2 月），封面改由傅增湘题写刊名。

（二）《国立北平图书馆馆刊》之编辑委员会

1936 年，《国立北平图书馆馆刊》第十卷上所刊发的"国立北平图书馆馆刊编辑委员会"中，有以下人员：王庸、王育伊、

---

① 苏健：《更接近于现代意义的北平北海图书馆——以文献编纂与出版事业为实证的研究》，载《图书馆学刊》2016 年第 3 期。

② 《国立北平图书馆读书月刊》，载《大公报》1932 年 4 月 18 日。

王重民、向达、吴光清、孙楷第、贺昌群、万斯年、赵万里、赵录绰（干事）、谢国桢、顾子刚。这些人都是该馆的核心学术力量，也是青年编纂委员会的主要成员，不但负责组稿审稿，还承担撰稿的任务。

（三）《国立北平图书馆馆刊》之作者群及论著情况

《国立北平图书馆馆刊》出版十一卷以来，共有 106 位责任者，包括作者、编者、译者等。一部分为国立北平图书馆的工作人员，如袁同礼、赵万里、王重民、孙楷第、贺昌群、谢国桢、向达、万斯年、赵录绰等，同时担任《馆刊》的编辑工作。一部分为当时的著名学者，如罗振玉、王国维、莫伯骥、余嘉锡、李俨等①，如余嘉锡的重要论著《四库提要辩证》就发表在该刊上。此外还有梁启超、杨树达、傅增湘等。刊物内容主要以铅字排版印行，如遇手稿或抄本，亦采用影印的形式印行，如《特载》栏目中的《簠斋金文考》②，系用抄本影印而成，该文后有赵录绰跋③。

"平馆学人"在该刊上发表的论著如下：

---

① 杨雨薇：《〈国立北平图书馆馆刊〉研究》，江西师范大学 2019 年硕士学位论文。

② 陈介祺：《簠斋金文考》，载《国立北平图书馆馆刊》1937 年第 1 期。

③ 跋中提及："此册为同治十一年重定之本，内陈氏手校甚多。上虞罗氏曾由日照丁艮善家购得陈氏金石零稿汇编，为《簠斋金石文考释》，印入《芸窗丛刻》中考汉器者七篇。取与此册相较，凡陈氏所手校及增补者皆无之，而每篇后所记年月亦所缺如，盖非最后定稿也。"见陈介祺《簠斋金文考》，载《国立北平图书馆馆刊》1937 年第 1 期。

表 3-1 "平馆学人"在《国立北平图书馆馆刊》上发表论著及译著概览①

（不完全统计）

姓　名	篇　目	篇　数
王重民	《汉书札记》《〈补晋书·艺文志〉书后》《词铨》《绛云楼书目跋》《读汉书艺文志拾遗》《列子校释》《校道藏本南华真经注疏跋》《释墨》《中国地方志备征目》《李越缦先生著述考》《元典章校补释例六卷》《敦煌本尚书六跋》《金山国坠事零拾》《敦煌本捉季布传文》《敦煌本王陵变文》《太平天国官书补编叙录》《英伦所藏敦煌经卷访问记》《记巴黎国家图书馆所藏太平天国文献》《记普鲁士国立图书馆所藏太平天国文献》	19
谢国桢	《彭茗斋先生著书考》、《晚明史籍考》、《塔影园集跋》、《清初三藩史籍考》、《明奴儿干永宁寺碑考》（〔日〕内藤虎次郎著，谢国桢译）、《叠石名家张南垣父子事辑》	6
赵万里	《馆藏善本书提要》《芸盦群书题记》《水浒传双渐赶苏卿故事考》《金刻版画》《陈元靓岁时广记跋》《永乐大典内辑出之佚书目》《记永乐大典内之戏曲》《宋词搜逸》《二金人词辑》《馆藏永乐大典提要》《渑水燕谈录佚文辑补》《评新出版彝器图录二种》《国立北平图书馆图书展览会目录》《海源阁遗书经眼录》《重整范氏天一阁藏书记略》《从天一阁到东方图书馆》《清真集校辑》	17

---

① 此表在杨雨薇的"《国立北平图书馆馆刊》主要作者身份统计表"基础上而设计，参见杨雨薇《〈国立北平图书馆馆刊〉研究》，江西师范大学 2019 年硕士学位论文，第 26~28 页。

姓　名	篇　目	篇　数
孙楷第	《刘昼新论举正》《读韩非子札记》《清初三藩史籍考》《跋馆藏新镌陈眉公先生批评列国志传》《关于儿女英雄传》《中国通俗小说提要》《三言二拍源流考》《李笠翁著无声戏即连城璧解题》《小说旁证》	9
刘　节	《两周金文辞大系商兑》、《答怀主教书》、《旬君孚子壶跋》、《新罗真兴王"巡狩管境"碑研究》（［日］内藤虎次郎著，刘节译）、《虢氏编钟考》	5
向　达	《中国印刷术之发明及其传入欧洲考》（［美］T. F. Carter 著，向达译）、《书熊三拔泰西水法后》、《评黄文弼近著高昌三种》、《斯坦因黑水获古纪略》、《汉唐间西域及海南诸国古地理书叙录》、《敦煌丛抄》	6
贺昌群	《〈流沙坠简〉校补》、《郎世宁传考略》（［日］石田干之助著，贺昌群译）、《刘知远诸宫调考》（［日］青木正儿著，贺昌群译）	3
袁同礼	《永乐大典现存卷目表》《关于永乐大典之文献》	2
万斯年	《三井寺藏唐过所考》（［日］内藤虎次郎著，万斯年译）、《敦煌户籍残简考》（［日］玉井是博著，万斯年译）等	2
于道泉	《达赖喇嘛于根敦朱巴以前之转生》《馆藏诸佛菩萨圣像赞跋》（［俄］钢和泰著，于道泉译）等	2

（续表）

姓　名	篇　目	篇　数
王　庸	《国立北平图书馆藏清内阁大库舆图目录》	1
杨殿珣	《石经论著目录》	1
赵录绰	《北平图书馆善本书目乙编续目》	1
许国霖	《越缦堂东都事略札记》	1
叶渭清	《元椠宋史校记》《嵇康集校记》	2
顾子刚	《韩君墓发见略记》	1
李德启	《满译樵史演义解题》	1
梁廷灿	《年谱考略》	1

　　为扩大发行量，国立北平图书馆为《国立北平图书馆馆刊》设立了多个特约代售处，到七七事变前夕，规模已经非常之大，计有 8 地 26 家特约代售处①，具体如下：

　　　　北平　景山书社　文奎堂　修绠堂　直隶书局　开明书局　松筠阁　佩文斋　富晋书社　来薰阁　文芸阁
　　　　天津　《大公报》代办部　佩文斋　大东书局
　　　　上海　中国书店　富晋书社　来青阁　蟫隐庐　开明书店
　　　　南京　国学图书馆　保文堂　钟山书局

---

　　① 《［广告］》，载《国立北平图书馆馆刊》1936 年第 6 期。

湖北　武汉大学图书馆

四川　茹古书局

广东　岭南大学图书馆

日本　汇文堂　严松堂书店

这些特约代售处的设立，有利于推动该刊的发行工作，从而扩大该刊的社会影响力。

1928 年 10 月，英文季刊 *The Metropolitan Library Record* 创刊，以与中文月刊相对应，主要刊载馆讯及西文书分类目录。

二、《国立北平图书馆读书月刊》

1931 年 10 月 10 日，《国立北平图书馆读书月刊》创刊。既已有《国立北平图书馆馆刊》之出版，为何又新出一种呢？该刊述其创刊之缘由如下：

图书馆之目的，不仅为学术界保藏典籍，要在与学者以种种之利便，而引起一般人读者之兴趣。故本刊除编有各种书目外，更有馆刊之发行；虽不敢谓学术之向导，而于典籍目录之学之研究，各种图书之校勘与介绍不可谓无助于学术。惟馆刊内容，因实际上自然之趋势，大抵偏于国故旧籍，而以专门之述作为主，青年初学之士，获益较少。故今为力谋图书馆事业之普及与通俗计，乃更有此读书月刊之出版。与馆刊不但并行不悖，且可相得而益彰。馆刊以专著为主，而本刊则以书报介绍为重；范围较馆刊为宽广，而内容则较馆刊为浅显。俾初学者略知出版界之概况，而于读书求知，有门径可寻；本馆图书之内容与消息，亦由是而传播。是即本馆所以增出本刊之微意也。海内学者与教育家，不吝教正而扶翼之，幸甚幸甚。①

此处将创刊之由，以及与馆刊的联系与区别都介绍清楚了。馆刊主要涉及"典籍目录之学之研究，各种图书之校勘与介绍"，但"偏于国故旧籍"，颇有些类似于今日之《文献》期刊。主办方恐青年初学之士从馆刊处获益不多，为此另办《国立北平图书馆读书月刊》。《国立北平图书馆读书月刊》"内容较馆刊为通俗，而材料分量约及馆刊三分之一。惟定价极廉，每期五分，全年六角，邮费在内。材料则以书报介绍及'学术界杂讯'为主要部分，约占每期篇幅之半。所介绍书报，大抵以关于近出之社会科学及'国学'的书报为多，间亦介绍东西文书。文字以阐扬各书之长处者较多，而指摘瑕疵者较少。盖其目的在引导初学，俾读书者先知其内容之大纲而选择之，体与书报批评不同也"②。

在该刊上发表的作者多用笔名，可见的实名"平馆学人"在该刊上发表的论著如下表：

---

① 《本刊旨趣》，载《国立北平图书馆读书月刊》1931 年创刊号。
② 《国立北平图书馆读书月刊》，载《大公报》1932 年 4 月 18 日。

表 3-2 "平馆学人"在《国立北平图书馆读书月刊》上所发表的论著概览

（不完全统计）

姓　名	篇　名	篇　数
袁同礼	《近三年来发见之永乐大典》（书目）	1
王重民	《读书小记》	1
杨殿珣	《中国文学史译著索引》	1
刘修业	《读西厢后》《读西厢记后（续完）》	1

由此可见，"平馆学人"在此刊上发表相对较少。

三、《大公报·图书副刊》与《大公报·图书周刊》

（一）《大公报·图书副刊》

1933 年 9 月，《大公报》开办"图书副刊"并发布启事，称："本报兹发刊图书副刊，特约陈寅恪、傅增湘、孙楷第、贺昌群、张其昀、赵万里、缪凤林、王重民、陈训慈、刘节、王庸、向达诸位先生担任撰稿，创刊号定于九月二十八日（星期四）发刊，创刊号以后每两周出版一次，创刊号计有新书介绍（九篇）、学术界消息（五则）、赵万里先生《芸盦群书题记》《书林拾遗》等篇。"① 可以看出，这些撰稿人中，以国立北平图书馆编纂委员会的青年学人为主。在国立北平图书馆 1933 年 7 月至 1934 年 6 月馆务报告中，也报道了国立北平图书馆与天津《大公报》合作，开辟《图书副刊》专栏的事。开始两周发行一

---

① 《本报发刊图书副刊启事》，载《大公报》1933 年 9 月 25 日。

次，后变为一周一次。

在《图书副刊》的创刊号下，也有告示，内容是："一、本刊登载关于中外图书之介绍批评以及学术界消息，为公开性质，欢迎投稿；二、刊登本刊之文略致薄酬；三、投稿通讯可寄'北平文津街国立北平图书馆内图书副刊编辑收'。"①

"卷头语"中，专栏作者表示要在以下方面用力：

　　一国图书出版的盛衰，也就是一个民族生活力强弱的表现。我们打算从这一方面去找出我们这一个民族再生的源泉，优良的种子，把它们培植起来。所以我们想用一大部分的力量来作中外新旧书籍的介绍与批评，给予一般人以一种书籍选择的标准和常识。并注意于有系统的介绍与批评，以使作者能触类旁通。

　　此外便尽力来传达学术界的消息，使社会上一般人士也能知道中国和他国学术界的轮廓，以及大概进步到甚么程度。为实现此种理想起见，除每期刊登学术消息以外，并拟仿照外国的学术年报办法，每年结一次大概的总账，提要钩玄，综合报告这一年国内学术界进步的梗概。

　　还有，近年来社会人士对于图书本身的学问，即所谓版本目录以及校雠的学问，似乎太隔膜了……至于版本目录校雠之学，无非是历史方法的一部分，也就是科学方法中的一

---

① 《创刊号》，载《大公报》1933 年 9 月 28 日。

小支，只以求真为目的，并无眩奇立异之心……①

　　可见专栏的内容确实是围绕书籍介绍、学术通讯、介绍版本目录校雠之学为主。正因为此，与版本目录校雠学研究密切相关的学者，成为该专栏的核心作者，如赵万里在该刊上连载《芸盦群书题记》、《四部丛刊续编的评价》②、《悼内藤虎次郎氏》③，王重民连载有《巴黎敦煌残卷叙录》、《海外希见录》、《记巴黎国家图书馆所藏太平天国文献》④、《阅张介侯先生遗稿记》⑤、《七十一传》⑥、《罗马访书记》⑦ 等。王重民还与冯承钧就书籍问题展开了反复讨论。⑧ 贺昌群连载有《瀛书胜语》⑨、《流沙坠简校补》⑩、《大唐西域记之译与撰》⑪，并编校陈垣的《艺风年谱》

---

　　① 袁同礼：《卷头语》，载《大公报》1933 年 9 月 28 日。

　　② 斐云：《四部丛刊续编的评价》，载《大公报》1934 年 4 月 21 日。斐云：《四部丛刊续编的评价（下）》，载《大公报》1934 年 4 月 28 日。

　　③ 非云：《悼内藤虎次郎氏》，载《大公报》1934 年 7 月 7 日。

　　④ 王重民：《记巴黎国家图书馆所藏太平天国文献》，载《大公报》1935 年 6 月 13 日。

　　⑤ 王重民：《阅张介侯先生遗稿记》，载《大公报》1937 年 7 月 29 日。

　　⑥ 王重民：《七十一传》，载《大公报》1937 年 6 月 10 日。

　　⑦ 王重民：《罗马访书记》，载《大公报》1936 年 12 月 24 日。

　　⑧ 王重民：《致副刊再答冯承钧先生》，载《大公报》1936 年 12 月 31 日。

　　⑨ 贺昌群：《瀛书胜语（一）：欧洲人对于中国上古史的研究》，载《大公报》1934 年 6 月 9 日。贺昌群：《瀛书胜语（二）：中国经典的翻译（上）》，载《大公报》1934 年 6 月 9 日。

　　⑩ 贺昌群：《流沙坠简校补（续）》，载《大公报》1935 年 5 月 16 日。

　　⑪ 贺昌群：《大唐西域记之译与撰》，载《大公报》1936 年 10 月 29 日。

与《书目答问》①等文。向达与岑仲勉往来论学。②刘节连载有《中国金石学绪言》③。王庸的《地图闲话》分两期分别发表在《大公报·图书副刊》第 106 期（1935 年 11 月 21 日）、第 121 期（1936 年 3 月 12 日）上，另还有《明代舆图汇考　总图之部》④、《宋代以前中国舆图沿革略》⑤、《宋代以前中国舆图沿革略（续）》⑥、《康丕扬三关图说残本跋》⑦。万斯年的《西域闻见录之板本与著者》⑧、《跋七十一传》⑨、张秀民的《宋孝宗时代之刻书》⑩、《宋光宗时代之刻书》⑪、刘修业的《敦煌本伍子胥变文之研究》⑫。谢国桢发表了《国立北平图书馆善本丛书第一集

---

①　陈智超编注：《陈垣来往书信集（增订本）》，生活·读书·新知三联书店 2010 年版，第 444 页。

②　觉明（向达）：《答岑仲勉先生》，载《大公报》1935 年 5 月 23 日。

③　刘节：《中国金石学绪言（三）》，载《大公报》1934 年 1 月 20 日。

④　王庸：《明代舆图汇考　总图之部》，载《大公报》1936 年 4 月 9 日。

⑤　王庸：《宋代以前中国舆图沿革略》，载《大公报》1937 年 5 月 6 日。

⑥　王庸：《宋代以前中国舆图沿革略（续）》，载《大公报》1937 年 5 月 13 日。

⑦　以中（王庸）：《康丕扬三关图说残本跋》，载《大公报》1936 年 5 月 21 日。

⑧　万斯年：《西域闻见录之板本与著者》，载《大公报》1936 年 12 月 3 日。

⑨　万斯年：《跋七十一传》，载《大公报》1937 年 6 月 10 日。

⑩　张秀民：《宋孝宗时代之刻书》，载《大公报》1936 年 11 月 5 日。

⑪　张秀民：《宋光宗时代之刻书》，载《大公报》1937 年 5 月 27 日。

⑫　刘修业：《敦煌本伍子胥变文之研究》，载《大公报》1937 年 6 月 1 日。

叙录》①、孙楷第也发表了《燉煌写本张义潮变文跋》②。在赵万里的《芸盦群书题记》前，有一段编者的介绍，云："海宁赵万里先生，熟精簿录校雠之学。年来历涉南北，遍览公私藏家藏书，所发见古佚书古版刻不知凡几，所算经眼书录，总数当在一万则以上。兹应本刊编者之请，出其绪余，撰为题记，按期分登，以贻同好。世之君子，幸观览焉。"③

不过有意思的是，"图书副刊"的英文名是"Book Man"，翻译过来是"书人"，倒也恰好说明了这是一群以书为生的人。胡适、钱穆、余嘉锡、陈垣、孟森、冯承钧、王力（了一）、黄云眉、牟润孙、顾廷龙、陈乐素等也都曾为该副刊供稿。副刊的作者也多用笔名或字号，如"非云""藏云""素痴""志喻""蟫""蠹蝛生"④ 等。

除此外，《大公报》其他副刊专栏也刊发"平馆学人"的文章。1934 年 10 月 7 日，沈从文在《大公报·艺术周刊》谈及约稿之事，"譬如业已约过的专家，如容希白先生对铜器花纹……贺昌群对于汉唐壁画，罗睺对于希腊艺术，以及向觉明、王庸、

---

① 谢国桢：《国立北平图书馆善本丛书第一集叙录》，载《大公报》1937 年 1 月 21 日。

② 孙楷第：《燉煌写本张义潮变文跋》，载《大公报》1936 年 8 月 27 日。

③ 赵万里：《芸盦藏书题记》，载《大公报》1933 年 9 月 28 日。

④ "蠹蝛生"为向达之笔名，可参看张秀民《忆与向觉明先生交往的琐事》，见沙知编《向达学记》，生活·读书·新知三联书店 2010 年版，第 125~128 页。

刘直之①、秦宣夫诸先生的文章"②。《大公报·文史周刊》也刊发过"平馆学人"刘修业③等人的文章。该刊一直出到 1937 年 7 月 29 日。

（二）《大公报·图书周刊》

1947 年 1 月，《大公报》继续增出"图书副刊"，名为"图书周刊"，袁同礼题词，每周二刊登，由袁同礼、赵万里主编。④后又改至周三出版。在袁同礼所作的《复刊辞》中，备述了该刊的创办始末："二十二年九月，我和几位对于中外图书目录学有兴趣的朋友，在天津《大公报》，创刊了一个'图书副刊'。每周一期，直到二十六年七月二十二日，出至第一百九十一期，因芦（卢）沟桥事变突起，炮声震撼平市，本刊编辑人仓皇离平而停刊。到如今整整十年了。我们这次又应《大公报》之约，自今年一月起，在津沪两地同时复刊。这是非常值得庆幸的事。缅怀过去，瞻望未来，有不能已于言者……我们这个周刊，不前不后，恰于此时复刊，所负时代的艰巨使命，自非往日可比。一方面要评介战后八年来，尤其近二三年来中外新版图书，作为周刊的主要任务，同时我们也要尽力报道学术界和出版界的消息，以供读者观摩和参考。此外目录、版本、校勘之学本是历史方法亦即科学方法的一部分，我们也将以新姿态、新资料，与读者相见，并

---

①　应为刘子植，即刘节。

②　沈从文：《〈艺术周刊〉的诞生》，载《大公报》1934 年 10 月 7 日。

③　刘修业：《西游记作者吴承恩的交游考》，载《大公报》1946 年 10 月 30 日。

④　《读者注意》，载《大公报》1947 年 1 月 6 日。

请求专家批评，以期有所改进。"① 可见，从复刊宗旨来说与此前的《大公报·图书副刊》是一致的。

该栏目第一期的"编辑后记"② 中提及所设栏目有"专著、书评、学术界和出版界消息三栏"。专著部分为长论文，拟遵照原来刊登王重民《敦煌残卷叙录》的前例继续刊登《伦敦所见敦煌残卷叙录》，并且刊登东北所获的"天禄琳琅"旧藏古本九十二种及宋末浙刻群贤小集六十种。王重民后在《图书周刊》上连载发表《伦敦所见敦煌群书叙录》③、《伦敦所见敦煌残卷叙录》④ 等文。沈从文亦在该刊第三期（1947 年 1 月 18 日）发表《新书业和作家》，容肇祖亦在该刊第五期（1947 年 2 月 1 日）上发表《海瑞的文集读后记》，等等。赵万里为《大公报·图书周刊》向朱自清、贺昌群、郑振铎、王庸等人约稿，向达亦参与部分工作，但学人们都很忙碌，赵万里亦曾因过劳而致病。其后似出刊很不规律，已再难返回之前的盛势，沪版于 1947 年 10 月即停刊。

四、《图书季刊》中英文本

（一）概况

关于《图书季刊》的出版情况，学者已有较为全面的研究。⑤

---

① 袁同礼：《复刊辞》，载《大公报》1947 年 1 月 4 日。

② 《编辑后记》，载《大公报》1947 年 2 月 8 日。

③ 王重民：《伦敦所见敦煌群书叙录》，载《大公报》1947 年 1 月 18 日。

④ 王重民：《伦敦所见敦煌残卷叙录》，载《大公报》1947 年 1 月 18 日。

⑤ 张敏：《〈图书季刊〉的创刊及其历史意义》，载《新世纪图书馆》2016 年第 9 期。

也有学者从《图书季刊》与海外汉学、新书介绍、古书推介等方面进行了探索。[①] 1934 年 3 月，《图书季刊》中英文本同期创刊。国立北平图书馆与世界文化合作中国协会有感于中外知识界之每多隔阂，创办《图书季刊》，以为传达消息，图谋知识上之谅解之用。该刊分中英文两种出版，内容互异。中文本第一期之书评与新书介绍即以《大公报·图书副刊》为依据，选其靖（精）警之作，而加以增删。[②] 中文本出版至 1936 年 12 月 3 卷 4 期后被迫暂停出版；次年，英文本出版至 4 卷 4 期后停刊。1939 年 3 月，于昆明恢复出版中文本，次年恢复英文本，卷次、期次，标以"新"字。1943 年 3 月，转移至重庆续刊，仍照旧例，年出 4 期。1946 年，随馆迁移至北平出版。1948 年 12 月，出版至新第 9 卷第 3、4 期合刊停刊。1934—1948 年，《图书季刊》先后共出版 12 卷 34 期。《图书季刊》英文本是当时中国图书馆界国际文化宣传之重要刊物。

（二）《图书季刊》中文本

1. 编辑人员队伍

刊物创办之初，编辑部成员共 5 人，由中国学者曾觉之、顾子刚、向达，美国学者翟孟生先生（R. D. Jameson，时任国立清华大学教授），德国汉学家谢礼士博士（Ernest Schierlitz，时任辅仁大学教授）三国学者共同担任。复刊后，中英文本的编辑工作

---

① 郭树亚：《〈图书季刊〉研究》，江西师范大学 2019 年硕士学位论文。

② 《图书季刊第一卷第一期》，载《大公报》1934 年 5 月 26 日。

有了明确的分工，张敬、颜泽霑、万斯年具体负责中文本编辑，吴可读、徐家璧、高棣华负责英文本编辑，两刊主编由国立北平图书馆馆长袁同礼一人担任，并聘向达、王重民、王育伊三人为特约编辑。《图书季刊》第二卷第四期"本刊同人姓氏一览"登载有：

　　　　编辑部：袁同礼（主任编辑）；

　　　　陈贯吾　张　敬　刘修业（中文本）；

　　　　钱锺书　何国贵　颜泽霑（英文本）；

　　　　特约编辑：向　达　王重民　王育伊；

　　　　发行部：李照亭（中文本）　钱存训（英文本）。

　　2. 作者队伍

　　为《图书季刊》中文本撰稿的著者有（按姓氏拼音排）：白寿彝、陈梦家、陈序经、陈寅恪、陈垣、董作宾、冯贞群、傅增湘、顾廷龙、郭沫若、侯外庐、胡适、黄侃、李根源、李家瑞、李俨、黎锦熙、梁方仲（方中）、梁思成、刘盼遂、鲁迅、罗尔纲、孟森、蒙文通、牟润孙（海遗）、潘光旦、浦江清、钱穆（梁隐）、尚秉和、唐兰、汤用彤、陶元珍、童书业（书叶）、万斯年、王利器、王庸（以中）、王重民、魏建功、闻一多、吴梅、向达（觉明）、谢国桢（刚主）、严敦杰、姚名达、余嘉锡、袁大韶、袁同礼、张申府、张西堂（西堂）、赵元任、郑振铎、朱自清等。这些作者学术背景各异，来源广泛，可见该刊的学术开放性。

3. 栏目设置

《图书季刊》中文本栏目有"论著""书评""新书介绍""期刊介绍""书目""书录""附录""传跋""校勘记"等。

"论著"栏目是最为重要的栏目之一，也多推出极具分量的论著。王重民、向达、万斯年等人都是该栏目的主要作者。各种文史类论著亦发表于该刊上，如考古新发现《重庆江北汉墓之发掘》、其他机构之工作近况等，并不限于图书馆学、文献学一类。

"新书介绍"部分，《图书季刊》推出 2 本书籍的作者有 82 位，如吴礼培、罗仲言、陈寅恪、罗振玉、王国维、商承祚等；推出 3 本书籍的作者有 23 位作者，如冯友兰、陈梦家、陈达、董作宾等；推介 4 本书籍的作者有容庚、王力、金敏黻、费孝通、章炳麟、翦伯赞 6 位；推介 5 本书籍的作者有罗根泽、罗尔纲、胡焕庸、侯外庐 4 人；其中谢国桢的书籍被推介了 6 本；郭沫若的书籍被推介了 8 本；郑振铎的书被推介了 12 本。① 可见该刊及时跟进出版动态，对新出版的重要著作予以介绍。其中"平馆学人"有：谢国桢的书籍被推介了 6 部，邓衍林所编《北平图书馆所藏中国算学书联合目录》、王重民的《巴黎敦煌残卷叙录》、王庸的《中国地理学史》也予以介绍。对王重民《巴黎敦煌残卷叙录第二辑》之介绍中，述其原委如下："王重民先生于民国二十三年，赴巴黎国家图书馆服务，曾就该馆所藏敦煌遗

---

① 郭树亚：《〈图书季刊〉研究》，江西师范大学 2019 年硕士学位论文，第 39 页。

书，撮记梗概，著为《敦煌残卷叙录第一辑》，都四十一篇，于二十五年九月出版；印行以来，学者便之。其后续有撰著，均散见于国内各定期刊物中，师友多憾其难窥全豹，因而重为比次，更加以新著数篇，汇为《敦煌残卷叙录第二辑》。第一辑为二十四年四月至十二月所作，此则自二十五年五月至二十七年九月所作也。凡题记四十五篇……"① 将该书的产生介绍得极为清楚，便于读者第一时间了解。

抗日战争期间，为沟通机构信息，该刊发表了多篇介绍各大机构"近况"的文章，以便学界了解最新动态，增进交流。另还有"期刊介绍"② 专栏，介绍《国立中央图书馆馆刊》《书林季刊》等各期刊出版情况。该刊的"国内重要杂志论文目录举要"③，精选《国立北京大学国学季刊》等期刊上刊载的代表性论文目录，似已开 CSSCI 论文索引的先河。此外还有"附录"这一栏目，专门介绍西人关于汉学之著述，有时亦登载通信，如胡适给王重民的信件。④

4. "平馆学人"在《图书季刊》中文本发文一览

王重民、万斯年、向达、王庸、孙楷第等"平馆学人"也是该刊的主要作者。他们在该季刊上发表论著的情况如下：

---

① 《［新书介绍］巴黎敦煌残卷叙录第二辑》，载《图书季刊》1941 年第 1、2 合期。

② 《期刊介绍》，载《图书季刊》1947 年第 1、2 合期。

③ 《国内重要杂志论文目录举要》，载《图书季刊》1934 年第 2、3、4 期。

④ 胡适：《论治学方法——给王重民君的一封信》，载《图书季刊》1944 年第 1 期。

表3-3　"平馆学人"在《图书季刊》中文本各栏目上发表的篇目概览（不完全统计）

姓名	论著	书评 新书介绍	书目	书录	附录	跋文	数量
王重民	《巴黎敦煌残卷叙录（一）（二）》《记巴黎国家图书馆藏太平天国文献》《罗马访书记》《巴黎伦敦所藏敦煌残卷叙录（十二篇）》《美国国会图书馆所藏善本书叙录》《美国国会图书馆所藏善本书叙录（续）》《释本书》《安国传》《辨北平图书馆善本书库中伪书三种》	《读玄览堂丛书》《巴黎敦煌残卷第二辑》《评杨淇园先生年谱》《清代名人》		《北京大学图书馆藏善本书录》（与朱福荣合著）		《国立北平图书馆善本丛书第一集补记》等序跋12篇;《陈垣与井心集》传跋6篇《考经衍义》等题跋6篇①	40

① 有序跋：《跋伪本虞恭公温彦博碑》《跋爱余堂本隐居通议》《跋慎守要录》《跋格致草》《跋地纬》《天经或问跋》《跋姓韵》《跋王黉的王端节公遗集》《跋百陵学山》《跋陶人心语兼记庸芟的事迹》；题跋：《跋孝经衍义》《跋吴郡岁华纪丽》《跋程氏丛刻》等；传跋：《陈垣与井心集》《赵士桢传》《尚祐卿传》《道学家传跋》《经天该跋》。

（续表）

姓 名	论 著	书评/新书介绍	书 目	书 录	附 录	跋 文	数量
万斯年	《鸦片战争时代华北经济史料的新发现》《西域闻见录之板本与著者》《记武定土司那氏所藏雍乾同军务案稿》《徐霞客佚文考》《明季遗民滇贤著述举述》《明季遗民滇贤著述举述（续）》	《评滇贤传记三种》《近纂嵩明县志读后》《最近国内出版的经济学书》《最近国内出版的经济学书（续）》	《国立北平图书馆西南各省方志目录》		《滇西采访工作报告》		12
向 达	《瀛涯琐志——记巴黎本王宗载四夷馆考》《记敦煌石室出晋天福十年写本寿昌县地境》	《我的探险生涯》《最近各国的历史教学》《佛游天竺记考释》	《伦敦所藏敦煌卷子经眼目录》		《唐袁滋豆沙关题名跋》		7

（续表）

姓　名	论　著	书评/新书介绍	书　目	书　录	附　录	跋　文	数量
贺昌群	《流沙坠简校补》《悼洛佛尔氏》《大唐西域记之译与撰》《瀛书胜语》《日本学术界之"支那学"研究》《魏晋清谈思想初论》			《后汉书志注引书目录》			7
孙楷第	《敦煌写本张义潮变文跋》《吴昌龄与杂剧西游记——现在所见的杨东来评本西游记杂剧不是吴昌龄作的》《水浒传旧本考》	《评明季滇黔佛教考》					4

（续表）

姓名	论著	书评/新书介绍	书目	书录	附录	跋文	数量
刘修业	《海外所藏中国小说戏曲阅后记》《海外所藏中国小说戏曲阅后记（续）》《记巴黎国家图书馆所藏环翠山房十五种曲》				《中国活字印刷术之检讨》（[美]恒慕义撰，刘修业译）		4
王庸	《明代舆图汇考》《读〈春秋·公矢鱼于棠说〉——略论治古史及民族学方法》	《中国古代旅行之研究》					3
杨殿珣	《中国家谱通论》《中国家谱通论（续）》《河北先哲金石著述考略》	《中国历代名人年谱目录》			《国榷跋》		5

（续表）

姓　名	论　著	书评/新书介绍	书　目	书　录	附　录	跋　文	数量
王育伊		《五朝门第　附高门世系婚姻表》《唐代政治史述论稿》《中国分省新图（战后订正第五版）》					3
赵万里						《跋明抄本糖霜谱》《跋汤斌民笔花集》《跋洛阳近出陈叔明墓志》《跋尔朱敞父子墓志》《跋馆藏卢文构李月相夫妇墓志》	5
刘　节	《中国金石学绪言》《说彝》						2

（续表）

姓名	论著	书评/新书介绍	书目	书录	附录	跋文	数量
谢国桢	《明清之际党社运动考》《记辽陵石刻及其他关于讨论辽陵之文字》	《渤海国志四种》					3
袁同礼	《永乐大典现存卷目表》		《国立北平图书馆现藏海外敦煌遗籍照片总目》				2
邓衍林		《辞海》《古今同姓名大辞典》《教育学近刊十一种》					3

（续表）

姓 名	论 著	书评/新书介绍	书 目	书 录	附 录	跋 文	数 量
范腾端					《国立北平图书馆藏云南碑目初编》		1
张秀民		《唐写文选集注残本》					1
佚名				《国立北平图书馆近年入藏方志简目》			1

其时该季刊没有重复发表的限制，许多篇目多来源于《大公报·图书副刊》。"平馆学人"的论著也会成为该刊书评的对象，如对王庸《中国地理学史》的书评："此书至少已厘定中国地理学史之大纲，其筚路蓝缕之功，有足称焉。近五六年来，王氏对于地图地志目录及史料方面，研究整理，用力颇勤，此书于近人研究结果，虽有所征引，而大部仍表现著者研究之所得。"①

（三）《图书季刊》英文本

《图书季刊》的英文本（*Quarterly Bulletin of Chinese Bibliography*）在发刊辞提到，该刊是由在上海的国际知识合作委员会（Chinese National Committee on Intellectual Cooperation, Shanghai）提供经费支持，国立北平图书馆提供场地，并提供了两名全职人员顾子刚、向达担任编辑。其设计的期刊栏目为：论文（an article of general interest）、重要书评（a review of an important book）、新书提要目录（an annotated list of new books）、华译书目索引（an index translationum）、期刊索引（a periodical index）。② 复刊后的《图书季刊》英文本，仍专供国外人士及图书馆订购之用，内容与中文本相异，每期均在一百二十页以上，每卷四期，售价美金二元，或国币八元。③ 为《图书季刊》英文本撰稿的作者亦复不少，袁同礼还多次撰写英文本《图书季刊》编后记。除此外，国立北平图书馆还办有《经济外交参考资料月刊》英文本，亦曾出版多期。

---

① 弃疾：《评中国地理学史》，载《图书季刊》1939 年第 1 期。

② The editors, *to the Reader*, Quarterly Bulletin of Chinese Bibliography, 1934, pp. 1~2.

③ 《国立北平图书馆近况》，载《图书季刊》1940 年第 2 期。

五、《学文》杂志

1929 年秋，由王重民同孙楷第邀集好友刘盼遂、谢国桢、孙海波、罗根泽、齐念衡、傅振伦、萧鸣籁、孙海波、王静如、张西堂、庄尚严等成立《学文》杂志社，自筹经费编辑《学文》杂志，赵万里称为"北学派"。① 《国立北平图书馆馆刊》对该刊介绍为"此为北平近出文艺刊物之一，创刊号十九年十一月出版"。孙楷第发表《宋朝说话人的家数问题（附表)》②、《在日本东京所见之明本水浒传》③ 等文，这是其正式发表论文的开始④。王重民在该刊发表《说装潢》⑤ 等文。谢国桢发表《清太祖实录残卷跋》⑥、《耐岩考史录跋》⑦、《东夷考略跋》⑧、《晚明史籍考序例》、《荆驼逸史跋》⑨。刘盼遂在此刊上发表《嫦娥考》等多篇文章，罗根泽亦发表《陆贾新语考证》等文。1931—1932 年前数期颇有学术期刊之色彩，出六期后停刊。

---

① 傅振伦：《蒲梢沧桑·九十忆往》，华东师范大学出版社 1997 年版，第 58~59 页。

② 孙楷第：《宋朝说话人的家数问题（附表)》，载《学文》1930 年创刊号。

③ 孙楷第：《在日本东京所见之明本水浒传》，载《学文》1932 年第 5 期。

④ 黄克：《建立科学的中国小说史学——孙楷第先生晚年"自述"及其他》，载《文学遗产》2008 年第 4 期。

⑤ 王重民：《说装潢》，载《学文》1931 年第 2 期。

⑥ 谢国桢：《清太祖实录残卷跋》，载《学文》1930 年创刊号。

⑦ 谢国桢：《耐岩考史录跋》，载《学文》1931 年第 2 期。

⑧ 谢国桢：《东夷考略跋》，载《学文》1931 年第 2 期。

⑨ 谢国桢：《荆驼逸史跋》，载《学文》1932 年第 5 期。

1934 年 5 月 1 日，叶公超等人编辑的《学文》创刊号在北平问世，被视为"南学派"，发表诗歌、散文、译述、论文、翻译、独幕剧等。

六、《益世报·图书副刊》

1938 年 12 月，国立北平图书馆与昆明益世报社合作，每两星期发行图书副刊 1 期。①

除此外，《中华图书馆协会会报》《图书馆学季刊》《燕京学报》《北京大学国学季刊》《禹贡》也是他们的发表平台之一。

七、基于个案的考察——以刘节为例

现以刘节为例，看"平馆学人"的论著发表渠道：

表 3-4　刘节在国立北平图书馆工作期间所发表的论著一览表

序号	论著名称	出版、发表刊期
1	新罗真兴王巡狩管境碑之研究	国立北平图书馆馆刊，第 5 卷第 6 号
2	虪氏编钟考	国立北平图书馆馆刊，第 5 卷第 6 号
3	汉熹平石经周易残字跋	燕京学报，1932 年第 11 期
4	跋鷹羌钟考释	国立北平图书馆馆刊，第 6 卷第 1 号
5	两周金文辞大系商兑	国立北平图书馆馆刊，第 6 卷第 3 号

---

① 陈源蒸等编：《中国图书馆百年纪事（1840—2000）》，北京图书馆出版社 2004 年版，第 77 页。

（续表）

序号	论著名称	出版、发表刊期
6	答怀主教书——论虢氏钟出土处沿革	国立北平图书馆馆刊，第 7 卷第 1 号
7	甸君孚子壶跋	国立北平图书馆馆刊，第 7 卷第 1 号
8	评卜辞通纂考释	燕京学报，1933 年第 6 期
9	四库本之评价	北晨日报"北晨学园"，1933—8—15
10	周南召南考	禹贡，第 1 卷第 11 期
11	中国金石学绪言	大公报·图书副刊，1934 年 1 月 6、13、20 日
12	欧美搜储支那古铜精华	大公报·图书副刊，1934 年 3 月 31 日
13	西北文物展览会瞥记	大公报·图书副刊，1934 年 6 月 2 日第 29 期（与向达合作）
14	《古史辨》第五册序	朴社，1935 年
15	楚器图释	国立北平图书馆，1935 年
16	记宋明以来名瓷之款制	大公报·艺术周刊，1935 年 6 月 29 日第 39 期

　　从上可知，刘节在平馆工作的 4 年间，共发表论著 16 篇/部。其中发表在《国立北平图书馆馆刊》有 6 篇，《大公报》4 篇，《燕京学报》2 篇，《禹贡》1 篇，国立北平图书馆出版论著 1 部，其他 2 篇。《国立北平图书馆馆刊》是其论著的主要发表平台，其次是《大公报》，另也将发表平台扩展至《燕京学报》《禹贡》

等，可见"平馆学人"有着较好的成果发表平台和渠道。其还以笔名"青""松""青松"在《国立北平图书馆馆刊》上发表较多的"新书评介"等书评。

论著的出版有赖于国立北平图书馆所提供的优越研究条件。如刘节的《楚器图释》一书，该书之所以编成，得益于国立北平图书馆存藏了 9 件楚器。据载："民国二十三年五月，西北文物展览会在团城展览北平尊古斋所得楚器一群，计九器……此楚器安徽图书馆原拟筹款赎回，卒以议价不合，遂为中华教育文化基金董事会所得，今寄存北平图书馆金石部。刘氏此书，即据此九器而作。"① 该书为影制图版，刘节为之考释，2 万余言。书之内容为"讨论寿州出土楚器之年代、地理及文字、形制、纹样诸端，并说明此次所出楚器与近二十年来数次发现之重要铜器若新郑出土郑器，洛阳出土韩器，归化出土赵器，皆有连带关系"②。书为 6 开本宣纸精印，插图 40 余面。自出版后，此书获得了较高的评价。有评价为："（一）图版虽但著九器，而其考释，乃统集楚器之有铭者三十五器而综考之。故能左右融会贯通而无遗憾。（二）考释详尽而极有次第，先详记出土之地域及事实经过，次考辨铭文故字，次从铭文以考史实，次从史实以定年代，次采集近代出土各器，以推验楚器之'造形轮廓'及'雕镂图文'，详备而有程序。（三）作者纯粹站在'历史的观点'

① 《新书介绍　楚器图释　刘节著　国立北平图书馆出版　定价三元》，载《大公报》1935 年 2 月 21 日。

② 《〈楚器图释〉将出版》，载《大公报》1934 年 12 月 8 日。

以立论，与近人同类之书不免染有浓厚'骨董气味'者，绝异。"① 评价甚高。

八、学术期刊助力"平馆学人"成长

关于学术期刊对学者成长的影响，我们可以借用前人的一段话来说明。如方志远在分析两件事情对经济史学家谷霁光学术发展具有重要意义时说："第一件事情是1934年春夏之交'中国史学研究会'的成立……他们在前中央研究院社会研究所创建了《中国社会经济史集刊》，这是我国研究经济史和社会史最早的学术刊物；在天津《益世报》和南京《中央日报》办起了'史学'副刊，各出了一百多期。他们以此为阵地，相互激发、遥相呼应，发表了大量的史学论文和杂文，人人都闯下了极大的名头。"② 与此相似的是，"平馆学人"也是发表了大量的论著，"人人都闯下了极大的名头"。

除其他的刊物，国立北平图书馆也办有众多的自办刊物，为他们的论著出版提供了令人歆羡的平台。"平馆学人"所拥有的畅通的著述发表渠道，为他们的学术观点的发表提供了非常便利的条件，这也使得他们很快在各个学科领域奠定了自己的学术地位。当时没有禁止"一稿多发"的限制，往往一文多发在这些刊

① 吴其昌：《〈楚器图释〉及〈尚书新证〉评议》，载《大公报》1935年5月2日。

② 方志远：《谷霁光先生的学术经历与学术个性》，载《江西社会科学》2005年第9期。

物上，可以让更多的学者看到。如《大公报·图书副刊》刊发过，又可能还会在《国立北平图书馆馆刊》《图书季刊》上刊发。此外，还可以发在《历史语言研究所集刊》《北平世界日报·图书周刊》《民国日报·图书副刊》①《文汇报·图书副刊》等期刊、报纸上。著作的发表，为学人带来了学术声誉。发表带来的稿费，也能改善学人们的生活。"平馆学人"能有如此丰硕的出版成果，还与得力的激励机制有关。这也是王重民说"作文史工作的人不一定到外国去留学，可是研究院里应该特别有一些出版费和旅行费"。他希望多给一些出版费。以萧璋为例，其在馆期间，1934 年出版了《国立北平图书馆书目　目录类》②，很快获得了沈兼士、罗庸等人的赏识，得以转聘到国立北平大学女子文理学院担任讲师和该院图书馆主任。然而离开国立北平图书馆之后，在其后的学术生涯中，出版论著较少。他在自传中颇有自悔之意："在这个阶段中我还有一个不正确的认识。在极'左'思潮盛行的年代，流行着这样一种观念：一个大学教师应该全力教书，一搞科研、写文章就是白专道路。我也受了这种思想的影响，把著书立说跟为人民服务、跟教学对立起来，因而在我学术道路时间最长的这一段时间里，古汉语方面，除了参加校内外的教材编写以外，很少写什么论文，每忆及此，总觉得是愧对师友的。"③ 其

①　赵万里主编《民国日报》中的《图书副刊》，1948 年 8 月 6 日"因编辑人员无暇兼顾"，出满 100 期停刊。

②　唐：《［介绍］国立北平图书馆书目　目录类》，载《大公报》1935年 1 月 10 日。

③　萧璋：《文字训诂论集》，语文出版社 1994 年版，第 255 页。

实愧对师友只是其次，更重要的是自我的学术成就受到了一定的影响。幸而萧璋在晚年奋发扬蹄，发表了较多的论文，这些论文被合编成《文字训诂论集》出版。

该馆学人能产生如此多的学术论著，与该馆所拥有的丰富文献资料有莫大的关系。杨殿珣在《中国历代年谱总录（增订本）》后记中提到："由于编者于 1985 年离开了原来的工作单位，翻检群籍的机会很少，对于新近出版的书籍，以及学术刊物，更是很少接触，而又无力到收藏单位，深入普查，所以遗漏未收的，一定为数不少，这是感觉非常忧心孔疚的。"① 反言之，当这些学人在馆工作时，该馆所收藏的丰富典籍和资料为他们开展研究提供了莫大的便利，让他们得以"如入宝山"，不至于空回。此外，就是潜心读书，争取有大收获，如王重民述其读书心得："读书之道有二：一评其大体，一摘其瑕疵。评大体者在其立说与条例，非学识在著者之上，未易言也；摘瑕疵者在其引证与考据，学术即不在著者之上，亦或有一言之得也。重民学愧鸿通，识非博大，摩卢牟揽，诚不敢言，但涉猎所及，见有罅漏辄为补苴。摘为识小之录，冀为丛考之编，暂名小记，以待将来比次云尔。"② "平馆学人"照此路径，均在学术领域各有斩获。1987 年北京图书馆编选《北京图书馆同人文选》③ 也将国立北平图书馆

① 杨殿珣：《中国历代年谱总录（增订本）》，书目文献出版社 1996 年版，第 83 页。

② 王重民：《读书小记》，载《国立北平图书馆读书月刊》1932 年第 4 期。

③ 《北京图书馆同人文选》编委会编：《北京图书馆同人文选》，书目文献出版社 1987 年版。

时期的学人"代表作"收入其中，也说明了该馆学人学术成果之丰硕，实让人敬服。

小 结

20 世纪 30 年代，在国立北平图书馆的主持下，通过"交换馆员"的形式，严文郁、汪长炳、王重民、向达、吴光清、钱存训、刘修业等 10 余位学人至欧美等国访学考察，实现了该馆异地造才的目的。另外也通过海外访书考察等活动，如孙楷第、谢国桢等赴日访书，访求到了较多流散在海外的文献，拓宽了文献研究资料的范围。在国内学术交流方面，一方面是与其他研究机构之间的合作与交流，如与国立北平研究院、禹贡学会、国立北平故宫博物院文献馆、西南联合大学、中央古物保管委员会、北京博物学会的合作与交流；另一方面还通过国内访书、国内考察访古、参加学术会议年会、国内进修等方式，如参加六学术团体联合年会、中华图书馆协会第三次年会与中国博物馆协会第一次年会等，促进多方面的交流。这些学术交流活动的开展，开拓了学人的眼界，增长了见识，为他们的成才奠定了一定的学术基础。

"目录之学，学中第一紧要事。"由于所在的单位是图书馆，"平馆学人"的一大著述类别是各种书目、索引的编制。从早期善本书目的编制开始，该馆学人编制了众多的书目、索引。此外，还不乏著作的出版。在袁同礼馆长的支持下，很多年轻学人在馆期间就出版了其学术代表作，在学术界很快崭露头角。为了沟通中西学术，该馆亦注意译介海外汉学的成果。

在论文发表方面，除其他的刊物，北平图书馆也办有众多的自办刊物，为他们的论著出版提供了令人歆羡的平台。主要的发表平台有《国立北平图书馆馆刊》《图书季刊》《大公报·图书副刊》《历史语言研究所集刊》《北平世界日报·图书周刊》《民国日报·图书副刊》《文汇报·图书副刊》《中华图书馆协会会报》等。

"独学而无友，孤陋而寡闻"，学术的成长离不开必要的学术交流。平馆学人具备了良好的学术交流条件，在学术交流中又进一步获取稀见的文献，结合本馆丰富的馆藏资源，为成果的产出提供了多种可能。成果产出后，"平馆学人"所拥有的畅通的著述发表渠道，为他们的学术观点的发表提供了非常便利的条件，这也使得他们很快在各个学科领域奠定了自己的学术地位。

总而言之，事以人成，人促事成。这一学术群体借助便利的学术条件，经由自己的努力，构建了一个生态良好的学术世界。

第四章
"平馆学人"的群体特征

学人邹新明在其论文中将国立北平图书馆青年编纂委员学术成就的取得归结于八个方面：一是北平图书馆自身的定位，二是北平图书馆领导决策层对学术研究的提倡与支持，三是北平图书馆丰富的藏书，四是宽松的工作研究环境，五是海内外搜集整理资料的机遇，六是浓厚的学术交流氛围，七是便利的学术发表渠道，八是目录版本学素养的培育。① 刘波也认为，"北图学者群"所谓的"预流"，主要体现在三个方面：一是学术资料的搜集，二是学术研究的参与和学术人才的养成，三是学术服务的广泛开展。② 他们的总结都很全面。作为一个社会群体，"平馆学人"体现出怎样的基本特征？笔者试在前人的基础上再予以论述。

---

① 邹新明：《难以再现的辉煌？——20世纪30年代北平图书馆以编纂委员会为中心的青年学者群》，载《国家图书馆学刊》2010年第2期。

② 刘波：《国家图书馆与敦煌学》，国家图书馆出版社2018年版，第265页。

第一节　治学严谨，深耕细耨

一、严谨的治学态度

"平馆学人"尤其是青年一代，在相互砥砺中，养成了严谨的治学态度。例如王庸在其《中国地理学史订补》中，表达了其学术研究的态度："对于引用古今人述作，务求尽量保留原文，不以私意相混杂，俾免厚诬他人；而个人私说，其证据之不甚充实者，亦只按而不断，不欲作浮泛之空论。故于下笔之时，常抱宁受抄袭之讥，不作明快宽博之论之态度……至于私心所引为自馁者，乃在取材之不充，与夫见闻之疏漏。"①

同样，谢国桢在多年后回忆其治学经历时，曾说："在北京图书馆工作期间，徐森玉先生是领导，同事中有赵万里、刘国钧、王重民、孙楷第、胡文玉、向达、贺昌群，稍后有谭其骧、张秀民诸位先生，都是埋首从事于所专长的研究工作。当时我们都是研究我们喜爱的学问，有时一般人还认为馆中养了一批吃闲饭的人，却想不到，到解放以来，在建设社会主义社会上，还除了我以外，都派了用场。"② 最末一句，当然是其自谦之词。当时的一批年轻学人，严谨治学，心无旁骛，日后都取得了极大的学术成就。

---

① 王庸：《中国地理学史订补》，载《国师季刊》1939 年第 5 期。

② 摘自《我的治学经历》，见谢国桢《明末清初的学风》，上海书店出版社 2006 年版，第 284~288 页。

这种治学态度，也表现在他们的日常工作中。如在学人们所办的这几种刊物中，一旦有误，"平馆学人"均会坦然指出。如赵万里、邓衍林分别指出《国立北平图书馆馆刊》第五卷三号"新书介绍"中《观堂遗墨》以及《丛书子目索引》介绍中的不足之处①，不自蔽，不误人，体现了学人们严谨的治学态度。

二、肯留心，利用条件

据金克木先生回忆："（20 世纪 30 年代的北平图书馆）馆长袁守和（同礼）先生招揽了一些有为青年进去，名为职员，实是从事整理文献的研究，又出版《国立北平图书馆馆刊》为他们发表成果。不几年便涌现了一批青年学者到大学讲课，随后当了教授。其中著名的除向（达）先生以外，有王重民、贺昌群、赵万里、孙楷第、谢国桢、于道泉等先生，后来继起的还有万斯年先生等。""在编辑部和在图书馆都是极好的学术训练机会，但有条件：一是领导者懂行并给鼓励，而不阻拦和斥责。二是本人肯钻研。第二点尤其重要。若不然，历来受这两处锻炼的人何止千百，何以有人成材，有人就不行？若自己肯留心，善于利用条件，即使领导人不予理会也可有进步。机会随时会有，只看会不会用。"②

---

① 《更正》，载《国立北平图书馆馆刊》1931 年第 4 期。

② 摘自金克木《由石刻引起的交谊——纪念向达先生》，见沙知编《向达学记》，生活·读书·新知三联书店 2010 年版，第 129~133 页。

诚然如此，如其所说："肯留心，善于利用条件"，必能取得进步。以王重民等人编制《清人文集篇目索引》为例，在整个编纂过程中，王重民虚心求教、求助，得到了极大的帮助。在序中，其称："当属稿之际，即请教诸师友，渥承指导。写定之后，虑多讹误，又分请校正：易经则侯云圻（堮），书经则顾颉刚先生（颉刚），诗经春秋三传则张西堂先生（西堂），三礼则吴检斋先生（承仕），四书则余季豫先生（嘉锡），小学则刘盼遂先生（盼遂），地理则谭季龙先生（其骧），方志则朱士嘉先生（士嘉），金石则刘子植先生（节）、杨琚飞先生（殿珣），史论则傅维本先生（振伦），理学则黎劭西先生（锦熙），天文算法则李乐知先生（俨），并代为核定，埤益宏多。又所据文集除北平图书馆所藏者外，又假自伦哲如先生（明），傅沅叔先生（增湘），孙蜀丞先生（人和），杨遇夫先生（树达），及河北省立第一图书馆严台孙①先生，山东省图书馆王献唐先生，诸公或代致公家所庋，或发箧中之藏，譬如匮贫之粮，所惠尤深。又是书分纂，学术文之部杨君琚飞（殿珣）主之，传记文之部吴君文轩（藻洲）主之，杂文之部刘君节之（树楷）主之。而校印之时余已出国，则又由杨君总其成。"② 细数后，共有 21 人为其提供了校核和提供文献的帮助，这才保证了这部索引的编制质量。杨殿珣、吴藻

---

①　严侗，字台孙，为严修族弟，曾先后担任河北省立第一图书馆、天津图书馆馆长。

②　王重民：《清代文集篇目分类索引序》，载《大公报》1935 年 9 月 26 日。

洲、刘树楷三人当时为索引组职员。① 杨殿珣前文已多介绍。吴藻洲，字文轩，曾编有《民众教育书目》。②

三、排除杂务干扰，专注于学术研究

向达在 20 世纪 50 年代曾自述："从一九二四年到一九三七年，我因为出身于所谓'读书人家'，受的又是资产阶级的教育，所以有为学术而学术的错误思想。那时候国家形势有激烈的变化，而我仍埋首伏案，搞自己的学问。"③ 这一段"反省"产生于特殊的时代背景，于今视之，我们可以看出向达多年秉持了"为学术而学术"的思想。

而赵万里身上也有这样的特点，学生回忆他："学生罢课，他也就不来；复课了，他准时来到课堂。开口即入正题，不叙闲言，不谈政治，他似乎是也不想政治。"④ 刘节也是如此，他曾因为受到国共合作的鼓舞，短暂加入国民党，后很快退出，从此没有加入任何党派，专注于学术研究。

这一传统后来得以传承，20 世纪 80 年代，在北京图书馆的

---

① 国立北平图书馆编：《国立北平图书馆馆务报告　民国二十一年七月至二十二年六月》，国立北平图书馆 1933 年版，第 8 页。

② 吴藻洲：《民众教育书目》，载《图书馆学季刊》1936 年第 1~4 期。后续出多期。

③ 摘自向达《向达的自传》，见沙知编《向达学记》，生活·读书·新知三联书店 2010 年版，第 1~4 页。

④ 摘自《忆赵万里先生二三事》，见张守常《中国农民与近代革命》，大象出版社 2005 年版，第 383~389 页。

入职培训中,身为副馆长的谭祥金言道:"各位来到北京图书馆打算如何发展?想做官吗?你来错了地方,全馆 1000 多名员工,馆长的位置只有几个,想脱颖而出,很难。北京图书馆是图书的宝库,知识的殿堂,它的大门对在座所有人都是敞开的,好好利用图书馆,努力工作,刻苦钻研学问,你们都能够成为专家,出人头地。"①

"平馆学人"各有其研究重心。如杨殿珣专注于年谱、石刻题跋的研究。曾对李士涛所编《中国历代名人年谱目录》② 从"一书著录为二之误""编人著录之误""版本著录之误""谱主姓名及生卒年代著录之误""注语之误""校对之误"等方面进行客观评价等。

四、以文献学为基础

"平馆学人"成才的一大特点,还在于他们从事的多是"征实"之学,而少"发挥"之学。编书目、写题跋,均是在获得文献资料基础之上才能"有所动作",而能"获得文献"就已胜他人一等,且让人无可质疑。这也就确保了他们为学根基的牢固,经数十年后仍牢不可破。

王重民在跟胡适的通信中回顾自己的学术研究经历,谓:"重民自问:无实斋之见识,有实斋之博览,二十年来,都是作

---

① 摘自徐蜀《忆往事,有感》,见国家图书馆编《记忆国图——国家图书馆 105 周年馆庆纪念》,国家图书馆出版社 2014 年版,第 392~395 页。

② 杨殿珣:《中国历代名人年谱目录 [书评]》,载《图书季刊》1948 年第 1、2 合期。

的绍兴师爷的工（功）夫。作学生的时候，看了一百多种杂志，编出两本《国学论文索引》（第三、第四册为内子续编）。毕业后看了四百二十八种文集，编为篇目索引。出国后，看了五千敦煌卷子，一千二百金石拓片，一千五百部天主教书，近又看了二千九百部善本书了，也曾提出一些菁华，将来或能应用。去冬今春，看了三四百部明本方志，顺手辑出了两百多个《永乐大典》纂修人……"① 王重民以章学诚（实斋）为榜样，立下"读万种书"的志愿，其一生成就的取得，与他在书海尽情遨游是分不开的。

海野一隆对王庸的治学成就曾进行过评价："先生的地理学史研究的重点在于，从众多史料中发掘和整理与地理学相关的文献……因为，学术史研究的第一步在于发现和收集基础性的史料。特别是在几乎等于未开拓领域的中国地理学史的研究方面，首先要做的就是基础性的工作，而且毋庸讳言，这样的工作本身就有重要的意义。"② 同样如此，王庸之学术成就的取得，亦离不开其扎实的文献资料工作。

赵万里之研究，也多建立在广泛的文献调查之上，访书购书既是其工作职责，也为其研究打下了坚实的基础。时人评价其为"海宁赵斐云万里，亲炙静安久，凡静安手校本，多移录存副。屡次南下，为图书馆访书，又得造天一阁观其所藏，宜目中无余

---

① 北京大学信息管理系、台北胡适纪念馆编：《胡适王重民先生往来书信集》，国家图书馆出版社、安徽教育出版社2000年版，第310页。

② ［日］海野一隆：《故王庸氏とその学史研究》，载《人文地理》1956年第4期。

子矣"①。赵万里学术起点非常高，为王国维弟子，记忆力惊人，又目验了诸多古籍善本，学术成就确实突出。在他所撰写的《从天一阁说到东方图书馆》② 一文中，记录了他到东方图书馆涵芬楼观书的情形，也表达了未能及时传抄录副的遗憾。赵万里还利用《永乐大典》，从中辑出《大元一统志》和《析津志》的佚文。

谢国桢的研究也建立在对大量文献资料的占有上。为了编辑《晚明史籍考》，他在三十岁时，曾到江浙以及东北大连、沈阳等地去访书。其在自序中言其编纂该书经历曾道："桢之草斯辑也，盖始于侍先师梁启超先生饮冰室讲席，先生插架颇富，即于所藏丛书中求之，犹嫌以为未足。先生乃介桢于海盐朱希祖先生、东莞伦明先生，得窥其所藏。江安傅增湘先生并出所藏晚明野史，以资阅览。自服务于北平图书馆，命专理其事，俾成完书，馆中所藏之书，得悉资披览。吴兴徐森玉先生，精于赏鉴之学，凡有所得，必以相告，因得读故宫博物院图书馆、东方文化会、孔德学校图书馆、鄞县马廉先生之书。凡藏书之地，无不亟往求之，如是者且二年。庚午之秋，乃复远游江浙，北上沈阳，冀得窥江南塞北之遗书，乡邦遗老之传说，于是得见南京图书馆、上海涵芬楼、吴兴刘承干先生嘉业堂、海盐张元济先生涉园、平湖葛氏

---

① 王余光、李东来编：《伦明全集》第 1 册，广东人民出版社 2012 年版，第 109~110 页。

② 赵万里：《从天一阁说到东方图书馆》，见骆兆平编《天一阁藏书史志》，上海古籍出版社 2005 年版，第 338~343 页。

传朴堂、上虞罗氏殷礼在斯堂、辽宁故宫博物馆所藏者，凡有明史稗乘，必登之于册。盖自属稿之时，以迄纂辑成册，凡历公私藏书之所约十数处，费时阅四年，而初稿始成。"① 可见其获得了非常有利的公私文献获取条件，也在编纂中对文献做了大量的调查整理工作。其著作《江浙访书记》《明清笔记谈丛》均是建立在大量的文献基础之上的。他曾自述"又因为在图书馆做事，就想学习版本学，尤其想学习为研究学问指明道路和提供资料的目录学"②。还提出在处理研究材料时，"我认为研究历史事实，必须明了当时社会的背景，事物的发生与发展，融汇贯通于胸中，取得事物的内在联系，对于每一事物提出自己的看法，写出文章来，才能够'言之有故，持之成理'。不然的话，但凭个人的意见，不顾客观的事实，随心所欲地找几条材料来作佐证和充实自己的意见，那就会对某一个事实见首而不见尾，光见事物的片面或表面，而不见事物的本质和根源，那就好像见人而不见物，光见树木而不见树林了"③。长期的积累，使其后来也成了一个藏书家。1981 年，谢国桢所藏明清以来野史笔记、志乘和汉魏碑刻拓本尽数捐献中国社会科学院历史研究所。

在研究中，北平图书馆学人亦常分享文献资料。1973 年，王重民委托于道泉寻找通晓藏文的人，以领受其在巴黎过录的敦煌

---

① 谢国桢：《增订晚明史籍考》，北京出版社 2014 年版，"自序"第15 页。

② 谢国桢：《自述》，载《文献》1981 年第 4 期。

③ 谢国桢：《明末清初的学风》，上海书店出版社 2006 年版，"自序"第 1 页。

文书，其中的大唐与吐蕃关系的史料，有待于整理和使用。于道泉带其弟子王尧领受了这批资料。①

当时有国家图书馆地位的国立北平图书馆，储存了丰富的文献资料，这是学人们开展研究的文献保障。如今日该馆四大镇馆之宝的敦煌遗书、《赵城金藏》、《永乐大典》和《四库全书》等，为学人们开展相关的研究提供了极大的便利条件。敦煌遗书之劫余被清政府划拨给京师图书馆。此后又经不断的收集，国立北平图书馆得以成为敦煌遗书的重要保藏机构。除此外，"平馆学人"中的王重民、向达还奉派到英、法二国拍摄敦煌遗书。国立北平图书馆的敦煌学者最先接触到这批照片，并以此为资料开展研究。时任写经组组长的孙楷第，就于1936年撰成《敦煌写本〈张议潮变文〉跋》，即获得一手资料促进研究的案例。这些资料的获取，再加良好学术环境的营造，为学人们成才提供了前提条件。这也是谭其骧后来在感恩中回忆"我没有为北平图书馆做多少事，北平图书馆却为我提供了最好的做学问的条件和环境"②的原因了。

第二节　联系紧密，互帮互助

作为一个学术群体，内部亦有互动，"平馆学人"群体内部

---

①　王尧编著：《平凡而伟大的学者——于道泉》，河北教育出版社2001年版，第382页。

②　谭其骧：《值得怀念的三年图书馆生活》，载《文献》1982年第4期。

亦有独特的联系。

一、群体高层领导有力

出身世家的袁同礼先生，富有传统文化赋予的士人进取精神，又留美汲取了西化的管理理念。作为该馆的核心人物，袁同礼有力地领导了整个图书馆事业的发展，很多事情都是得益于他的推动。我们可以看到很多的学人著作中的前言、后记中，都有"袁守和先生属"等字眼，如王重民的《绛云楼书目跋》中"十五年冬，余曾执役馆中，袁守和先生属与伍刻本相校，于十二月三十日草成跋文初稿一首，藏之箧中，三年于兹矣"①。没有袁同礼的强力推动，很多工作就可能不会完成。严文郁在所撰写的《提携后进的袁守和先生》一文对此多有揭示。以今日之眼光看待袁同礼先生，他更像一个总的设计师和督导的角色，为员工提供优厚的条件，但亦采用目标管理、过程管理等现代管理方法督促员工实现组织目标并完成自我实现。

除此之外，徐森玉先生在国立北平图书馆颇有"精神领袖"之意。徐森玉从京师图书馆时期即在该馆数进数退，担任要职。②他作为该馆的元老，被称为"森老"。他视馆事如己事，不但受馆长们倚重，也受青年馆员们的普遍拥戴。后人评价其为："交游很广，政府的达官，军界的要员，很认识不少。而且似持交友

---

① 王重民：《绛云楼书目跋》，载《国立北平图书馆月刊》1929 年第 5 期。

② 柳向春：《吴兴徐森玉先生年表》，载《西泠艺丛》2021 年第 3 期。

无类的原则，对君子固不拒，即青红帮首，江湖好汉，绿林俊杰，所谓游侠之徒，乃至鸡鸣狗盗之辈，也杯酒言欢。不过他身在文化学术界，任职于北京大学图书（馆）、京师图书馆、教育部及故宫博物院，所交自以学人居多，如梁启超、王国维、陈寅恪、陈垣、杨树达、胡适皆当时全国第一流学者也。又职在收购善本图书，与版本学者如缪荃孙、张元济、傅增湘、叶德辉更时相过从，谊在师友之间，如宝熙、李盛铎先生之师辈，如赵万里则为学生辈。又与大藏书家，如嘉业堂刘承干、铁琴铜剑楼瞿凤起及张葱玉、周叔弢、潘明训时通声气，又因在北京要跑琉璃厂，至上海要逛四马路，与诸书肆老板和伙计大都熟识，有的交情很不错，还尽义务替他们作鉴别工作。"① 如此的话，徐森玉先生可谓颇有《水浒传》中"及时雨宋江"之风范。他还积极参与各种研究团体，如 1921 年与河间韩德清（清净）、无为朱芾煌（子衷）、恩施饶凤璜（聘卿）、韩哲武等共同发起"法相研究会"。同年，参与鹤山易孺（1872—1941，大厂）所组的金石社团——冰社。每周一聚会，出示其所藏汉石经残字，与易孺、罗振玉、马衡、寿石工、丁佛言、梅兰芳等人切磋琢磨金石篆刻之学。1922 年，徐森玉又参加吴承仕倡立的"思误社"，每两周会集，专力校订古书，学社后更名"思辨"。1926 年，古物陈列所成立古物鉴定委员会，徐森玉为委员之一。1927 年，又参与申报组织研究佛教唯识法相的学术团体"三时学会"。诸如此类，参与社会团体与活动极多。当然这与北平作为文化中心是分不开

---

① 叶笑雪：《〈徐森玉年谱〉手稿》，中华书局 2015 年版，第 7~8 页。

的。在其指导下，青年一代如赵万里、刘节、谢国桢等均大有进步。

二、群体中层团结友爱

（一）来源广泛，交叉互融

在前面，我们已用了很多篇幅，论述"平馆学人"的来源。"平馆学人"均有交叉学科的背景。如馆长袁同礼，原毕业于北京大学，1920 年留学美国，在纽约州立图书馆专科学校学习图书馆学，获得美国哥伦比亚大学文学士和纽约州立图书馆专科学校图书学学士学位，中国传统文化与西方近代图书馆学二者兼具的教育背景，使袁同礼在中西图书馆交流与合作方面十分活跃。①

又以王庸为例，其"早年求学于南京高等师范学校柳诒徵、竺可桢门下，继而入清华国学研究院从王国维、梁启超、陈寅恪、李济等问学，后就职于国立北平图书馆、北京大学、浙江大学、西南联合大学、中国科学院地理研究所等机构。先生学术交游甚广，亦为中国现代重要学术流派——南高史地学派、学衡派以及禹贡学派的重要成员，还是中国地理学会、吴越史地学会、中国史学会等学术团体的成员"②。

其他职员，亦多有交叉学科的背景。一方面，图书馆作为一个职业，理应有图书馆学专业的人参与服务；另一方面，图书馆

---

① 苏健：《北平〈华北日报〉有关袁同礼的两则史料》，载《山东图书馆学刊》2016 年第 4 期。

② 摘自《王庸先生年谱简编》，见赵中亚选编《王庸文存》，江苏人民出版社 2014 年版，第 465~466 页。

中还设有多个部门，处理多种学科的书籍，这就需要其他学科人员的参与。如孙楷第于小说，刘节于金石，谭其骧于历史地理，等等，多个学科背景的人参与其中，为管理学中"美第奇效应"① 的产生创造了条件，人才济济的现象才能发生。

（二）喜交游

"平馆学人"多喜交游，一人之朋友，将成为众人之朋友。从工作时间上看，他们的生活还算比较从容、悠闲。1923 年，《京师图书馆暂行办事规则》"第十六条　职员办事定时"中对职员的工作时间也有规定："自一月一日起至三月三十一日止，每日上午十时起至午后五时止；自四月一日起至九月三十一日止，每日上午九时期至午后六时止；自十月一日起至十二月三十一日止，每日上午氏时起至午后五时止。职员休息日如左：岁首　自一月一日起至一月三日止；每星期一日；四节日；国庆纪念日；岁末　自十二月二十九日起至十二月三十一日止。"② 从这工作时间上看，还是较为合情合理的。尤其是冬日工作时间相对短，学人们可有余裕从事交流或学术交流活动。此后，国立北平图书馆也沿袭了此种工作安排。

1931 年 9 月，顾廷龙自燕京大学肄业，到国立北平图书馆阅书，在王庸的介绍下，结识谢国桢、向达、贺昌群、刘节、赵万里、胡文玉诸先生，相谈甚欢，从目录版本、金石文字、舆图水

---

① ［美］弗朗斯·约翰松著，刘尔铎、杨小庄译：《美第奇效应——创新灵感与交叉思维》，商务印书馆 2006 年版。

② 北京图书馆业务研究委员会编：《北京图书馆馆史资料汇编 (1909—1949)》，书目文献出版社 1992 年版，第 1004 页。

利诸多领域，皆获益良多。①

日常交流中，也多仿古人，颇多雅事。据牟润孙回忆："我们在北京与觉明、昌群、以中等人相聚时，互用字号上的上一个字称公。如向达称"觉公"、王庸称"以公"、赵万里字斐云称"斐公"，独吴晗之称不雅，所以改字辰伯。"② 吴晗原字伯辰，如按此规则称，则为"伯公"，会被人误认为占便宜，确有不雅。

其时，国立北平图书馆馆中诸人，交流与饮宴较多。如谢国桢《悔余诗存》有二诗记载当时馆中同人非正式交流情形。一诗为"平生耽书原成癖，瘤寐情怀俱依之。斐君笑我痴顽甚，如鱼饮水只自知"。其后谢国桢自注云："余读明清人诗文笔记稗乘之作，习其时代，知其人物之生平，因之对于明清以来之版刻，一望而知为某时某地所刻，因其书而可以论其世。一卷读来，悠然自得。赵斐云兄笑我痴顽过甚，然养成积习，如鱼饮水，冷暖自知，亦不易也。"③ 这里说的是其与赵万里交往之情形，可见同人之间互相欣赏，互相督促之风气甚重。此外谢国桢还记录了当时同人饮宴之诗，如："稷园小集日初凉，雅谑庄言兴味长。曾是越缦登临地，泰丰楼上话沧桑。"谢国桢也在其后添加自注："因斐云而忆及徐森玉先生。余在北京图书馆日，森老每偕斐云、觉

---

① 《回忆瓜蒂庵主谢国桢教授》，见顾廷龙《顾廷龙文集》，北京图书馆出版社、上海科学技术文献出版社 2002 年版，第 585 页。

② 摘自牟润孙《悼念吴晗》，见牟润孙《海遗丛稿（二编）》，中华书局 2009 年版，第 199~200 页。

③ 谢国桢：《谢国桢全集》第九册，北京出版社 2013 年版，第 690页。

明、以中诸兄及余游公园，遂饭于煤市街之泰丰楼，即李慈铭日记中所谓丰楼也。森老熟于板本掌故之学，而于清末民初五四运动以后所接触之人物尤盛，每与同仁，饭罢茶余，侃侃而谈，听之令人忘倦，惟惜墨如金，不肯笔之于书。"① 可见，徐森玉常携带青年学人游园饮宴，且擅长讲述掌故，但不愿笔之于书，因此只有在他身边的年轻的一代学人才有耳福。此类饮宴之事，《顾颉刚日记》中亦多有记录，兹不赘叙。

在刘节的日记中，常可见其与平馆旧友之联系。如 1939 年 1 月 1 日，"李照亭托带孙述万之药六瓶，亦存马君处转去矣"②。李耀南托其为同仁孙述万带药。后人称刘节在"北平图书馆的四年工作经历，不但进一步丰富了刘节在金石学及古史研究方面的知识，更使其认识到金石学、考古学的重要性，对于历代古器物、古文献的沿革有了更深的认识，与众多学者的交游往来也使得刘节往往能够随时了解学界的最新研究进展及研究指向"③。

1956 年，王庸逝世，赵万里、贺昌群、谭其骧为其撰小传。④

"平馆学人"中，刘节、贺昌群均会作诗，彼此诗词唱和，也增进了友谊。黄裳在《榆下怀人》中回忆贺昌群的书法也非常之好。

---

① 谢国桢：《谢国桢全集》第九册，北京出版社 2013 年版，第 690~691 页。

② 刘节著，刘显曾整理：《刘节日记（1939—1977）》上册，大象出版社 2009 年版，第 5 页。

③ 刘秀俊选编：《刘节文存》，江苏人民出版社 2014 年版，第 29 页。

④ 刘波：《赵万里先生年谱长编》，中华书局 2018 年版，第 360 页。

三、群体内部互相砥砺

（一）互相砥砺，共同进步

"平馆学人"之间多互相砥砺。孙楷第与王重民同毕业于北京师范大学，所学所好均相近。二人相约发起编辑《西苑丛书》。第一辑有孙楷第《刘子新论校释》一卷、王重民《列子校释》一卷；第二辑有王重民《庄子校释》、孙楷第《韩非子校释》。王重民曾作序，论述此丛书之缘起，现转录如下，亦可见学人间相互砥砺之情形：

> 王重民序曰：余与子书肄业于师范大学，子书受业傅沅叔先生之门，于校勘训诂之学，渊源有自。于时余亦稍涉清儒段戴二王之书，兼及图书簿录学，趣味既同，赏奇析疑，朝夕过从，会谈辄竟日不休。因谓经史诸书，经清儒爬抉，已少疑义，而百家之言，诸儒以余力为之，有待于考证者仍复不少。乃相约择个人之嗜，合力为之。子书任《韩非子》及《刘子新论》，余则专致力于道家诸子。每得一义，未尝不相告，意有不合，又未尝不及覆其议，冥追退讨，共忘其愚，而千虑一得，亦间有所获。已而子书最（撮）录《韩非》《刘子》，余亦撮《列子》各若干条，同布于《北平图书馆月刊》。每话往事，如在目前，而今则牵于人事，无复昔日之消间（闲）。覆检旧稿，不无敝帚自亨（享），辄收集残零，番而为帙，非云著述，聊以就正大雅，且亦雪泥鸿爪之意云尔。先是余寄寓北海庆霄楼，子书居居仁堂西四所，

拟取《庄子》北冥南冥之义名书；嗣余亦移居中海，以地在明时为西苑，遂以西苑命编云。十九年十一月十八日重民谨识缘起如此。①

二人还一同邀集众友创办《学文》杂志，前已述及，被时人称为"北学派"。

谢国桢在识别古籍善本之时，也是通过与赵万里互相砥砺，促进更深认识的。晚年他回忆："知友赵万里同志说：黄、顾熟于鉴别版本，有其真知灼见，经他们鉴定以后，就好比打了一张保票，使人深信不疑。起初我不甚相信，这次我看了苏州顾鹤逸的藏书，其中如宋本《骆宾王集》《唐摭言》等书，就是江都秦恩复石研斋和阳湖孙星衍京（平）津馆所刻精校诸书的底本。又如天一阁所藏顾千里批校《仪礼疏》，就是苏州江（汪）阆源校刊《影宋景德本仪礼疏》五十卷所作校勘识语的底本。"② 此时才愈信赵万里之言不虚。在赵万里逝世后，谢国桢特著文缅怀赵万里。③

向达的《唐代长安与西域文明》出版后，贺昌群为其撰写书评，曾指瑕："个人多其捃摭之功，而惜其少独发之功。"④ 议论

---

① 《学术消息：新书介绍：西苑丛书（孙楷第、王重民撰)》，载《学文》1931 年第 2 期。

② 谢国桢：《江浙访书记》，生活·读书·新知三联书店 1985 年版，第 15~16 页。

③ 谢国桢：《怀念版本学家赵万里先生》，载《文献》1982 年第 2 期。

④ 贺昌群：《［评］唐代长安与西域文明》，载《大公报》1934 年 3 月 17 日。

颇严格。

（二）关系错杂，业缘情深

"平馆学人"群体之间的关系也是在交流、合作和竞争中形成的业缘关系。

当时延揽的青年人才中，还有"八仙"之说。夏鼐日记1952年5月6日记录："向觉明（向达）君来谈，谓北大明日起上课，又谓王重民君在北京图书馆做自我检讨，回顾当年以厚俸聘请八仙（向达、王重民、刘节、贺昌群、王庸、赵万里、谢国桢，及顾颉刚或徐森玉），今日图书馆界仍为此辈所垄断，故罕进步云云。"① 此八人也建立了深厚的友谊。如北京大学图书馆的"北大文库"特藏中，收有向达先生遗存的王重民来函原件29通②，这些信件集中于1935—1943年间，可见他们联系极为紧密。

另"平馆学人"之间，部分还存在姻亲关系。如赵万里与李芳馥为连襟关系，因赵万里的夫人张劲先与李芳馥的夫人张智扬（字愚亭）为亲姊妹，赵万里奉李芳馥为姐丈。③ 前述其他人还有多种师生关系、叔侄关系等，这些关系加深了他们之间的交往与了解。

"平馆学人"之间互助合作，就一个课题可进行多项交流。

---

① 夏鼐：《夏鼐日记　卷四　1946—1952》，华东师范大学出版社2011年版，第481页。

② 孟昭晋：《读王重民致向达书信》，载《图书情报工作》2001年第4期。

③ 冯象：《其志甚壮，其言甚哀——纪念大舅斐云（赵万里）先生》，载《东方早报》2011年8月4日。

如顾子刚整理的《韩君墓发见略记　论匽钟出土处沿革书》① 中，《韩君墓发见略记》根据开封圣公会的 William Charles White（中文名：怀履光）主教搜集的洛阳城东邙山脚下金村发掘出的战国时代"韩君墓"资料，论述了韩君墓的地理位置，发掘过程并对各种出土器物详加记述、考证，附于冠英所绘"重绘韩君墓图"一幅。原资料由向达译成中文，顾子刚将其整理发表在《国立北平图书馆馆刊》第七卷第一号。在前言中，编者述其缘起为：

　　民国二十年及二十一年之间，刘子植（节）、吴子馨（其昌）、唐立庵（兰）诸先生既先后为文论匽氏编钟，揭之本刊；历史语言研究所徐仲舒（中舒）先生亦有《匽氏编钟图释》之作。诸篇于匽钟文字之诠释考证，辩论綦详，而于其出土情形，则无一言及之者，盖诸家于此俱茫然也。开封圣公会怀主教（Rt. Rev. Bishop William C. White）以居中州，于洛阳匽钟出土之"韩君墓"掘获情形，极为留心，亲验目识，博访周咨，所得重要材料甚夥。自见本刊所揭各文后，即致函同事顾子刚先生讨论此事，函牍往反（返），不厌周详。同时将自制之地图，"韩君墓图"及器物、车饰摄影见贻。刘子植先生并去书与之讨论。顾君以墓之内部构造奇异，发见诸器物中亦多有为前人所未睹过者，因商得怀主教同意，将来信略加编次成篇，作事实的序述，不加考证，由

————————
　　① 顾子刚：《韩君墓发见略记　论匽钟出土处沿革书》，国立北平图书馆 1933 年版。

编者译载本刊，供考古者之研讨。本文于墓之地位、构造各点较详，余皆极简略，因本刊日后拟发表一较详细的器物报告，年内当可与读者诸君相见。此次插图，不过为便研究各墓之时代而发表也。再者，怀主教本已着手写有极详细之报告书，材料丰富，一时不及出版，为便学者起见，慨允本刊将一部份重要材料提前发表。本刊对于怀主教之盛意，敬致谢意于此。又按本文所用地图及韩君墓图为于冠英先生所重绘，谨应致谢。

编者谨识①

顾子刚在文后有附记，内容为：

右文为余集怀主教来函所成，故辞气不接；因急于付印，未暇另作。原稿系英文，由向觉明先生在潼关途中译成寄平，但文中不尽不实之处，余当负责也。"韩君墓"前本拟名"匜墓"，后因与事实相去太远，而出土器物上"韩君"铭文两见，故改称为"韩君墓"。前怀主教来函云："韩君墓"已停掘。兹据向先生来函，则又有人在该地发掘，并为本馆购得一钟及别一钟残碎片。向先生归来后，当能补充文中不详之处也。顾子刚记。②

---

① 顾子刚：《韩君墓发见略记》，载《国立北平图书馆馆刊》1933 年第 1 期。

② 顾子刚：《韩君墓发见略记》，载《国立北平图书馆馆刊》1933 年第 1 期。

从中亦可以看出"平馆学人"亦关注考古之事，紧跟学术热点问题，顾子刚、向达及时在馆刊上刊布相关的信息，引起学界的关注，刘节又专门撰文参与研究。当时该墓的发现，是一件学术大事。当然也由于国力的衰弱，很多出土文物最后被贩卖去了国外，这又是一段伤心史了。怀履光后出版有《洛阳故城古墓考》介绍该墓出土情况。

《论𫷷钟出土处沿革书》根据墓中出土文物，考证出韩君墓葬群应为战国时代墓葬。书前有各种出土文物照片 16 幅，铭文拓片 7 幅。文后附刘节《答怀主教书——论𫷷氏钟出土处沿革》①一文。

一直到 1949 年后，"平馆学人"之间联系还很紧密。王重民先生在 1956 年由商务印书馆再版《敦煌曲子词集》的"叙例"中说："第一版出版时得到周一良、孙楷第、赵万里、阴法鲁、万斯年、曾毅公、杨殿珣七位同志的校正；现在二版，又获得刘盼遂、启功、孙贯文三同志的校本。"其中，孙楷第、赵万里、万斯年、杨殿珣都为"平馆学人"，可见他们还在砥砺学问，互相帮助。

如王庸到浙江大学任职后，又推荐贺昌群、刘节到该校任职。去云南大学任教后，他又推荐谢国桢到高校任教。反过来，贺昌群任职南京图书馆馆长后，也邀请王庸到馆任舆图部主任。夏鼐曾在日记中提到王庸的两个得意门生，一为吴晗，一为谭

---

① 刘节：《答怀主教书——论𫷷氏钟出土处沿革》，载《国立北平图书馆馆刊》1933 年第 1 期。

其骧。①

四、个人苦干

"平馆学人"之所以能取得如此大的学术成就，亦与他们的苦干精神是密不可分的。在郑振铎致赵万里的信函中，郑振铎多次劝赵万里节劳，从中可见一斑。

1947 年，赵万里因过劳罹患肺疾。6 月 26 日，郑振铎致赵万里函中提及："兄过于忙碌，致有病征发现，此后，还以静养为要。编辑方面的事，能辞去若干，还以辞去为宜。盖看稿最伤身体也……此疾最怕劳碌，只要静养，多吃补品，便无问题。我兄不宜疏忽，最好还以多看医生，并住到城外去为妥。千万，千万，万不可自持体强，力疾从公也。教书为第一劳苦事，其次是看稿、写稿，皆宜切戒之。人生以身体健壮为第一。我兄必须注意及之。盼甚，盼甚！请听好友之劝，不可多劳吧！！"②

又郑振铎 1947 年 7 月 9 日函亦提及："兄能加意保养，辞去教课及编辑，则体力必可增进，牛奶、牛肉、番茄之类，应多吃。最好，下午不到图书馆，多午睡，则恢复必能更快。"③

又郑振铎 1947 年 11 月 8 日函再提及："闻兄兼北大、辅大教职，何必自苦如此呢？所入不多，而对于自己的身体，则大有影

---

① 夏鼐：《夏鼐日记 卷九 1981—1985》，华东师范大学出版社 2011 年版，第 408 页。

② 刘波：《赵万里先生年谱长编》，中华书局 2018 年版，第 264 页。

③ 刘波：《赵万里先生年谱长编》，中华书局 2018 年版，第 267 页。

响……第一要紧是身体。请常常到医师处检查。若果有病，则必须休息。教书为劳苦之事，不比坐图书馆之安舒。故弟甚不愿兄为此劳苦之事也。此是肺腑之言，乞恕愚直！"①

尽管如此，赵万里一生亦是劳苦，加其天资，终成一代大家。其他"平馆学人"亦复如是。如王重民、顾子刚等人亦常年病弱，盖因过劳所致。

五、丰富的人生经历

由于"平馆学人"经历了抗日战争等动乱的社会背景，所以他们的职位也屡次变动，形成了丰富的人生经历。以王庸来说，在离开国立北平图书馆、浙江大学之后，职务变换也非常频繁。试看：

1939年10月10日后，王庸"现任国立师范学院史学教授，通讯处湖南安化蓝田"②。

1940年9月，王庸与向达同任西南联合大学历史系教授，隶属于北京大学。但记载的是"原任国立师范学院教授，现改任国立云南大学教授"③。

1941年下半年，因父病故，王庸返沪在暨南大学任教，并应费巩之邀，在复旦大学兼课。"近由昆明返沪，通讯处：上海槟榔路金城里三十一号沈卓甫先生转。"④

---

① 刘波：《赵万里先生年谱长编》，中华书局2018年版，第275页。
② 载《中华图书馆协会会报》1940年第5期。
③ 载《中华图书馆协会会报》1941年第3、4合期。
④ 载《中华图书馆协会会报》1941年第1、2合期。

1942 年，日本侵入上海租界，王庸回苏州乡下赋闲半年，又在无锡梅村吴风中学任教。

1944 年，应叶恭绰之约，在沈文倬协助下，在上海合众图书馆整理《全五代文》。

1945 年，"上海区清点接收文物委员会"成立，叶恭绰任会长，徐森玉实际负责。王庸同郑振铎等人，一起整理清点堆藏在法宝馆等处的大量图书。

1946 年，王庸与王伯祥同编《文汇报》中"史地""图书"副刊。

1947 年 3 月 1 日，王庸与郑振铎编辑的《中央图书馆馆刊》复刊第 1 号出版。

1947 年 8—9 月间，因支持学生运动，并向学校讨薪，王庸被暨南大学解职。①

1947 年 10 月 12 日，钱穆推荐王庸任江南大学教授兼图书馆主任。1947 年介绍谢国桢至云南大学讲学。

1948 年秋，离开江南大学到无锡国学专门学校任教，并在一高中兼课。

1950 年春，应贺昌群之邀，王庸到南京图书馆任特藏部主任。

1951 年春，南京图书馆馆长贺昌群因公赴首都，由王庸代行馆务。②

---

①　谢国桢：《记清华四同学》，见夏晓虹、吴令华编《清华同学与学术薪传》，生活·读书·新知三联书店 2009 年版，第 5 页。

②　胡道静：《历史上的以上海为研究对象的学术团体》，载《档案与历史》1989 年第 1 期。

1953 年，王庸调往北京图书馆任舆图部主任，兼任中国科学院地理研究所研究员。当是郑振铎、竺可桢促成之力。

1956 年 3 月 14 日，王庸因心脏病逝世。

有如此丰富的人生经历，大部分"平馆学人"在逆境中都能乐观面对。1956 年，王庸逝世后，由夫人殷绥贞将其手稿捐给北京图书馆，计有《中国地图史纲》毛笔书原稿 100 页；《水经注》札记 282 页；读史札记 11 页，毛笔书原稿；《图书分类上错误与紊乱的原因及其改善的初步意见》1 册，复写本修改稿。另有郑振铎夫人高君箴赠《中国历史参考图谱》王庸题，1 页；商务印书馆赠《中国地理图籍丛考》甲编 141 页，毛笔书原稿，由他人代抄。①

"平馆学人"即使离馆赴他处工作后，该馆有需要时，仍会配合完成馆内的工作。1946 年 1 月 27 日，袁同礼致函上海办事处的钱存训，为访内阁大库旧藏舆图下落，请徐森玉、王庸帮忙。"此事将来仍须请森玉先生代为调查，或请王以中（王庸）赴南京之便，代为查询，请分别接洽。"②后来钱存训、顾斗南即按王庸所编之舆图目录清理南京封存

---

① 《王庸先生年谱简编》，见赵中亚选编《王庸文存》，江苏人民出版社 2014 年版，第 531 页。

② 袁咏秋、曾季光主编：《中国历代国家藏书机构及名家藏读叙传选》，北京大学出版社 1997 年版，第 147 页。

的舆图。① 而即使离馆后，再欲返馆工作，也得到支持。如1946年新聘定的人员当中："已发表者有秘书主任兼总务主任吴光清（芝加哥大学图书馆学博士，不久返国），西文秘书顾子刚，采访主任李芳馥，编目主任曾宪三，善本主任赵万里，特藏主任于道泉，舆图主任王访渔，研究主任王重民，阅览主任莫余敏卿，日本研究室顾问张凤举，苏联研究室顾问噶邦福（俄国驻平学者），编纂委员会委员向达、陈梦家、周一良、孙楷第、季羡林、陈寅恪等。"② 其中吴光清、于道泉已分别赴美国、欧洲游学、工作多年，但只要机会适宜，仍会返聘他们到馆任职。惜乎或因为局势变化，吴光清未再返国任职，于道泉也于1949年后到北京大学任职，但还兼任北京图书馆的研究馆员。可见人虽离馆，但对该馆的感情依然很深。

第三节　爱馆爱国，勇于担当

灾难深重的20世纪上半叶，动荡时间长，和平时间短。自京师图书馆成立后，经费支绌，人事更迭。好不容易经两馆合组，成立新馆，经费稍有富足，很快又面临外敌入侵，不免终日惶惶。其间，华北事变又起，为保护古籍，开始善本南迁的工

---

① 北京图书馆业务研究委员会编：《北京图书馆馆史资料汇编（1909-1949）》，书目文献出版社1992年版，第847页。

② 《北平图书馆增设研究室　聘定学者多人分任会务》，载《大公报》1946年11月27日。

作。又过了几年，七七事变爆发，不得不避敌南迁西进。尽管如此，抗日战争期间，国立北平图书馆涌现了很多可歌可泣的故事。张立朝、林世田曾在李致忠总结的"国图精神"上进一步提炼"国图精神"，他们认为：与国家、民族同呼吸共命运的爱国精神是"国图精神"的核心，"国图精神"包括：不遗余力的采访精神，恪尽职守的守护精神，甘为人梯的奉献精神，爱岗敬业的道德精神，精诚团结、众志成城的协作精神。① 确如其说，在充满战火硝烟的时代，"平馆学人"展示了独立自强的爱国主义精神。

一、走与留之间的艰难抉择

自北平沦陷后，国立北平图书馆因其国立机关之地位，无法在敌占区独善其身。1937 年 8 月，袁同礼"愤日寇之暴行，不甘为敌傀儡"，"奉命离平"，并于 1937 年 9 月与长沙临时大学合作，筹设图书馆，并拟定合作办法。② 而先期到达长沙的职员有莫余敏卿、范腾端、贺恩慈、高棣华③等数人。到 12 月初，孙述万、邓衍林、颜泽霭、徐家璧也到长沙报到。④ 而"平馆"这

---

① 张立朝、林世田：《文明的守望者——记抗战中的国图精神》，见国家图书馆编《国图与抗战——纪念中国人民抗日战争暨世界反法西斯战争胜利 70 周年国家图书馆员工文集》，国家图书馆出版社 2016 年版，第 3~9 页。

② 《国立北平圕最近消息》，载《中华图书馆协会会报》1938 年第 1 期。

③ 毕业于清华大学外文系，吴宓的学生。

④ 徐家璧：《袁同礼先生在抗战期间之贡献》，见朱传誉编《袁同礼传记资料》，天一出版社 1979 年版，第 40~41 页。

边，"各部分重要职员相率离职，未完之编目及其他整理事务，皆无法继续"。为此，"中基会"执委会要求"在湘馆员除袁副馆长外，早日返平服务"①。而在 1938 年 2 月 4 日，袁同礼致函蔡元培的信中，说明了其无法返回北平管理"平馆"的理由。②

时日军派桥川时雄为该馆顾问，各方态度不一。"中基会"司徒雷登从己之立场，认为日军不会损害国立北平图书馆之利益，要求赴湘人员 20 余人回北平服务。但从袁同礼所代表的馆方看，鉴于该馆为国立之性质，且是第一家国立图书馆，拥有丰富的馆藏，有被日寇掠夺之风险。除非放弃自己的爱国立场，而这一点，在袁同礼这一方是万万不能接受的。因此，袁同礼拒绝了让馆中同仁返回北平的要求，仍坚持与临时大学合作，共同迁往西部，这是袁同礼在时事环境发生大变之下的基本立场。

经袁同礼等人的积极争取，1938 年 3 月 4 日，"中基会"第 123 次执委会决议，为顾念云南临时大学对图书馆人才及科学刊物之需要，同意国立北平图书馆在湘职员继续在云南昆明临时大学服务至 1938 年 6 月底为止，此项职员薪金以每月国币 2500 元为限，但如职员有在上述期限内离职者，薪金总数应照额扣减，同时规定，该馆在临时大学服务之职员，自昆明或长沙返回北平

---

① 北京图书馆业务研究会编：《北京图书馆馆史资料汇编（1909—1949）》，书目文献出版社 1992 年版，第 565 页。

② 《抗日战争时期蔡元培袁同礼来往信札（手迹）》，载《图书馆学通讯》1985 年第 3 期。

复职者，每人得支领旅费国币 200 元。① 这是袁同礼等人向"中基会"方面努力争取的结果。

二、"平馆学人"之南迁西进

全面抗战爆发后，"平馆学人"与其他机构的职员一样，先是南迁，后改西进，完成了一次史诗般的大迁移。邓衍林是其中一员，现拟从邓衍林的个人迁徙角度出发，管中窥豹，对这一过程予以考察。

（一）坚决南下

1937 年 12 月，邓衍林等 4 人奉副馆长袁同礼之命赶至长沙，后又转至香港。② 1938 年 1 月 5 日，邓衍林致函袁同礼，报告北平图书馆香港办事处工作情况以及与香港大学冯平山图书馆合作事宜。③ 在此函中，"孙君"为孙述万，高冲天（Henry C. T. Gow）未能查到其信息，应是美国驻中国大使馆一官员。"吴主任"未知其人。"王主任"或指王庸，"蒋校长"应指北大校长蒋梦麟，"徐主任"指徐森玉，"高小姐"应指高棣华。在上一函及此函中，邓衍林明确表示了"不愿回平"的意愿。在新的形势下，为确保工作的顺利开展，南下学人积极寻求与香港大学冯平山图书

---

① 北京图书馆业务研究会编：《北京图书馆馆史资料汇编（1909—1949）》，书目文献出版社 1992 年版，第 547~548 页。

② 徐家璧：《袁同礼先生在康扎期间之贡献》，载《传记文学》1966 年第 2 期。

③ 北京图书馆业务研究会编：《北京图书馆馆史资料汇编（1909—1949）》，书目文献出版社 1992 年版，第 470~472 页。

馆进行合作。在乱离之中，同仁们随身携带了工作的多张稿片，以避免多年的工作心血付之劫灰。然而如何确保这些稿片之安全，也是个棘手的问题，邓衍林做了种种方案。邓衍林还对同仁所开展的调查工作作了汇报，并建议邮寄一份该馆的工作概况及印刷卡片给英国图书馆协会，以促进中英图书馆事业的交流。因"中基会"对该馆影响极大，信函之末，邓衍林表示了对该委员会决议之关切。

（二）另有任务

1938 年 1 月 18 日，"中基会"执委会否决袁同礼南下主张，认为南下馆员"盲动""无事可做""乘此大皆裁汰"，欲遣散南下馆员，引发"1938 年初平馆南迁风波"。1 月 24 日，孙述万、徐家璧、邓衍林、颜泽霈 4 人致函"中基会"秘书长孙洪芬，报告来港工作情况。此信中的"林伯遵①"为"中基会"秘书，"吴砚农②"也为"中基会"委员，"颜某"是指颜泽霈。该函邓衍林等人表示已在平馆工作多年，并以终身奉献图书馆事业为志愿。但至七七事变后，形势发生变化，在向"中基会"等人征询意见后，认为当时情况尚可，故还坚持了一段时间。1937 年 12 月 4 日，日军派桥川时雄为该馆顾问，此时已势难再容，为此邓衍林等人应早经南下的袁同礼馆长之召，参与到"搜集近代科学及工程参考书报"的工作中，这也是无奈之下的应变之举。然南下终究匆忙，南

---

① 林伯遵（1903—1966），四川富顺人，1925 年清华学校毕业，1931 年获美国芝加哥大学数学硕士学位，其时任"中基会"秘书。

② 吴砚农（1911—1987），天津人，时亦为"中基会"委员。

下的同仁家小都未能妥善安顿。为此，邓衍林等人向孙洪芬请求，将孙、徐、邓三家月薪各六十元留给北平的亲属，获得了孙洪芬等人的支持。①

1月27日，徐森玉在香港致函袁同礼，告知此前在上海"中基会"执委会开会结果：（1）将长沙办事处结束；（2）请袁同礼回北平主持馆务，倘若不便，暂由司徒雷登代理，专事对外；（3）平馆经费照常付给；（4）长沙之馆员一律回北平复职。② 徐森玉同时请袁同礼将其薪水赐下，此时他已囊中如洗了。

1月30日，在香港的邓衍林得知徐森玉带来的"中基会"执委会开会结果后，致函袁同礼，力陈图书馆南方工作的重要意义，言辞激切。③ 此函是在邓衍林等人知悉"中基会"决议与司徒雷登意见后，邓衍林出于激愤，分析馆中形势，并力证南下同仁并非"无事可做""盲动"，而是仍然按照"平馆"历来政策在新形势下的应变之举。南下之时，邓衍林等人亦曾参考多方意见，绝非个人亡命之举。"中基会"对南下同仁种种之误解，颇令南下同仁寒心。邓衍林只能挺身而出，为南下同仁之工作进行辩护，并力争南下同仁之权益。在新的形势下，南下工作意义重

① 北京图书馆业务研究会：《北京图书馆馆史资料汇编（1909—1949）》，书目文献出版社1992年版，第541页。

② 徐森玉：《汉石经斋文存（下）》，海豚出版社2010年版，第212页。

③ 北京图书馆业务研究委员会编：《北京图书馆馆史资料汇编（1909—1949）》，书目文献出版社1992年版，第498~503页。

大。邓衍林论证了南下工作的必要性，并希望袁同礼能顾念南下同仁的利益，积极向"中基会"争取。邓衍林表示了坚决拥护馆长袁同礼之决心，并请袁同礼尽快应对处理。此函是目前能见到的唯一一封邓衍林以个人名义写给袁同礼的信函，其他多为集体所为，可见邓衍林在此种形势下遭受到误解后的紧张与无奈。

（三）力争权益

1938 年 2 月 3 日，孙述万、邓衍林、徐家璧、颜泽霖、余霭钰继续致函袁同礼，力陈下一步维持之办法。①

此函是在得知"中基会"同意继续维持"平馆"，但仍主张撤销长沙、香港办事处后，邓衍林等人表示"决不愿回平忍辱苟安"，并提出如果允许迁滇，希望保留香港办事处，并列举保留香港办事处的三个理由；如不允许迁滇，则应按最低限度之维持办法进行，即使要遣散南下同仁，亦应做好相应的善后工作。可以看到，争取权益的南下同仁，均是毕业于文华图书馆学专科学校的人。在危难之中，曾有着共同学历背景的人自然地抱团在一起，以求共同进退。在他们共同的诉求下，袁同礼积极为南下同仁争取权益，后保留了香港办事处，长沙办事处亦顺利西迁至云南。

（四）中流砥柱

1938 年 2 月 8 日，袁同礼致函徐新六等三董事，陈述其对

---

① 北京图书馆业务研究资料委员会编：《北京图书馆馆史资料汇编（1909—1949）》，书目文献出版社 1992 年版，第 506~507 页。

"中基会"执委会的意见。① 函中的"新六、植之、叔初"指徐新六②、施肇基③、金绍基④先生。袁同礼为寻得"中基会"方面的支持，因此给这些"董事前辈"致信，陈述实情。他还曾将议决各案，转送蒋梦麟、傅斯年，并转呈孙洪芬。袁同礼铭记自己"为教育部任命之人，对于国家立场不能不坚守"。一方面是"维持馆产"，另一方面是"在西南积极从事复兴事业"。留北平职员有 94 人，以足够维持馆产；南下职员富于国家思想，勇于任事，不应裁汰。经多方努力，1938 年 3 月，国立北平图书馆长沙办事处撤销，但香港办事处留下孙述万，以办理相关事宜，其他人员迁滇。3 月 11 日，国立北平图书馆制定了《国立北平图书馆昆明办事处工作大纲（廿七年度至廿八年度）》，该大纲明确表示：采访方面，要征购西南文献和传拓云南石刻，等等；编目及索引事项方面，将由邓衍林编辑西南边疆图籍录和云南书目，袁同礼、万斯年编辑云南研究参考资料，等等。⑤

---

① 北京图书馆业务研究资料委员会编：《北京图书馆馆史资料汇编（1909—1949）》，书目文献出版社 1992 年版，第 525~526 页。

② 徐兴六（1890—1938），浙江杭州人，银行家。1938 年 8 月 24 日，代表中国赴美国商谈借款事宜，所乘飞机被日机击落，不幸罹难。其培植人才的观点，对袁同礼影响较大。

③ 施肇基（1877—1958），字植之，浙江钱塘（今杭州市）人。时为国际救济会宣传组主任，积极抗日。

④ 金绍基（1886—1949），字叔初，浙江吴兴（今湖州市吴兴区）人。曾任北平美术学院副院长、北平博物学协会会长。

⑤ 北京图书馆业务研究资料委员会编：《北京图书馆馆史资料汇编（1909—1949）》，书目文献出版社 1992 年版，第 550~553 页。

　　1938 年 8 月，邓衍林被派至昆明，协助西南联合大学图书馆参考组工作兼征求外国图书，同时在国立北平图书馆昆明办事处编辑西南边疆图籍录和云南书目等。① 此外，他还承担中日战争史料征辑会中文组中文资料整理工作。② 国立北平图书馆也与西南联合大学合作，馆员 19 人，其中北大 5 人，清华 4 人，南开 1 人，北平图书馆 8 人，联合大学 1 人。③ 由于邓衍林在南下风波中表现较为急切，不知是否影响了他在"平馆"的继续任职。1939 年，其到西南联合大学师范学院第二部教育学系攻读研究生学位，其后又创办天祥中学，离开了国立北平图书馆。直至 1956 年底自美返国后，在北京大学图书馆学系任职，但仍与国立北平图书馆之后身北京图书馆多有业务上的往来。无论是"平馆"，还是"平馆"学人，均开辟了工作的新局面。

（五）患难与共

　　抗日战争期间，国立北平图书馆与长沙临时大学、西南联大

---

　　① 　关于邓衍林在云南工作与生活的情形，限于资料，多不可考。目前仅见刘节（1901—1977）先生曾在其日记中，描述他在云南与陈寅恪、徐森玉、邓衍林等人餐叙之旧事。1939 年 1 月 13 日，"……中饭，寅恪师、森玉丈同邀至金碧路一西餐社午饭，森玉丈破费五元之多。承丈厚情，邀至寓所同住，省费不少，尤可感也！下午在丈所遇徐旭生（炳昶）先生及范九峰、邓衍林、万斯年诸旧友。晚间森玉丈又邀旭生先生及范、邓诸君同饮于小有天酒店，畅叙旧情，至足乐也。"见刘节著，刘显曾整理《刘节日记（1939—1977）》上册，大象出版社 2009 年版，第 11~12 页。

　　② 　赵其康：《北京图书馆变迁纪略》，见北京市政协文史资料委员会选编《文苑撷英》，北京出版社 2000 年版，第 87 页。

　　③ 　《长沙临时大学圕随校迁往昆明》，载《中华图书馆协会会报》1938 年第 1 期。

图书馆均开展了合作。① 还合作成立了中日战争史料征辑会，为收集抗战史料作出了极大的贡献。②

图书馆学人的爱国情怀还是主要表现在做好本职工作上。为了征文访献，不惜多方营求。袁同礼曾致信周恩来，征求抗战文献。在周怡（八路军驻渝办事处主任）1939 年 3 月 16 日致袁同礼的信中可说明此事。③ 1939 年 7 月 17 日，第十八集团军重庆办事处致函袁同礼，交寄"周副部长交下书籍数十本"，"今后尚有书继续寄上"④。由此说明，得到了周恩来的大力支持。

整个抗日战争期间，艰苦异常。笔者在查阅该馆此一时期的档案时，看到最多的字眼可能就是"请款"，可以想象出那种经费支绌的艰难。1941 年袁同礼奉命出国，又遇敌机轰炸昆明，因此调原任乡政学院图书馆馆长胡英⑤先生回馆服务，负保管、整理、采访、索引及乡处行政之责，并兼图书馆协会及博物馆协会

---

① 齐午月：《国立北平图书馆与长沙临大、西南联大图书馆合作关系之探究》，见国家图书馆编《国图与抗战——纪念中国人民抗日战争暨世界反法西斯战争胜利 70 周年国家图书馆员工文集》，国家图书馆出版社 2016 年版，第 10～17 页。

② 马学良：《中日战争史料征辑会成立始末述略》，见国家图书馆编《国图与抗战——纪念中国人民抗日战争暨世界反法西斯战争胜利 70 周年国家图书馆员工文集》，国家图书馆出版社 2016 年版，第 18～26 页。

③ 北京图书馆业务研究委员会编：《北京图书馆馆史资料汇编（1909—1949）》，书目文献出版社 1992 年版，第 679～680 页。

④ 北京图书馆业务研究委员会编：《北京图书馆馆史资料汇编（1909—1949）》，书目文献出版社 1992 年版，第 692 页。

⑤ 1932 年胡英与金裕州就辑有《国立北平图书馆现藏中国官书目录》第 2 辑。

事务……胡英原在馆服务多年，卓著劬劳。①　于危难之时回馆任职，可谓奉献精神极大。

（六）自强图存

当图书馆员遇到战争，该如何作为呢？邓衍林《图书馆员与国防总动员》一文给了我们答案。邓衍林认为"自九一八事变以来，举国一致地感受国际武力侵略的可怖，而力求民族'自立''自强'是求'自存'的唯一途径"。身为图书馆员，该如何投身到这场抗日战争呢？答案是"我们认为图书馆员与国防总动员的关系，除了投笔从戎去流血，和消极的组织战地圕外，主要的工作是要总动员的搜集关于国家建设和国防资源之研究资料，随时准备一般学者研究便利之用，成为战时国防研究参考的中心工作，这是我们最大的使命"②。只有做好了自己的本职工作，积极参与到抗日战争的战线中来，即"我们图书馆员能够替科学家节省一分钟时间和精神，很便利地供给他们所需要研究参考资料，使他们的研究能够早一分钟成功，也许我们的前线可以少死伤一万人！"这是图书馆员对抗日战争的支持！邓衍林后来与江西同乡会创办天祥中学，即用文天祥的爱国精神鼓舞国人。

1940 年，邓衍林毕业。在《欢送一九四〇级会员毕业纪念

---

①　《国立北平图书馆由昆迁乡工作》，载《中华图书馆协会会报》1941年第 3、4 合期。

②　竹筼（邓衍林）：《图书馆员与国防总动员》，载《中华图书馆协会会报》1937 年第 5 期。

册》中，邓衍林的毕业题词是"居天下之广居，立天下之正位，行天下之大道。得志，与民由之；不得志，独行其道。——孟子"。其在《毕业会员录暨论文题目》中留下的信息是："邓衍林　江西吉安　昆明柿花巷22号国立北平圕转""邓衍林　京师同文馆考"。尽管在战争中，"平馆学人"仍弦歌不辍，坚持求学，体现了坚忍不拔的精神。

二、坚韧留守

如果选择"南迁西进"，就意味着"平馆学人"不得不面临家庭离散、颠沛流离的命运，那么在日军统治的阴霾下，"平馆学人"的留守问题也是一个同样让人痛心疾首的难题。

（一）临危受命

七七事变后，日军占领北平。1937年12月4日，伪北京地方维持会任命日本人桥川时雄①为北京图书馆顾问②。而在此之前，袁同礼南下，在长沙组建临时大学图书馆。"平馆"一时无主，为此，"中基会"任命王访渔、张允亮、顾子刚组成行政委员会负责馆务。1938年2月3日，该行政委员会组织第一次会议，议决：共同答复"中基会"函稿；每周六举行常会一次，临时会议随时召集；银行签字及汇款单签字推王访渔负责；对"中基会"报告及对外稿件由三人共同签字；下午四时召集组长会

---

① 桥川时雄（1894—1982），日本人，自幼学习汉文化。1928年为东方文化事业总委员会的工作人员。

② 李致忠主编：《中国国家图书馆馆史（1909—2009）》，国家图书馆出版社2009年版，第114页。

议，告知"中基会"建议案，并请同人努力工作。① 1938 年 2 月 4 日，王访渔等人致函"中基会"，临危受命。②

袁同礼得悉后，请王访渔、张允亮、顾子刚鼎力维持馆务，并要求：该馆同仁均须在北平维持馆务，同时积极开展工作，吸引读者到馆阅览，并对员工的福利储备金发放作出安排。③ 该年的 3 月 11 日，袁同礼又致函 3 人，告知谢国桢君未得袁同礼之同意，擅自返平，请自 3 月 1 日起停薪，又编目组主任请张允亮担任，同时请李钟履担任西文编目组组长。此后又分别于 3 月 15 日、24 日多次致函给 3 人，指导馆务。如告诫"如同人每月领薪无所事事，既对不起维持之苦心，亦于各人良心亦不安也（闻吴文海每在办公室中午睡，请劝告是荷）"④ 等，3 月 31 日函中通报有关账目，并就撙节经费方面予以指示。该馆财务管理者为宋琳（紫佩）。

在收到袁同礼 3 月 11 日、15 日、24 日函后，王访渔、张允亮、顾子刚于 4 月 13 日复函，一一回复，大体按袁同礼之指示进行。⑤

---

① 北京图书馆业务研究资料委员会编：《北京图书馆馆史资料汇编（1909—1949）》，书目文献出版社 1992 年版，第 622 页。
② 北京图书馆业务研究资料委员会编：《北京图书馆馆史资料汇编（1909—1949）》，书目文献出版社 1992 年版，第 511~512 页。
③ 北京图书馆业务研究资料委员会编：《北京图书馆馆史资料汇编（1909—1949）》，书目文献出版社 1992 年版，第 528~529 页。
④ 北京图书馆业务研究资料委员会编：《北京图书馆馆史资料汇编（1909—1949）》，书目文献出版社 1992 年版，第 560 页。
⑤ 北京图书馆业务研究资料委员会编：《北京图书馆馆史资料汇编（1909—1949）》，书目文献出版社 1992 年版，第 579~583 页。

4月28日，袁同礼致函在平员工，继续勉励职员努力奋进。① 由于袁同礼带领部分馆员经湘、港再至滇，与留平人员自成两部。此时人心惶惶，同人对未来命运的不可知不免担忧。袁同礼只得勉励众人"放大眼光，忠诚服务"，并表示现在只是分工各异，"港、滇同人从事复兴工作"，在平馆员宜继续"为国家保存重要文献"，只有"共同努力，俾能完成使命"。殷殷之意，溢于言表。

4月29日，袁同礼继续向王访渔等三人指示馆务，包括经费分配等事，其他尚有：在福利储备金发放上宜公允；袁涌进等七人之薪水（每月四百九十元外加福利储金）应由本馆担任；严格管理职员请假；茅乃文现任编审应停薪，俟解除编审职务再行恢复原薪；赵录绰行为不检，拟请准其自动辞职；欠大东之款拟从《宋会要》专款支付；墓志目录编竣，拟从《宋会要》余款付印，等等。②

5月4日，袁同礼继续指示馆务如下：如赵（录绰）能改过，则恢复馆务；茅乃文因任伪职遭不满，宜留职停薪；并告诫"图小利者往往进退失据，偶一失足则不易得各方之谅解"；指示寄来之报告颇多空洞之词，拟请各组组长对各组报告之准确积极负责等。③ 同日，袁同礼致函赵录绰，告知其对赵本人之事处理之

①　北京图书馆业务研究资料委员会编：《北京图书馆馆史资料汇编（1909—1949）》，书目文献出版社1992年版，第584~586页。

②　北京图书馆业务研究资料委员会编：《北京图书馆馆史资料汇编（1909—1949）》，书目文献出版社1992年版，第587~591页。

③　北京图书馆业务研究资料委员会编：《北京图书馆馆史资料汇编（1909—1949）》，书目文献出版社1992年版，第592~593页。

由，由此可见在抗战之时，袁同礼对员工行为之检束。① 因未曾见到赵录绰回信，对其之态度笔者未能妄揣。在辞退之时，奉上多2个月薪俸，亦算厚道。

5月9日，袁同礼致函李耀南、钱存训，请李耀南协助科学社编中文书目，钱存训协助该社编西文书目。②

5月13日，袁同礼致函王访渔、宋紫佩（宋琳），称已收到1936年经费收支对照表，并请速寄1935年度计算书。③

此后还有多函，往复信函，商讨馆务事宜。1938年2月至12月，在平行政委员会组织了第1至34次会议，讨论馆务之处理。④ 从这些议决案中，可从人事变迁一角度看平馆职员之进退。在这一年中，为维持馆务，使整个图书馆得以运转，行政委员会做了较多的人事安排和努力。有馆员辞职离馆，有馆员长期请病假，更多的是为了保证图书馆的运转，馆员们被随时抽调到别的部门，以完成整体工作。最后张允亮先生因劳致疾，不得不辞去本兼各职。其后，行政委员会由王访渔、顾子刚维持。

1940年米价奇昂，袁同礼于3月23日指示行政委员会增拨

---

① 北京图书馆业务研究资料委员会编：《北京图书馆馆史资料汇编（1909—1949）》，书目文献出版社1992年版，第594~595页。

② 北京图书馆业务研究资料委员会编：《北京图书馆馆史资料汇编（1909—1949）》，书目文献出版社1992年版，第596页。

③ 北京图书馆业务研究资料委员会编：《北京图书馆馆史资料汇编（1909—1949）》，书目文献出版社1992年版，第599~600页。

④ 北京图书馆业务研究资料委员会编：《北京图书馆馆史资料汇编（1909—1949）》，书目文献出版社1992年版，第622~641页。

之津贴，"应平均分配，以示大公，而不能以薪金多寡按照比例分配""在此困难时期，薪水较高者自应略予牺牲，兹就额外之款分配于低级职员"①。平馆学人坚持患难与共的精神，得以最终度过这段艰难的岁月。

司徒雷登先生负指导馆务之责，其在回复该行政委员会的信函中提了较多的要求②，并于 1938 年 6 月 23 日致函行政委员会阻止伪"新民会"再取杂志③，其后王访渔等人致函袁同礼，报告平馆维持之情形。

（二）伪北京图书馆治下的困境

1. 伪北京图书馆之馆务

1941 年 11 月 11 日，伪华北政务委员会教育总署令核发《管理国立北京图书馆暂行办法》。1942 年 1 月 2 日，伪教育总署接收国立北平图书馆，并将之改名为"国立北京图书馆"，其后由周作人兼任馆长。1942 年 4 月 21 日，伪教育总署命令施行新的《国立北京图书馆暂行组织大纲》，做了较多调整，将原来的八部改成总务部、编目部、阅览部、善本部四个部门，部下再分多个组。1943 年 1 月 22 日，周作人辞去馆长职务，后来频繁更换馆长，张心沛、景耀月、俞家骥、张煜等被委任为伪北京图书馆馆长或代理馆长职。

---

① 北京图书馆业务研究资料委员会编：《北京图书馆馆史资料汇编（1909—1949）》，书目文献出版社 1992 年版，第 710~711 页。

② 北京图书馆业务研究资料委员会编：《北京图书馆馆史资料汇编（1909—1949）》，书目文献出版社 1992 年版，第 517~518 页。

③ 北京图书馆业务研究资料委员会编：《北京图书馆馆史资料汇编（1909—1949）》，书目文献出版社 1992 年版，第 612~613 页。

1945 年 8 月 17 日，伪北京图书馆馆务会议第 22 次会议决定等候国民政府接收。在此期间，所从事之馆务主要如下：

将存沪藏书运回，为周作人倡议，王钟麟①负责实施。王钟麟受派于 1942 年 9 月 29 日南下，10 月 1 日抵达上海，召集留沪馆员钱存训、李芳馥、李耀南、陈贯吾谈话，谈及运书北上之事。1942 年 10 月 16 日，时任馆长的周作人致函中国科学社，告知拟将寄存藏书运回。不得已，1942 年 12 月 20 日，中国科学社致函国立北平图书馆昆明办事处，说明伪北京图书馆欲运书回京之事。然而运书北上，涉及经费较多。1943 年 3 月 16 日，伪教育总署又为运回存沪图书追加经费。②

1943 年 11 月 1 日，伪北京图书馆鉴于"本馆藏书都凡五六十万册，前此目录多用卡片，对于书籍之增加与检查滋为便利，惟于统计清理似嫌不足，故仓促之间颇难知其确数，实不能予人以概括之观念。倘欲清查统计，亦苦无从着手，供给馆外或远道人之参考则更无由而得，是非兼用书本目录不足以竟厥功"。为此，专门制定了《图书目录编印委员会规则》，成立了专门的图书目录编印委员会。③ 馆中诸人，为维护馆产，不得已亦只能参

---

① 王古鲁（1901—1958），名钟麟，字仲廉，一字咏仁，号古鲁，以号行，江苏常熟人。日本问题研究专家。1941 年被周作人聘为北京图书馆秘书，负责主持馆务。

② 李致忠主编：《中国国家图书馆馆史资料长编（1909—2008）》，国家图书馆出版社 2009 年版，第 352~353 页。

③ 李致忠主编：《中国国家图书馆馆史资料长编（1909—2008）》，国家图书馆出版社 2009 年版，第 355~356 页。

与其中的业务工作。

2. 牺牲到底——馆员艰难生存

在伪华北政务委员会的治下，留守馆员过着更为艰难的生活。在赵万里 1945 年 8 月 17 日写给徐森玉的信中，可以窥见一二。① 初时日本人未干涉馆政，赖同人勉力支持，"平馆"尚可勉强维持。至日人及爪牙侵入后，馆务渐趋不堪。在困顿中，赵万里并非未曾想过离馆，但念书库之古籍安危，亦考虑现实之困境，只得作罢。赵万里未曾离馆去他处，还被中央研究院认为接受伪职，除去了其通信研究员之资格。好在其坚守终有成效，馆中古籍未曾受损。1947 年 2 月 18 日，中研院史语所致函中研院总办事处，称"抗战胜利后，据本所傅所长在北平调查结果，赵君并未参加伪组织，而其在抗战期间之未能来至后方，亦有不同之解释。兹经本所卅五六年度下届第一次所务会议议决，提请院务会议恢复其名义"②。其所受之误解才被洗刷。

在陈恩惠的文章中，其亦记录："1942 年冬天，北图被华北反动政府接管后，北图的暖气管道被住在当时北图西侧的'静生生物调查所'的日本军人给截断，在北图这边还照常开馆，读者给北图起了个别号叫做'广寒宫'。希望祖国还有前途，没肯离开北图的职工，只有每日由家带上窝头、咸菜来馆上班，终日喝

① 柳向春：《赵斐云先生致徐森玉先生函》，载《文津流觞》2011 年第 3 期。

② 刘波：《赵万里先生年谱长编》，中华书局 2018 年版，第 261 页。

不到一口热水。一个月只能分到半袋面粉，还不敢拿回家去吃，赶紧送到切面铺里换了钱，可以买到四十斤的杂合面……过着饥寒交迫的生活。"① 可见留守人员的艰难生活。

（三）留守人员恪尽职守

全面抗战期间，留平馆员付出了极大的努力，为保护馆产作出了重要的贡献。据孙楷第晚年自述：北平沦陷时期，物价高涨，生活困难。1938 年春，日本京都大学计划编写中国《小说戏曲辞典》，命专人到北平和孙楷第商洽，欲邀他作编译，被其力辞。1938 年秋，日本东京大学教授盐谷温博士来北平参加"日中文化协议会"成立会议。这个会设盛宴于北海漪澜堂，盐谷温博士命其弟子持他的亲笔函到国立北平图书馆邀孙楷第赴宴，也被孙楷第回以"有病不能与会"。1942 年，盐谷温博士来北平开"日中文化协议会"例会，命其弟子到孙楷第寓所请他为其在北平诸弟子讲"也是园古今杂剧"，孙楷第仍以疾病为由辞之。1941 年，日本宪兵接收北平图书馆，孙楷第弃职家居。②

全面抗战期间，顾子刚作为行政委员会的一员，一直努力维持馆务。因与后方联系频繁，遭遇囹圄之祸。1947 年 7 月 4 日，国立北平图书馆呈送教育部的复原情形报告专门提及此事："逮太平洋战事突起，敌宪兵队始将本馆封闭，并将编纂顾子刚逮

---

① 陈恩惠：《题写北京图书馆新馆奠基石有感》，载《北图通讯》1983年第 4 期。

② 黄克：《建立科学的中国小说史学——孙楷第先生晚年"自述"及其他》，载《文学遗产》2008 年第 4 期。

捕，即因认该员与后方通讯，为中央政府之间谍，拘留审讯计十日，幸未被其戕害。"① 然而他亦被日本宪兵队拘留于沙滩北大红楼约两个月才释放。②

　　经过中国人民艰苦卓绝的斗争，抗日战争的胜利终得到来。1945 年 10 月 17 日，教育部特派员沈兼士接收伪北京图书馆，作出"所有职员公役，奉沈先生面嘱，凡系三十年十二月八日以前到馆者，准予留馆；三十年十二月八日以后到馆者，并皆即日离馆，用符复员办法"③。仍将该馆交由王访渔、顾子刚管理，静候袁同礼回馆主持馆务。1947 年 1 月 17 日，"平馆"请求将该馆职员人数仍归至七七事变前的 150 人。④ 1947 年 5 月 14 日，平馆召开了复原后第一次馆务会议，会议参加者有袁同礼、王访渔、王重民、赵万里、顾子刚、王祖彝，组成了复员后最核心的领导力量。这在袁同礼战后的一份报告⑤中可以看出，1937 年留馆人员为 95 名，此处袁同礼上报的只有 52 名。产生数字上的差异，是因为部分职员病故、辞职离馆，人事亦多变

　　① 李致忠主编：《中国国家图书馆馆史资料长编（1909—2008）》，国家图书馆出版社 2009 年版，第 370 页。

　　② 张秀民：《袁同礼先生与国立北平图书馆》，载《北京图书馆馆刊》1997 年第 3 期。

　　③ 北京图书馆业务研究委员会编：《北京图书馆馆史资料汇编（1909—1949）》，书目文献出版社 1992 年版，第 801 页。

　　④ 北京图书馆业务研究委员会编：《北京图书馆馆史资料汇编（1909—1949）》，书目文献出版社 1992 年版，第 866~869 页。

　　⑤ 北京图书馆业务研究委员会编：《北京图书馆馆史资料汇编（1909—1949）》，书目文献出版社 1992 年版，第 891~894 页。

迁。这些人恪尽职守，保护了馆产的安全。鉴于这"五十二员"在战争中坚守本职，不负使命，为此，馆长袁同礼向教育部请奖。

　　无论是抗日战争期间南下开拓，或是选择隐忍留守，国立北平图书馆学人都表现出了坚贞不屈的一面。在时代的大潮裹挟之下，能勇立潮头，实在难得。一些学人，尽管已离开国立北平图书馆，仍在为"平馆"积极服务。1938 年秋，徐森玉在昆明为国立北平图书馆寻找存放图书珍本之地，因山路崎岖，不幸跌伤腿股，从此只能拄杖行走。这种牺牲自我、服从大局的精神，至今让人感动。

第四节　身兼多任，深孚众望

　　"科学家"研究者认为，"科学社会学更关心那些做出科学发现或发明的科学家的社会角色和社会行动，更关心从事科学工作的人的社会地位及其内部社会关系，并把科学看成实际上是由科学家共享的特殊生活方式"[1]。基于此，我们也将着重探讨一下"平馆学人"的社会地位及其内部社会关系。民国时期这样的学术群体所在多有。如禹贡学会，就是一个以顾颉刚、谭其骧等为代表的师生之谊、同朋之好维系起来的研究中国边疆史地学者组

---

　　[1]　赵万里：《特殊群体——科学家及其工作方式》，南开大学出版社1998 年版，第 2 页。

成的特殊群体。①

一、担任其他社会职务

（一）禹贡学会会员与中国地理学会会员

1934 年 2 月 4 日，禹贡学会筹备处在燕京大学东门外的顾颉刚寓所成立，王庸与顾颉刚、冯家昇、谭其骧等人同列为发起人。该会出版学术杂志半月刊《禹贡》（后为月刊），其经济来源主要靠会员会费及私人捐款。1934 年 3 月，王庸成为筹备该会的主要人员。1936 年 5 月 24 日，禹贡学会正式成立，王庸与顾颉刚、谭其骧、冯家昇、李书华、张国淦、钱穆等七人被选为该会理事。王庸得理事票 56 票，监事票 17 票。担任禹贡会员的还有谢国桢（1934 年 10 月加入）、王育伊（1934 年 3 月加入）、王祖彝（念伦，1935 年 5 月加入）、杨殿珣（琚飞，1935 年 11 月加入）等人。② 谢国桢在《禹贡》上曾发表《两粤纪游》等作品。

1934 年 3 月，王庸还与丁文江、翁文灏、竺可桢、张其昀等40 人发起成立中国地理学会，该会宗旨是"俾与气象、地质鼎足而三，以共肩中国地学研究之大任"③。王庸还推荐了谢国桢入会。

（二）故宫博物院专门委员

担任故宫博物院图书馆、文献馆专门委员的有赵万里、刘国

---

① 马大正：《略论禹贡学会的学术组织工作》，见马大正《马大正文集》，上海辞书出版社 2005 年版，第 566 页。

② 禹贡学会编：《禹贡学会会员录》，禹贡学会 1936 年印行，第 1~23 页。

③ 见 1934 年《地理学报》创刊号。

钧等人。1929 年 4 月 15 日，时任故宫博物院图书馆副馆长的袁
同礼致函故宫博物院，提议延聘 10 人为该院专门委员，其中就
有赵万里、刘国钧二人。他们的工作主要是清点该院古籍、编辑
书目等。①

（三）中央研究院特聘研究员

自 1929 年起，赵万里还兼任中央研究院历史语言所特约编
辑员，负责校释《广韵》（后由周祖谟完成），1939—1943 年改
聘为通讯研究员。其还曾受中央研究院委派到天一阁访书，据
载："国立中央研究院以鄞城天一阁范氏藏书为浙东冠，其中明
季史料尤多，欲详悉其间真相，特派北平图书馆编纂委员赵万里
君，携蔡子民先生致陈县长函，于前日来鄞，当分赴县政府及文
献委员会、鄞县通志馆，有所接洽。惟该阁劫后书目，尚须整
理，特邀同北平中法大学教授马隅卿、鄞县通志馆协纂马涯民、
文献会委员长冯孟颛、商校校长王奂伯、文献委员朱赞卿诸君协
助编订书目，业于昨日偕同范氏各房长及范鹿其等，入阁着手检
查矣。"② 赵万里等人组织了 18 人入天一阁 8 日，拟编一《天一
阁劫后书目》，惜未见出版。因与中央研究院有聘任关系，赵万
里之《校辑宋金元人词》（1931）、《汉魏六朝冢墓遗文图录》、
《汉魏南北朝墓志集释》也交由中央研究院史语所出版。除此外，

---

① 郑欣淼：《故宫博物院学术史的一条线索——以民国时期专门委员
会为中心的考察》，载《故宫博物院院刊》2015 年第 4 期。

② 《中央研究院派员来甬会编范氏天一阁书目》，载《时事公报》1933
年 7 月 26 日。亦可参见饶国庆《赵万里与冯孟颛》，载天一阁博物馆编《天
一阁文丛》第 11 辑，浙江古籍出版社 2013 年版，第 199 页。

赵万里在词学研究方面也获得了学界的承认。创刊于 1933 年的《词学季刊》在创刊号中罗列南北各大学的词学教授：南京中央大学吴梅、汪东、王易，湖北武汉大学刘永济，北平北京大学赵万里，之江大学夏承焘，上海暨南大学龙榆生……①可见赵万里在词学研究方面也颇有声名。

　　除此之外，于道泉经陈寅恪的介绍，担任中央研究院历史语言研究所史料组的助理研究员，每周工作三日。助理研究员"除辅助研究员研究工作之进行得受研究院之指导自作研究""助理员须遵守研究院及各该所关于职员之规划受所长及主管研究员之指导"②。于道泉的工作是辅助陈寅恪编《西藏文籍目录》。但其个人的研究意愿是编一部藏汉词典，惜未获批准。还曾与考古组的助理研究员吴金鼎前往山东临淄调查古籍 4 个月。在 1932 年的工作汇报中，于道泉已完成的工作有：（1）搜集西藏民间故事四则，译为汉文及英文；（2）将《梵语灯》一书译为汉文；（3）将《宗喀巴上永乐皇帝书》译为汉文。又在最近期内可完成之工作为：（1）名贤集之满蒙藏译文之研究；（2）西藏歌谣谚语之整理及翻译。③ 其 1931 年出版的《第六代达赖喇嘛仓央嘉措情歌》出版后反响极佳。

　　中央研究院历史语言研究所所长傅斯年尽管对青年人有"三

---

① 《南北各大学词学教授近讯》，载《词学季刊》1933 年创刊号。

② 王汎森、潘光哲、吴政上主编：《傅斯年遗札（第一卷）》，社会科学文献出版社 2015 年版，第 78 页。

③ 国立中央研究院文书处：《国立中央研究院总报告》第五册，中国科学图书仪器公司 1932 年版，第 269 页。

年不许发表文章"之规训，但也常催促其下的职员出版论著，曾组织出版学术著作 70 余种，促成了赵万里、于道泉等人相关论著的出版。

（四）中华图书馆协会会员

中华图书馆协会①于 1925 年 4 月成立，事务所后设在国立北平图书馆（北平文津街一号）②。执行委员会委员中有袁同礼、刘国钧、蒋复璁、严文郁等。各专门委员会中，编纂委员会主席为袁同礼，分类委员会主席为刘国钧。袁同礼长期担任协会董事部书记、执行委员会主席等职。"平馆学人"多加入中华图书馆协会，成为其会员，如吴光清、邓衍林、许国霖等。1932 年初，王庸加入中华图书馆协会。③ 此外，《图书馆学季刊》编辑部、《中华图书馆协会会报》编辑部也设在国立北平图书馆。1929 年中华图书馆协会第一次年会上改选委员会及委员，各委员会主席及书记如下：

> 分类委员会：主席刘国钧，书记蒋复璁；
>
> 编目委员会：主席李小缘，书记范希增；
>
> 索引委员会：主席杜定友，书记钱亚新；
>
> 检字委员会：主席沈祖荣，书记万国鼎；
>
> 编纂委员会：主席洪有丰，书记缪凤林；

① 该会组织大纲曾于 1929 年 1 月 31 日、1937 年 1 月修订。

② 北京图书馆业务研究委员会编：《北京图书馆馆史资料汇编（1909—1949）》，书目文献出版社 1992 年版，第 1021 页。

③ 载《中华图书馆协会会报》1932 年第 4 期。

建筑委员会：主席戴志骞（超），书记袁同礼；

宋元善本书调查委员会：主席柳诒徵，书记赵万里；

版片调查委员会：主席徐鸿宝，书记王重民；

季刊编辑部：刘国钧（主席）、万国鼎、向达、严文郁；

会报编辑部：袁同礼（主席）、顾子刚、于震寰。①

这些委员中，国立北平图书馆职员为多数。1933 年，中华图书馆协会总事务所有职员 3 人，于震寰为书记，宋琳为会计，李文裿为编辑。② 至于普通会员，更是所在多有。

（五）中国学会会员

中国学会成立于 1929 年 1 月 1 日，由胡朴安组织，其宗旨为"研究中国学术，发扬民族精神"。入会要求是"能为国学之整理之工作者得为本会会员"。1929 年 5 月印发的《中国学会会员录》中，有赵万里、刘节等。

（六）考古学社会员

1933 年，徐森玉、容庚、刘节筹办了考古学社，"以我国古器物学之研究、纂辑，及其重要材料之流通为主旨"，社址位于北平燕京大学燕东园 24 号。刘节还撰写了《考古学社之使命》一文，提出考古学社的同仁们应该努力促成中国考古学本身的改进，考古学者同古器物学者分工合作，密切联络，

---

① 严文郁：《中国图书馆发展史——自清末至抗战胜利》，枫城出版社1983 年版，第 215 页。

② 李致忠主编：《中国国家图书馆馆史（1909—2009）》，国家图书馆出版社 2009 年版，第 96 页。

同时避免材料上的门罗主义，主张集国家及社会之力将文献材料等尽量集中，以为公用，并提议发起组织旅行团，考察各地考古工作室，组织本社年会交换考古学和古器物学上的新得知识，联络各相关机构组织大规模的中国金石学展览会。① 在社员名录里，"平馆学人"有徐森玉、胡鸣盛、赵万里、刘节、谢国桢、孟桂良。② 其中，赵万里在《社员著作一览表》著录的是"《汉魏六朝冢墓遗文图录》（印刷中）"。

由以上可见，在 20 世纪 30 年代，学界显现出一派生机勃勃的景象，多个学术团体机构成立，推动学术与文化的进步。"平馆学人"积极参与筹办、加入各个学社，一方面扩大了他们的学术交往圈，另一方面也锻炼了他们的社会工作能力，对他们的学术成长以及学术影响的扩大是大有裨益的。

二、兼职

（一）兼任教职

民国时期，国立北平图书馆学人之主要身份是馆员，应在馆服务与研究，但也接受各大学的聘任，兼部分教职。

1924 年，袁同礼即在北京大学教育系开设图书馆学、图书利

---

① 刘节：《考古学社之使命》，载《考古社》1935 年第 2 期。

② 1932 年 10 月至 1935 年 1 月任国立北平图书馆金石部馆员。于 1934 年第一批加入考古学社。见赵爱学《抗战期间北平图书馆的金石文献业务工作》，载国家图书馆编《国图与抗战——纪念中国人民抗日战争暨世界反法西斯战争胜利 70 周年国家图书馆员工文集》，国家图书馆出版社 2016 年版，第 228~250 页。

用法、目录学三种课程。①

1934—1935 年，王庸还在北京大学史学系兼任讲师，教授中国地理。② 1935 年下半学年，王庸不再兼任北京大学史学系讲师，改任辅仁大学讲师，主讲"地理学概论"，为辅仁大学史学系一年级必修课。在此两校的兼职经历，大大拓宽了他的学术交游范围。

1934 年，向达接受北京大学历史系之聘请讲《明清之际西学东渐史》。

1935—1937 年，赵万里在清华大学中文系任版本目录学、金石学课程讲师。1938—1945 年，兼任辅仁大学国文学系讲师，讲授"校勘学""中国戏曲史""戏曲与散曲"。其也曾在北京大学（伪北平临时大学）史学系、中国语文系、图书馆学专修科任兼职讲师，讲授"目录学""中国史料目录学""版本学"，还常鼓励学生如邓云乡等人去北平图书馆善本部找他③，并带学生参观北平图书馆。戴逸回忆其讲课，称"他是王国维的学生、同乡，其读书之广、识断之精、记忆之强，令人惊叹。上课不带片纸，各种珍本、善本的特点、刊刻年代、内容，均烂熟于胸，娓娓而谈，均有来历。课堂上有问必答，略无迟滞。据说他幼年时走过

① 《注册部布告》，载《北京大学日刊》1924 年 11 月 22 日。
② 《国立北京大学文学院课程一览（1932—1935）》，见王学珍、郭建荣主编《北京大学史料　第二卷·一　1912—1937》，北京大学出版社 2000 年版，第 458 页。
③ 邓云乡《云乡话书》有记载。

几遍街道，就能把两旁商店招牌暗记背诵出来"①。

兼任教职尽管对"平馆学人"的"主业"有所延搁，但通过教学，可以借助教学相长完善他们的研究，同时还能培养人才，亦是利大于弊的。

（二）其他职务

1. 《时代公论》编辑

1932 年，中央大学张其昀等主编《时代公论》，聘请王庸等38 人为特约编辑。②

2. 《大公报》专栏编辑

赵万里、王庸等人曾担任《大公报·文艺副刊》编辑，1933年，又改任国立北平图书馆主办的《大公报·图书副刊》的编辑。前已所述，《大公报·图书副刊》《大公报·图书周刊》为国立北平图书馆自办的报纸专栏，"平馆学人"在其中发挥了巨大的作用。

通过参与创办学术社团并担任职务、在各大学兼职、在报纸刊物上担任编辑、举办专栏等，"平馆学人"作为一个群体，获得了较高的社会声望。与此同时，在各大机构参与的学术活动，也为他们带来了其他的学术资源，对他们的学术进步和成长有大用处。

---

① 戴逸：《初进北大》，载《光明日报》1998 年 2 月 4 日。
② 载《时代公论》1932 年第 20 期。

小　结

每一个群体均有其独特的特征，显现出有别于其他群体的一面。作为一个因职业关系形成的群体，笔者试图总结出"平馆学人"这一群体的基本特征，总共有四个方面：第一，群体成员治学严谨，以丰富的文献资料为基础。平馆学人多肯留心，利用条件，还能排除杂务干扰，专注于学术研究。他们的研究依赖于对文献资料的熟悉和掌握。第二，群体内部联系紧密，互帮互助。细言之，群体高层领导有力，群体中层团结友爱，群体内部互相砥砺、荐举，形成了一个稳定的交游圈。第三，群体成员具有深厚的爱馆爱国之情，勇于担当。在抗日战争中，又因为现实形势的需要，该群体又分化出南下工作群体和留守群体，均为发展该馆事业而努力。第四，成员身兼多任，深孚众望。在做好日常工作的同时，他们还身兼多任，积极参与社会事务，担任社会团体之职务，创办刊物，开设报纸专栏，兼任教职，积累了深广的人脉，树立了较高的声望。

从群体之构成看，成员来源广泛，因而具备了管理学中"美第奇效应"产生的条件。他们主要受到北平文化圈的影响，在内部也形成了几个核心圈，如袁同礼的现代职业工作圈、徐森玉的传统版本目录圈、青年编纂群体交游圈等。在抗日战争全面爆发后，分化出了南下工作群体圈和留守群体圈。袁同礼之沉稳坚毅的个性，使其领导的现代职业工作圈，即正式的工作群体圈，有条不紊，按部就班，有着现代职场的鲜明色彩。徐森玉所形成的

非正式的传统版本目录学术圈，因其交游广泛，给学人们带来了
工作之外的轻松闲适和文化娱乐。徐森玉虽然后来离开了国立北
平图书馆，但一直被赵万里等人誉为"平馆"的"保护神"。若
仅有袁同礼此一工作群体圈，该学人群体则可能失之古板而无活
力；若仅有徐森玉此一非正式群体文化的氛围，该群体又难以形
成现代职业圈的进取精神和工作成效。这二者结合相得益彰，起
到了很好的互补作用。青年编纂群体交游圈深受这两个圈文化的
影响，从而形成了特有的学术文化圈氛围。从群体成员的共同目
标看，群体有近似的学术目标，并占有丰富的文献资料，为他们
学术成就的取得奠定了基础；就群体内部而言，成员之间活动频
繁，互相护持，构成了一个稳定的群体；就共同的信念看，他们
爱馆爱国，在抗日战争中一方面积极进取，以谋复兴，一方面坚
守馆藏，保得平安。即使有些人辞职离开了该馆，仍然为该馆的
发展尽心竭力，使该馆在整个中国图书馆事业上发挥了极大的作
用，反言之，又促进了这个学人群体形象的树立。

下篇

专题研究

第五章
"平馆学人"与古籍特藏

　　国立北平图书馆（今国家图书馆）的四大镇馆之宝为敦煌遗书、《赵城金藏》、《永乐大典》、文津阁《四库全书》，四者俱为该馆之古籍特藏。笔者对文津阁《四库全书》的探讨所占篇幅较大，拟列为后面单独一章。现拟主要以其他三种古籍特藏及其他特藏为对象先行论述。

第一节　"平馆学人"与敦煌遗书

　　敦煌遗书是现国家图书馆的四大镇馆之宝之一，该馆不但拥有 16000 余卷的原卷保藏，也存储了丰富的照片、缩微胶卷及数字资源。在收集、整理、编目和利用的过程中，国家图书馆前身的国立北平图书馆学人作出了重要的贡献。今人苏莹辉的《北平图书馆与敦煌学》①、刘波《国家图书馆与敦煌学》已有较为全面的论述，尤其是刘著第六章《北平图书馆时期的敦煌学研究》，综

---

　　① 苏莹辉：《北平图书馆与敦煌学》，见苏莹辉《敦煌论集》，学生书局 1969 年版，第 49~52 页。

论王重民、向达、赵万里、贺昌群、刘修业等北平图书馆学者的敦煌学论著及其学术成就，并概述北平图书馆所主办的学术刊物对中国敦煌学的推动①，与本研究切实相关，可供参看。现拟在前人研究的基础上，结合最新的研究动态，再予以介绍并加以总结。

一、敦煌遗书之整理与编目

1899 年，王圆箓道士发现了藏经洞。其后，帝国主义几路人马到敦煌攫取敦煌遗书，致使我国的这一珍贵文化遗产大部分外流。直至 1910 年，在学界的呼吁下，清政府才下令将藏经洞中劫余的遗书运往京师图书馆保存，随后"平馆学人"开始了整理与编目的工作。据王重民称，国立北平图书馆所藏的敦煌遗书，大部分是佛经，其次是道经，也有少部分梵文和藏文的写本，后又加入经、史、子、集四部书的卷子和变文的卷子。② 编目过程中，形成了前后多份目录。

（一）《敦煌经卷总目》

《敦煌经卷总目》是敦煌遗书入馆后由工作人员所编的第一份目录，全目共八册。该目最初并没有列入题名，而仅有编号、尺寸与起止字三项，只是一种财产帐或登录簿。③ 此是初步整理

---

① 刘波：《国家图书馆与敦煌学》，国家图书馆出版社 2018 年版，第 139~176 页。

② 商务印书馆编：《敦煌遗书总目索引》，商务印书馆 1962 年版，"后记"。

③ 刘波：《国家图书馆与敦煌学》，国家图书馆出版社 2018 年版，第 39~41 页。

后的成果。

（二）俞泽箴的《敦煌经典目》

俞泽箴（1875—1926）为"平馆"写经组之员工，其对敦煌遗书做了大量的整理工作，今人方广锠、刘波通过对俞泽箴日记的考察，揭示其在写经室对敦煌遗书所开展的"检点""量经""检查""整理庋藏"等工作，并最终编成《敦煌经典目》（稿本）。① 在俞泽箴的日记中，还有孙初超（字北海）、江味农（法号妙煦）、张书勋（字尹民）、邓高镜（字伯诚）、傅润田（万春）等参与其中。

《敦煌经典目》的著录格式是正文每行著录一号，每号著录八项，自上而下依次为：书名、尺寸、行数、纸数、起讫、原号、号次、备注，是一部体例严谨、著录详明、学术性较强的馆藏敦煌遗书目录。② 只有编目工作投入更大的工作量，才能编得越细致，此一目录较前有很大的提升。

（三）陈垣的《敦煌劫余录》（1931）

自敦煌遗书入藏京师图书馆后 20 余年，由陈垣校录的《敦煌劫余录》作为中央研究院历史语言研究所专刊之四于 1931 年出版。陈寅恪为该书目作序，也提及该书目的撰述缘起，即"新会陈援庵先生垣……应中央研究院历史语言研究所之请，就北平

---

① 刘波：《俞泽箴与京师图书馆敦煌遗书编目工作》，载《敦煌吐鲁番研究》2015 年第 1 期，第 79~94 页。

② 刘波：《俞泽箴与京师图书馆敦煌遗书编目工作》，载《敦煌吐鲁番研究》2015 年第 1 期，第 79~94 页。

图书馆所藏敦煌写本八千余轴，分别部居，稽核同异，编为目录，号曰《敦煌劫余录》。诚治敦煌学不可缺之工具也"。其在该序中还提出了著名的学术"预流"说。《敦煌劫余录》共 14 帙，著录了 8679 号写经，采用了按经集中，初步分类排列的方法，并给每个卷子作了简单的提要。

刘波认为，《敦煌劫余录》之基础是《敦煌经典目》。① 作为后编之书目，不可避免地会受到前人所编之目录的影响。《敦煌劫余录》影响深远，白化文认为："从敦煌学发展史的角度来观察，《敦煌劫余录》是世界上公布的第一个馆藏敦煌汉文文书目录，是一个创举。从图书馆学的角度来观察，它也是世界上公布的第一个敦煌汉文文书的分类目录。"② 从其书目之名亦可看出，敦煌遗书之遭劫确实是国耻，这也警醒着后人时刻不忘国耻，只有国家强盛才能保证文化传承无虞。

（四）许国霖的《敦煌石室写经题记》《敦煌杂录》

许国霖（雨新）亦是写经组之员工。在其所编的《敦煌石室写经题记》前言中，许国霖谓："民国十八年，国立北平图书馆成立，设写经组，聘请胡文玉先生整理编目；将未登记之残叶，检阅续编，又增一千一百九十二号，国霖亦躬预其役。窃见卷内题记及背面杂文，多有关于学术之研究，公余之暇，辄行移录，

---

① 刘波：《俞泽箴与京师图书馆敦煌遗书编目工作》，载《敦煌吐鲁番研究》2015 年第 1 期，第 79~94 页。

② 白化文：《简评〈敦煌劫余录〉和〈敦煌遗书总目索引〉》，见白化文《敦煌学与佛教杂稿》，中国书籍出版社 2017 年版，第 172 页。

居然成帙。今先将题记依据目录次序分经汇辑，凡四百余则，颜曰：《敦煌石室写经题记》，以供学者之参考。至于杂文，则辑为《敦煌杂录》二卷，缮校已竟，异日再行刊布焉。民国二十四年十月许国霖谨识。"① 可见，胡鸣盛（文玉）作为组长负责整理编目，许国霖作为组员亦参与其中。在日常工作中，许国霖日渐积累，编成了《敦煌石室写经题记》《敦煌杂录》。《敦煌石室写经题记》还附录有"报恩寺藏经印""净土寺藏经印""瓜沙州大王印"以及《写经题记年代表》。

《敦煌石室写经题记汇编》《敦煌石室写经题记汇编补遗》也曾刊发在佛教相关的刊物《微妙声》这一期刊上。陈寅恪曾撰有《敦煌石室写经题记汇编序》，进行了详细分析。后来该书汇集出版，该书由敦煌学家周叔迦作"引"，"引"中谓："考定之功，以胡君文玉、许君雨新为最勤，许君检阅之暇，见其题记足以考证此经藏之渊源，兼可知唐人修德之弘、信道之笃也，因辄录之，复广采中外公私记载之关于敦煌经卷题记者，汇以成编。余深敬夫许君敏求之志，乐夫此编之足以兴起之劝，而更慨夫刘宋丹阳佛窟寺之七藏经书，隋炀帝所立之宝台经藏，独不传于今也。故为斯引以识焉！"② 在许国霖个人所作"叙"中，提及"余服务图书馆管理写经，有感于此，爰于客岁暑假之暇，凡卷中逸文趣语，以及题名跋记，概行移录，编为《敦煌石室写经题

---

① 许国霖：《敦煌石室写经题记》，载《国立北平图书馆馆刊》1935年第6期。

② 许国霖著，菩提学会编辑：《敦煌石室写经题记汇编》，佛学书局1936年版，第1页。

记》及《敦煌杂录》二书……缘将题记一书，重加编定，颜曰《敦煌石室写经题记汇编》"①。

《敦煌石室写经题记与敦煌杂录》1937 年由上海商务印书馆出版，请瞿宣颖（1894—1973）② 署端③，胡适为序。胡适序中提及："湖南许国霖先生是胡鸣盛先生的助手，他曾用他的余暇，编成两部关于敦煌写本的书，一部是《敦煌石室写经题记》，一部是《敦煌杂录》。"④ 其对二书作了分析介绍。

许国霖还编成《写经目录索引》《佛说无量寿经索引》《维摩诘所说经索引》《大般涅槃经索引》《佛说阿弥陀经索引》《大方广佛华严经索引》《佛说药师经索引》共七种。⑤

（五）王重民的《伯希和劫经录》

前已论述，王重民赴英法调查敦煌遗书之外流状况，因觉伯希和原编之目甚为草草，故为之重新编目。其根据所调查的结果，编

---

① 许国霖著，菩提学会编辑：《敦煌石室写经题记汇编》，佛学书局 1936 年版，第 2 页。

② 瞿宣颖，别名益锴，字兑之，简署兑，号铢庵，晚号蜕厂、蜕园。湖南善化（今长沙市）人，晚清军机大臣瞿鸿礽之子。著有《汉代风俗制度史前编》《汉魏六朝赋选》等。瞿宣颖为许国霖之同乡。

③ 许国霖：《敦煌石室写经题记与敦煌杂录》上，上海商务印书馆 1937 年版。

④ 许国霖：《敦煌石室写经题记与敦煌杂录》上，上海商务印书馆 1937 年版，"序"。

⑤ 国立北平图书馆编：《国立北平图书馆馆务报告　民国二十年七月至二十一年六月》，国立北平图书馆 1932 年版，第 26 页。

成了《伯希和劫经录》。该书目是"注记目录"，即在简目上略加注释而成，共著录 2690 多号。其注记形式有直接定名的，如"P.3817 太子入山修道赞一本（全）"；指示内容的，如"P.3744 僧月光日兴兄弟析产契三件"；无法定名只能概括揭示的，如"P.5030 佛经（碎片一包）"等。此外亦间接著录载体特征。在繁重的编目工作中，鉴于时间有限，只能如此处理。王重民认为其所编的《伯希和劫经录》克服了伯希和原所编目录的三个缺点，具体又表现在五个方面：（1）补编了 3512~4099 号、4522~5043 号和 5523~5579 号将近 1000 个卷子的目录，使伯希和盗走的全部汉文卷子有一个比较完整的目录；（2）补充和改正了伯希和著前不著后、著正面不著反面以及没有正确反映经、史、子、集四部书的旧目缺点；（3）用现行本校对过四部书残卷；（4）把分散的残卷连贯拼合起来；（5）对写经题记及所加说明进行简要记述。①

　　白化文先生评价王重民所编的《伯希和劫经录》，认为其最大的贡献在于："仍在其注记。除了具体的每项注记所蕴含的信息以外，注记的各种各样的内涵，也对后来的编目者大有启发，向他们指出多种应注记的内容，也就等于指明一大批应注记的途径。"② 白化文认为此目录是筚路蓝缕的开创之作，尽管后人觉其粗疏，但在当时已属难能可贵，并提示读者应结合王重民的《敦煌古籍叙录》一起参看。

---

　　①　商务印书馆编：《敦煌遗书总目索引》，商务印书馆 1962 年版，第 548 页。

　　②　白化文：《北大熏习录》，中国书籍出版社 2017 年版，第 128 页。

（六）　向达的《伦敦所藏敦煌卷子经眼目录》

1936 年 9 月至 1937 年 8 月间，向达在英国访学，在不列颠博物院阅读敦煌卷子。在其个人的努力下，他看到了英国伦敦所藏的 496 张敦煌卷子，编为《伦敦所藏敦煌卷子经眼目录》①。每条著录馆藏号、题名及文字行数，对纸背文献亦有记录。著录格式如"六三《太上洞玄灵宝无量度人上品妙经》（一三一）　纸背：杂书'好住娘'等"②。该目录著录亦较简单。

（七）　袁同礼的《国立北平图书馆现藏海外敦煌遗籍照片总目》

在王重民寄回其在法、英两国所拍的照片后，考虑到战事正酣导致的危险因素，袁同礼将 1937 年七七事变之前王重民寄回的照片先行编订简目，题为《国立北平图书馆现藏海外敦煌遗籍照片总目》。此目著录馆藏号、文献题名、卷次、页数及文献著者、抄写年代，间或移录原卷题记，并对照片进行说明。著录格式如："（法）二六八一　论语集解　序至学而第一　二页　魏何晏集解　唐乾符三年敦煌县归义军学士张喜写。"③ 此目按四部分

---

①　向达：《伦敦所藏敦煌卷子经眼目录》，载《图书季刊》1939 年第 4 期。

②　向达：《伦敦所藏敦煌卷子经眼目录》，见向达《唐代长安与西域文明》，商务印书馆 2017 年版，第 215 页。

③　袁同礼：《国立北平图书馆现藏海外敦煌遗籍照片总目》，载《图书季刊》1940 年第 4 期。

类，附"番文目"（民族文字文献），共著录英藏部分 50 种，法藏部分 352 种，共计 402 种 3145 页。

（八）商务印书馆编《敦煌遗书总目索引》

商务印书馆所编的《敦煌遗书总目索引》自 1958—1962 年编纂，1962 年出版。虽然其编纂出版之时是在 1949 年后，参与的单位是中国科学院图书馆、北京图书馆、北京大学等单位，但其主事者为王重民，该目是"积累了五十多年的经验"，积淀的基础也应是在国立北平图书馆时期，所以这里也一并加以简单介绍。

全书"总汇了关于敦煌遗书的最好最重要的目录""反映着敦煌遗书发见（现）后六十年来第一部完整的总目录"，分叙例、总目部分、索引部分、附录部分。附录又由《Giles：博物馆藏敦煌卷子分类总目》、《博物馆藏敦煌卷子笔画检查目录》、《斯坦因编号和博物馆新编号对照表》构成。王重民撰写了后记。

总目包括四大部分，前三部分为："北京图书馆藏敦煌遗书简目""斯坦因劫经录""伯希和劫经录"。此外还有一卷名为"敦煌遗书散录"，又由 19 个目录组成：

前中央图书馆藏卷目、旅顺博物馆所存敦煌之佛教经典、李氏鉴藏燉煌写本目录、德化李氏出售敦煌写本目录、李木斋旧藏敦煌名迹目录（第一部分）、李木斋旧藏敦煌名迹目录（第二部分）、刘幼云藏燉煌卷子目录、罗振玉

藏敦煌卷子目录、傅增湘藏敦煌卷子目录、日本大谷大学
图书馆所藏燉煌遗书目录、日本龙谷大学图书馆所藏燉煌
遗籍目录、日本人中村不折所藏燉煌遗书目录、日本诸私
家所藏燉煌写经目录、日本未详所藏者燉煌写经目录、敦
皇（煌）石室经卷中未入藏经论著述目录、敦煌所出古逸
经疑似经目录、敦煌变文残卷目录、敦煌曲子词残卷目录、
敦煌四部遗书目录。

其中《伯希和劫经录》《敦煌变文残卷目录》《敦煌曲子词
残卷目录》《敦煌四部遗书目录》为王重民此前所编。

王重民在这部索引的"后记"中对这些目录均有说明，还
提到了目录工作者的学识修养与所编目录之间的关系，其谓：
"我们目录工作者对自己所著录的图书对象，揭露到如何程
度，正确到如何程度，全看谁的学识比较广博，谁的修养比
较深邃；所揭露的图书内容和所反映的图书性质就比较正
确。"① 同时还吐露了编目者的甘苦之言，他自陈："……由于我
对于此道有一段较长时期的实践经验，稍稍尝到了其中的一点甘
苦；不过想就自己所尝到的一点甘苦；说明敦煌写本书的目录工
作是有它的特征和困难，希望做编目工作的人和使用目录的人，
都应该虚心的互相体谅，更多多搜集有关的参考资料，正确的
（地）说明某些写本的书名、性质和内容，为促进与提高敦煌学

---

① 　商务印书馆编：《敦煌遗书总目索引》，商务印书馆 1962 年版，第
315~353 页。

的研究而共同努力。"① 笔者此前曾撰文说明王重民先生在撰写《校雠通义通解》时的学术态度是"临文必敬，论文必恕"，在这里，仍然可见其可贵的学术精神。

王重民的理想是要编出一部"统一的、分类的、有详细说明的敦煌遗书目录"。尽管这一书目不尽如其理想，但该书的出版，仍被誉为"具有划时代的意义，它是到现在为止的，世界上唯一的敦煌汉文遗书的总目加索引"②。

二、"平馆学人"与敦煌遗书研究

"平馆学人"中，与敦煌遗书研究相关的有陈垣、俞泽箴、许国霖、王重民、向达、赵万里、于道泉、贺昌群、孙楷第、刘修业等人。今人对陈垣的敦煌学研究，有孙玉蓉《陈垣〈《敦煌劫余录》序〉解疑》③、高荣《陈垣先生与敦煌学研究》④ 等文。俞泽箴亦受到了学人的关注。孙玉蓉整理了其日记，有《俞泽箴整理敦煌写经日记辑录》⑤ 等文。对许国霖的研究有余欣《许国

---

① 商务印书馆编：《敦煌遗书总目索引》，商务印书馆 1962 年版，"后记"。

② 白化文：《简评〈敦煌劫余录〉和〈敦煌遗书总目索引〉》，见白化文《敦煌学与佛教杂稿》，中国书籍出版社 2017 年版，第 177 页。

③ 孙玉蓉：《陈垣〈《敦煌劫余录》序〉解疑》，载《广西社会科学》2008 年第 7 期。

④ 高荣：《陈垣先生与敦煌学研究》，载《河西学院学报》2011 年第 1 期。

⑤ 孙玉蓉：《俞泽箴整理敦煌写经日记辑录》，载《文献》2009 年第 1 期。

霖与敦煌学》①、林世田《许国霖与敦煌遗书资料汇编工作》② 等文。刘波也分析了京师图书馆学者李翊灼、陈垣、江味农等人对敦煌学的贡献。③

1924 年，陈垣组织"敦煌经籍辑存会"，推动了相关的研究工作。1929 年，京师图书馆改组成北京图书馆，成立了写经组，组长为胡鸣盛，组员为许国霖。据刘波统计，胡鸣盛、孙楷第、祝博先后担任该组组长，该组馆员和书记有许国霖、朱福荣、李柄寅、王廷燮。④ 此外还有一些工作人员参与到敦煌遗书的整理工作中，如李兴辉、朱正枢、潘祥和、刘福春等人。写经组的工作涉及敦煌遗书的保管、考订编目、装潢修补、陈列展览等。在敦煌遗书研究中作出重要贡献的"平馆学人"有王重民和向达。

（一）王重民之敦煌遗书研究

除了编有《伯希和劫经录》，王重民还编有《巴黎敦煌残卷叙录》第一辑（1936）、第二辑（1941）等。此二书是早期敦煌学研究的重要参考资料。

---

① 余欣：《许国霖与敦煌学》，见《敦煌吐鲁番研究》第七卷，中华书局 2004 年版。

② 林世田：《许国霖与敦煌遗书资料汇编工作》，见林世田编《敦煌遗书研究论集》，中国藏学出版社 2010 年版，第 267~271 页。

③ 刘波：《国家图书馆与敦煌学》，国家图书馆出版社 2018 年版，第 64~74 页。

④ 刘波：《国家图书馆与敦煌学》，国家图书馆出版社 2018 年版，第 84 页。

1941 年，《巴黎敦煌残卷叙录》第二辑出版。王重民在附记中述其原委如下①：

> 右题记四十五篇，共记录敦煌卷七十有六，民国二十五年五月二十一日至二十七年九月二十八日之所作也。二十七年春，向觉明先生来巴黎，余自四月至六月，赴伦敦继续摄取斯坦因所获残卷相片；故二十七年四月以后，间有记录斯氏卷者。卷内号码上冠 S 者为斯氏卷，不冠 S 者皆巴黎所藏也。
>
> 第一辑印行后，每有改正与补苴……
>
> 此辑题记，仍是记卷轴起讫残阙，于学术无发挥；然较第一辑则游词较少，似亦略有进步。二三年来，积稿满箱箧，舟车数万里，有为虫蚀与遗失者，颇愿早日写定。兹蒙国立北平图书馆惠然代印，亟为比次，并识原委如此。民国二十九年四月二十一日，重民记于华盛顿国会图书馆。

1947 年 2 月，王重民自美归国，任国立北平图书馆参考组主任，兼任北京大学图书馆学专科教职，所开课程有"敦煌俗文学"等。1949 年后，王重民等人还编制了《敦煌变文集》②，其所利用的就是此前积累的材料。此外，王重民还用敦煌遗书来校

① 王重民：《巴黎敦煌残卷叙录》，国立北平图书馆 1941 年版，第 2~3 页。
② 王重民、王庆菽、向达等编：《敦煌变文集》，人民文学出版社 1957 年版。

补《全唐诗》、编《敦煌曲子词集》。今人刘波认为王重民是第二代敦煌学者中的领袖人物，原因在于：撰著或组编的著作数量庞大，涵盖面广；其所编撰的《敦煌遗书总目索引》《敦煌古籍叙录》《敦煌变文集》等多部集大成式的著作，树立了敦煌学研究进程的里程碑；他是 1949 年以后中国敦煌文献研究的领导者和组织者。①

（二）向达之敦煌遗书研究

除了编有《伦敦所藏敦煌卷子经眼目录》，向达还曾撰有《记伦敦所藏的敦煌俗文学》。此目著录大英博物馆所藏敦煌遗书中的 40 余件俗文学作品，每号著录卷号、题名、行数等信息。简目之后，分变文、词文、故事、白话诗、俗赋等 5 类，对每一类都有比较详细的说明和评述，总论部分则归纳俗文学资料在题材和词汇两方面对中国俗文学史的贡献。向达还介绍了一些比较稀见且重要的篇目，如《汉将王陵变》《季布骂阵词文》《韩朋赋》等。在他看来，敦煌发现的俗文学材料，对于中国的俗文学的演进至少有两点贡献，第一是题材方面，第二是活的辞汇的收集。②

1940 年 10 月 12 日、11 月 16 日，向达在北京大学文科研究所作题为《敦煌学导论》的学术演讲，内容分五节：第一节绪言；第二节"敦煌之历史及其地理"；第三节"敦煌石室藏书之

---

① 刘波：《国家图书馆与敦煌学》，国家图书馆出版社 2018 年版，第 152 页。

② 向达：《记伦敦所藏的敦煌俗文学》，见向达《唐代长安与西域文明》，商务印书馆 2017 年版，第 246~256 页。

发见";第四节"敦煌学研究梗概";第五节赘论。《图书季刊》
以"学术及出版消息"登载了此次演讲稿。①

　　尽管向达所见的敦煌卷子没有其他人那么多,但已可以开展
适当的研究,并小有成绩了。

　　史料之于学术研究的重要性已为学界之共识。"敦煌遗书"
的发现,为学界提供了新的研究史料,促成了敦煌学的建立与发
展。"平馆学人"一方面从馆员职责的身份进行敦煌遗书资料的
采访工作,为之编目整理揭示,供给学术界使用;另一方面也尝
试性开展了一些研究,并取得了较好的研究成绩,在敦煌学研究
中占有重要的一席之地。可以说,他们在"为人之学"与"为己
之学"中找到了平衡。

第二节　"平馆学人"与《赵城金藏》

　　《赵城金藏》是国立北平图书馆(后为北京图书馆、国家图
书馆)的重要特藏,对国家图书馆有着重要的意义。"平馆学人"
对《赵城金藏》的入藏以及整理研究作出了积极贡献。

一、《赵城金藏》的发现与购入

　　1933 年,学界在山西赵城广胜寺发现了金代的一部《大藏

---

　　① 《国立北京大学文科研究所第三第四两次公开学术研究》,载《图书
季刊》1941 年第 1、2 合期。

经》，即《赵城金藏》。关于此一过程，已有多篇文章记述。① 该藏先由范成法师访得，又"承徐森玉居士续往检校，得五千四百余卷，惟依原编千文核之，应有七千卷之富，嗣求之近寺民家，有用以糊壁夹针黹者，出赀收赎，又得三百卷附入，久嗟散失，终难完整"②。尽管很难求得完整，但该藏的历史价值和文献价值极高。"此藏之为山西民间所完成，殆无疑义。其版龄距今多则九百五六十年，至少亦七百八十年以上也。北派刻风，字体朴劲，行款疏密相间，绰有古趣。只以地处僻左，时际乱离，十方闻见既希，全藏流行遂塞。而其摄收之弘博，甄选之精严，虽当残缺之余，犹令人惊叹不已。有梵经佚典，有法相秘文，有古德未见之专书，有历代失编之要录。"③ 该藏的部分经卷曾被借到北平，1935 年由北平三时学会④、国立北平图书馆、影印宋板藏经会等三处影印其中罕见的佛经 49 种，共 3 集 12 函 120 册（原定46 种，约 140 册），定名为《宋藏遗珍》丛书。⑤ 国立北平图书馆影印的是"关于经录部分者如《大唐开元释教广品历章》、《天

---

① 李际宁：《发现〈赵城金藏〉的前前后后（上）》，见《藏书家》第15 辑，齐鲁书社 2009 年版，第 38~44 页。

② 《发行宋藏遗珍缘起》，载《佛学半月刊》第 96 期。

③ 《发行宋藏遗珍缘起》，载《佛学半月刊》第 96 期。

④ 三时学会的前身是"法相研究会"，为韩清净、朱芾煌等于 1921 年创立的。1927 年，"法相研究会"改组为"三时学会"，会员有叶恭绰、梅光羲、徐鸿宝、林宰平、朱芾煌、周叔迦、韩哲武、饶风璜、徐森玉等，由韩清净任会长。该会以讲习、研究、译述及刻印佛教经藏为工作重点，此外并开展救济、施医等社会慈善事业。所刊刻佛书，以版本精美著称。

⑤ 《宋藏遗珍》在《中国丛书综录》《中国丛书综录续编》中未收录。

圣释教总录》（不见各家经著录）、《大中祥符法实录》、《景祐法宝》四种共存四十六卷"①。其中《景祐法宝》全名为《景祐新修法宝录》。1935 年，《宋藏遗珍》影印出版时，由朱庆澜、蒋维乔、欧阳渐、袁同礼、叶公绰、徐乃昌、许文霨、周叔迦等学者共同刊登《发行宋藏遗珍缘起》，并附录《发行宋藏遗珍预约办法》②。

1935—1936 年，国立北平图书馆购买《赵城金藏》40 余卷。1936—1937 年度平馆的馆务报告中再度记录："《赵城金藏》又先后购得百余卷，皆存卷子本旧式，古色古香，至足珍贵。所刊经文以校通行本异文甚多，此后仍当广事搜集，俾作有系统之研究。"③ 可见，只要有机会，该馆即积极购藏。到 1949 年大批调拨《赵城金藏》之前，该馆已收得 192 卷。

1949 年 4 月 24 日，保管《赵城金藏》的张文教奉令将经卷运送至北平，在太行行署的协助下，于 4 月 30 日运抵北平。5 月22 日，《人民日报》刊发了《名经四千余卷运抵平市》的报道。

二、《赵城金藏》的划拨展览、保护与修复

《赵城金藏》经一番曲折入藏国立北平图书馆后，保护与利

---

① 《山西赵城广胜寺金刻藏经影印志闻》，载《大公报》1933 年 10 月12 日。

② 《发行宋藏遗珍缘起》一刊于《佛学半月刊》第 96 期，另又刊于《海潮音》第十六卷第一号。

③ 国立北平图书馆编：《国立北平图书馆馆务报告　民国二十五年七月至二十六年六月》，国立北平图书馆 1937 年版，第 3~4 页。

用工作迅速展开。

（一）关于修复与保护的座谈

1949①年5月14日，国立北平图书馆召开了"赵城金藏展览座谈会"②。该座谈会由代理馆长王重民主持，于力（董鲁安）③、范文澜、王冶秋、马叔平（马衡）、向达、韩寿萱、周叔迦、巨赞、晁哲甫、季羡林、张文教、程德清、赵万里13人参加。王重民请与会者提供保管与修复的意见，参会者均提供了良好的意见，详见会议纪要。④ 现将一些国立北平图书馆学人所论的涉及古籍保护和修复的重要意见摘录如下：

赵万里在座谈会中报告了《赵城金藏》的源流与价值以及修复保藏的问题。⑤ 他回顾了《赵城金藏》的发现过程，肯定了《赵城金藏》与北宋初年《开宝藏》行款相同，与敦煌发现的唐写本也相类似，因此有重要的学术研究价值。此外，《赵城金藏》是代表金代平水文化最标准的刻本，在版本学及中国雕版印刷史

① 此前多记为1950年，据刘波之考证改。

② 关于此次座谈会，后人有所研究，可参见林世田、赵洪雅《〈赵城金藏〉展览座谈会纪要校录及考释》，载《文津学志》第18辑，第232~240页。

③ 董鲁安（1896—1953），北京人，教育学家，作家。曾任华北联合大学教育学院院长。

④ 《赵城金藏展览座谈会纪要》，见北京图书馆馆史资料汇编（二）编辑委员会编《北京图书馆馆史资料汇编（二）（1949—1966）》上册，北京图书馆出版社1997年版，第478~485页。

⑤ 《赵城金藏展览座谈会纪要》，见北京图书馆馆史资料汇编（二）编辑委员会编《北京图书馆馆史资料汇编（二）（1949—1966）》上册，北京图书馆出版社1997年版，第478~485页。

上尤有价值。但如此重要的研究资料，保存状况堪忧。此经在抗日战争期间，为免于被日寇掠夺，紧急转移，曾藏于山西煤矿的矿洞内，保存不佳，亟需保护。首先须经整理，一是要打开已经碳化几成木棒的经卷，另一个才是编目的问题。而打开经卷这一步就带来了古籍修复的重大问题，即修复人手、修复用纸和保存装具等问题。

其后赵万里又将《赵城金藏》修复的原则和其他问题做了阐述。他说："于（注：于力）老谈装潢问题很多宝贵意见。过去本馆装修的观点是将每一书完全改为新装。此办法始而觉得很好，其后则发现它不对。一本书有它的时代背景，所以自（民国）廿三年后决定不再改装，以保存原样，所以装修一书有时用不上太多材料。馆藏《赵城藏》即保持其原来面目。今天成问题的是人力而不是财力，因所费恐不太多。此外，山西、湖南均有《开宝藏》，我们希望政府注意此事，能将此批经卷都能运来北平。又西安有《碛砂藏》，望政府留心保护，因此我联想到中国古物太多，即如《雍正经》（即《乾隆大藏经》）现藏柏林寺，解放前曾驻军队，迄今是否完好，是值得挂虑的。"①

在此段中，经与国立北平图书馆及原京师图书馆历史上"整旧如新"做法比较，赵万里肯定了1934年开始的古籍重装"保存原样"的做法。同时由此及彼，也提到了《开宝藏》

① 摘自《赵城金藏展览座谈会纪要》，见北京图书馆馆史资料汇编（二）编辑委员会编《北京图书馆史资料汇编（二）（1949—1966）》上册，北京图书馆出版社1997年版，第478~485页。

《碛沙藏》等的保护问题，希望引起相关部门的注意。赵万里这一段发言通常被后人视为古籍修复原则"修旧如旧"的确立。

王重民作为代理馆长主持了本次座谈，在座谈会中谈道："此经为国宝……跋涉千里而入本馆。荣负保藏之责，将努力修整，以便与本馆原存一九二卷并为一体。"① 王重民肯定了《赵城金藏》"国宝"的地位，也表明了该馆对此藏加以保护的决心。

周叔迦提出："此经堪称国宝。战士以流血精神保卫此经，正合佛家故事，值得称赞！三时学会及其他方面曾三印此经，曾有印四集之议，未及付梓，抗战军兴，因而作罢。余希望馆方除保藏外，仍须择其重要者重印，以广流传。"② 佛家故事中护法者为护经不遗余力，甚至不惜流血牺牲生命。转移此经中，也有几位八路军战士献出了生命，为此周叔迦谓之"正合佛家故事"。另其从《赵城金藏》"重印"的再生性保护而论述的。影印《宋藏遗珍》时，曾用手工连史纸影印了三集，后再欲印第四集时，因全面抗战爆发而中辍。周叔迦强调了该藏的再生利用问题。

向达提出："可否印一小册子，综述此经源流始末及保藏经过，今后整理的计划等，供人参考，并以发扬解放军爱护文物之

① 摘自《赵城金藏展览座谈会纪要》，见北京图书馆馆史资料汇编（二）编辑委员会编《北京图书馆馆史资料汇编（二）（1949—1966）》上册，北京图书馆出版社 1997 年版，第 478~485 页。

② 摘自《赵城金藏展览座谈会纪要》，见北京图书馆馆史资料汇编（二）编辑委员会编《北京图书馆馆史资料汇编（二）（1949—1966）》上册，北京图书馆出版社 1997 年版，第 478~485 页。

热心。"① 继而王重民委托向达撰写，并请北大方面继续给予支持。向达后撰有《记赵城藏的归来》一文，文内提及："看看展览的古代经卷，似乎每一卷上都染有人民战士的血花，才渐渐明白文物的保存不是容易的事，而人民所创造出来的东西，也只有靠人民的力量才能保存，才能光大。时间的考验，英雄帝王，象（像）电光石火，终不免黄土一抔，人民却永垂不朽，人民所创造的也永垂不朽。"②

可见，以徐森玉、袁同礼、王重民、赵万里、向达为代表的"平馆学人"推动了对《赵城金藏》的修复与保护工作。徐森玉在 20 世纪 30 年代参与了《赵城金藏》的调查与收购工作。袁同礼主持陆续购进了 192 卷《赵城金藏》。徐森玉和袁同礼还参与了《赵城金藏》的影印工作。后王重民作为代理馆长，主持《赵城金藏》划拨转运等事宜。赵万里作为古籍善本部的负责人，在《赵城金藏》的修复和保护方面提出了方向，定下了基调。因其提出了修复时"保持其原来面目"的论述，赵万里被认为是古籍修复"修旧如旧"原则最早的提倡者之一。向达从历史文献的角度，论述了《赵城金藏》的价值。此次会议中，文物保护工作者如王冶秋、韩寿萱等，佛教界人士如周叔迦、巨赞等，历史学家如范文澜、季羡林等，金石学家、博物馆专家如马衡等，亦参与

---

① 摘自《赵城金藏展览座谈会纪要》，见北京图书馆馆史资料汇编（二）编辑委员会编《北京图书馆馆史资料汇编（二）（1949—1966）》上册，北京图书馆出版社 1997 年版，第 478~485 页。

② 向达：《记赵城藏的归来》，载《人民日报》1949 年 5 月 31 日。

其中。如今《赵城金藏》已成为国家图书馆的镇馆之宝，其修复案例、其在中国雕版印刷史上的价值、其对佛教研究的推动，均成为古籍保护工作者关注的重点。

（二）展览

1949 年 9 月，部分装潢好的《赵城金藏》目录、传记以及著述以展览的形式展出。国立北平图书馆（实为赵万里）为该展览撰写了说明，该说明完整地分析了《赵城金藏》的源流、价值，并介绍了转运到北平图书馆的经过。内中提及："我们现在将装潢好的金藏，分作经律论目录传记及入藏著述两部分，择优展览，并将宋元明三朝刻的南京大藏经样本也同时陈列，以便比较研究。希望爱好这部藏经而来参观的先生们，对于这部藏经处理的办法，如有高见，千万勿吝指示！"① 此次展览，不仅展示了《赵城金藏》部分经卷，还展示了南京《大藏经》样本，可让阅览者进行比较研究。

9 月 15 日，《人民日报》刊发《赵城藏展览》的报道，引起了社会的广泛关注。笔者曾以此为例，说明展览等古籍传承性保护的巨大影响②，这次展览在《赵城金藏》的保护史上有着重要的意义。

---

① 北京市档案馆编：《城市解放系列丛书 北平解放》上册，中国档案出版社 2009 年版，第 408~409 页。现又收入《赵万里文集》第 2 卷。见《赵万里文集》第 2 卷，上海科学技术文献出版社、国家图书馆出版社 2012 年版。

② 周余姣、田晨、武文杰、曾晓、任雪：《古籍传承性保护的理论探索》，载《图书馆杂志》2020 年第 12 期。

在《赵城金藏》发现后，"平馆学人"如徐森玉、袁同礼等参与其中，进行了调查、收购并推动影印出版的工作。但主体《赵城金藏》划拨给国立北平图书馆的时间是在 1949 年，此前只有零散的 192 卷，其后又很长一段时间处在古籍修复的阶段，"平馆学人"未能利用其开展大量的研究。但赵万里、王重民为《赵城金藏》的入藏以及修复、保护工作作出了贡献，为后人加强相关的保护、研究工作奠定了基础。今日之《赵城金藏》，其保护、修复和利用，仍是古籍保护史的重要研究课题。

第三节 "平馆学人"与《永乐大典》

《永乐大典》是永乐年间由政府编修的一部大类书，也是一部重要的明写本文献。后又由嘉靖皇帝主持誊写了一份副本。正本在明末清初之际不知所踪，副本几经承传，原藏在翰林院。在庚子之乱时，受兵燹影响，仅存 64 册。京师图书馆开办之初，学部即奏请将《永乐大典》拨付当时的京师图书馆典藏。1912 年 7 月，教育部拨付 60 册《永乐大典》交京师图书馆典藏①，随后收集日渐增多。1929 年，北平图书馆藏《永乐大典》已有 80 余册②，

---

① 北京图书馆业务研究委员会编：《北京图书馆馆史资料汇编（1909—1949）》，书目文献出版社 1992 年版，第 30 页。

② 北京图书馆业务研究委员会编：《北京图书馆馆史资料汇编（1909—1949）》，书目文献出版社 1992 年版，第 283 页。

1930—1931 年度共收 77 卷，计 44 册，合旧藏共 153 册①（含影摄、影钞）。1949 年，国立北平图书馆藏大典原本有 110 册。②"平馆学人"中已对《永乐大典》多有研究，代表性的有袁同礼和赵万里等人。

一、袁同礼与《永乐大典》之征集与调查

袁同礼在管理整个国立北平图书馆的工作中，其个人也从事了一个比较重要的研究课题，就是致力于对《永乐大典》开展深入研究。其中一项重要的工作，就是对《永乐大典》现存卷目的调查。此工作历时多年，且一直坚持不懈。

1924 年，袁同礼在《学衡》第二十六期上发表《〈永乐大典〉考》一文。在该文中，前有考证，后有列表。袁同礼统计了其耳目所及的《永乐大典》有"一百四十九册，计二百七十五卷"。并建议："（一）藏于国外之各卷，亟宜择要影摄，仿今西法景印，无刊刻校勘之劳，时间经济两皆省便，虽属吉光片羽，当亦为嗜古者所同珍。（二）国内公私所藏，其卷数为此篇所未及者，应亟惠公布，我国藏书家每以藏有秘本自诩，不愿公之于世，一有错失焚毁，天壤间遂不复存，其阻碍学术也何限。今宜借出景印，俾不湮没，他日次第刊行，流布海内，固艺林之快事

---

① 国立北平图书馆编：《国立北平图书馆馆务报告　民国十九年七月至二十年六月》，国立北平图书馆 1931 年版，第 21~25 页。

② 李致忠主编：《中国国家图书馆馆史资料长编（1909—2008）》，国家图书馆出版社 2009 年版，第 27 页。

也。国内藏书家其有意乎?"① 为加强对《永乐大典》的保护，其主张用影印的再生性保护方式，制造复本，加强对文献内容的保护。为此向国内藏书家提出倡议，希望大家都能共同致力于此。

其后，袁同礼又在《中华图书馆协会会报》第一卷第四期上发表《〈永乐大典〉现存卷目》一文，又将其新发现的《永乐大典》卷数加以汇报，为"春游德奥，发见四册。近游大连，又得其二……（上海涵芬楼藏七册，此外藏书家如傅氏、李氏、陶氏、罗氏、周氏、日人大仓氏，各有数册，卷数待查）"②。并不断制为续目，有与刘国钧合编的续目③，有其1927年东游日本，又得二十七册的又一续目④。

1929年，袁同礼发表《永乐大典现存卷目表》，在表前袁同礼题记如下："《永乐大典》为有明一代巨制，天壤间罕见之书，多赖之以传。今全书已散佚，然余历年足迹所至，于海内外公私藏家所见，殆不下二百余册。已先后载其目于《学衡杂志》及《图书馆学会报》⑤中。今年春，复排比前目，益以最近所闻见

---

① 摘自袁同礼《〈永乐大典〉考》，见袁同礼《袁同礼文集》，国家图书馆出版社2010年版，第90~101页。

② 摘自袁同礼《〈永乐大典〉现存卷目》，见袁同礼《袁同礼文集》，国家图书馆出版社2010年版，第102~110页。

③ 袁同礼、刘国钧:《〈永乐大典〉现存卷数续目》，见袁同礼《袁同礼文集》，国家图书馆出版社2010年版，第111~113页。

④ 袁同礼:《〈永乐大典〉现存卷数续目》，见袁同礼《袁同礼文集》，国家图书馆出版社2010年版，第114~116页。

⑤ 应为《中华图书馆协会会报》。

者，实得二百八十六册，然尚不及全书百之二耳。至其他残存之数，固当倍蓰于此，海内外学人有以所藏所见卷数见示者，余日望之矣。十八年二月袁同礼识。"① 1929 年，其所统计的为"286册542卷"。该表分卷数、叶数、韵目、内容、庋藏、杂记六栏。《永乐大典现存卷数表再补》② 又补柏林人类博物院另外三册之信息（原已有一册）。

同年，国立北平图书馆与海内外公私藏家，商洽借抄《永乐大典》。并与美国国会图书馆、英伦博物院、河内远东学院诸处，交换副本，以广流传。③

1932 年，袁同礼在其《近三年发见之永乐大典》一文中，又叙其历年搜求情况："《永乐大典》为明代最大类书。罕见之书，多赖之以传。原书共二万二千九百三十七卷十五册，计一万一千九十五册。光绪庚子翰林院被火灾，全书尽付一炬。其现存卷目，流入国内外公私藏家者，曾载于《学衡杂志》第二十六期，《中华图书馆协会会报》（第一卷四期，二卷四期，三卷一期），《北平北海图书馆月刊》（第二卷四期）。三年以来，陆续访求，又得一百零七卷，计六十册。"④ 其继续用表格的形式标注《永

---

① 袁同礼：《永乐大典现存卷目表》，载《北平北海图书馆月刊》1929年第 3、4 合期。

② 袁同礼：《永乐大典现存卷数表再补》，载《国立北平图书馆月刊》1929 年第 5 期。

③ 《永乐大典副本之交换》，载《国立北平图书馆月刊》1929 年第 6期。

④ 袁同礼：《近三年来发见之永乐大典》，载《国立北平图书馆读书月刊》1932 年第 6 期。

乐大典》的存藏信息，分卷数、叶数、韵目、内容、皮藏、杂类
六栏。文末附有备注，告知"北平图书馆近搜得旧抄本《永乐大
典目录》一巨册，首叶末叶均盖有翰林院钤印，当为翰林院旧目
无疑。此目所载册数，尚有九千三百余册之多，所缺卷数共二千
三百八十四卷，与全谢山记载所缺之卷数几相等。可断定此目为
乾隆时写本也。二十一年二月五日记"①。这一年，学界新搜求到
60 册，加前有的 286 册，为 346 册。又加末尾备注新发现的 1
册，当为 347 册。而在该年《国立北平图书馆馆刊》刊发的
《〈永乐大典〉现存卷目表》中，又增至 349 册 663 卷。②

　　1933 年，62 册《永乐大典》随同其他国立北平图书馆甲库
善本书南迁至上海。这批善本后被运至美国，又于 1965 年被运
至我国台湾地区，但其所有权仍属现在的国家图书馆。同在这一
年，国立中央图书馆发起影印《四库全书珍本初集》。经袁同礼、
赵万里等人的建议，很多《永乐大典》本文献得以附在其中影
印③，起到了再生性保护的作用。

　　1939 年，又续得《永乐大典》数册，袁同礼继续为文撰写
《永乐大典现存卷目表》，并再强调："《永乐大典》为有明一代

---

①　袁同礼：《近三年来发见之永乐大典》，载《国立北平图书馆读书月
刊》1932 年第 6 期。

②　摘自袁同礼《〈永乐大典〉现存卷目表》，见袁同礼《袁同礼文
集》，国家图书馆出版社 2010 年版，第 151~173 页。

③　因此次影印《永乐大典》本文献较多，傅斯年戏谓之"《永乐大
典》辑本刊遗"。见汤蔓媛纂辑《傅斯年图书馆善本古籍题跋辑录》第一
册，"中央研究院"历史语言研究所 2008 年版，第 79 页。

巨制，天壤间罕见之书，多赖之以传。今全书已散佚，然余历年足迹所至，于海内外公私藏家所见，殆不下三百五十册。已先后载其目于《学衡杂志》《图书馆协会会报》《北海图书馆月刊》中。今秋复排比前目，益以最近所闻见者，实得三百六十七册，然尚不及全书百之三耳。至其他残存之数，固当倍蓰于此，海内外学人有以所藏所见卷数见示者，余日望之矣。二十八年七月袁同礼识。"① 此时《永乐大典》现存数目上升至 367 册。此表涵盖卷数、叶数、韵目、内容、庋藏、杂记等栏。"杂记"部分犹如今日之"备注"，或记录存卷情形、影印状况、录副状态、递藏源流，等等，部分也备注所涉内容。有此一表，后来研究者可据目而查。

从以上可以看出，自 1923 年开始到 1939 年间，近 20 余年的时间，袁同礼一直关注着《永乐大典》的调查、购藏、影印及保护工作，铢积寸累，慢慢增加，体现了其为学的毅力与恒心。

除对《永乐大典》卷数的统计，袁同礼还注意收集关于《永乐大典》的文献。如补充孙伯恒《永乐大典考》失收的文献，有明代关于修纂及重录《永乐大典》之文献、明清人札记杂书中所记关于《大典》之记载以及自军机处档案录出的乾隆时关于《永乐大典》的档案。② 袁同礼在繁忙的馆务工作间隙，抽暇从事《永乐大典》的跟踪与调查，并坚持多年，是非常难能可贵的。

---

① 袁同礼：《永乐大典现存卷目表》，载《图书季刊》1939 年第 3 期。
② 袁同礼：《关于〈永乐大典〉之文献》，见袁同礼《袁同礼文集》，国家图书馆出版社 2010 年版，第 141~150 页。

二、《永乐大典》之研究与利用

《永乐大典》是辑佚的重要文献来源。"平馆学人"从中辑出了不少文献。如缪荃孙辑出《曾公遗录》《中兴战功录》《明永乐顺天府志》《明泸州志》等书。① 赵万里从《永乐大典》中辑出不少文献，如《永乐大典内之周美成佚诗》② 等。此外还有《永乐大典内辑出之佚书目》，其记述该文缘起为："今年春《图书馆月刊》拟出'永乐大典专号'，余乃以旬日之力，别纂此目，合四库馆臣及以后诸家所辑，得书四百九十余种，其中有已辑而实未佚者，则别为附录于后。至诸家据《大典》校补者，如方言《春秋繁露》等书，别为表殿焉。草稿略具，亟付手民；罣漏之讥，知无能免。因略书所见，以弁其首。惟达者董正之！"③ 此外叶恭绰从英国带回的《永乐大典》"戏文第二十七"一册，北平图书馆借以录副，赵万里"遂得纵览一过，复于暇日检阅全目"，辑出部分戏曲，"倘未见诸书，得旦暮遇之；则兹之所记，为不虚矣"④。

赵万里潜心词曲研究，也在词曲方面搜辑了不少佚书。有

---

① 国家图书馆、国家典籍博物馆编：《珠还合浦 历劫重光——〈永乐大典〉的回归与再造》，国家图书馆出版社 2021 年版，"前言"。

② 万里（赵万里）：《永乐大典内之周美成佚诗》，载《北平北海图书馆月刊》1929 年第 3、4 合期。

③ 赵万里：《永乐大典内辑出之佚书目》，载《北平北海图书馆月刊》1929 年第 3、4 合期。

④ 赵万里：《记永乐大典内之戏曲》，载《北平北海图书馆月刊》1929 年第 3、4 合期。

《宋词搜逸》①、《二金人词辑》②、《永乐大典内之元人佚词》③等。据统计，其先后共辑出《陈了翁年谱》《薛仁贵征辽事略》《元一统志》等珍贵佚书 208 种。④

1951 年 8 月 13 日，数册《永乐大典》回归，《永乐大典》展览会开幕。赵万里还曾撰写《永乐大典展览的意义》⑤一文阐述展览对《永乐大典》的三个意义：一是加强保护，促进研究；二是彰显国际友谊；三是鼓励藏书家捐赠。文中还附了九十八册的展览目录。

作为一部重要的古代类书，《永乐大典》在"平馆学人"心目中占据了重要的地位。袁同礼在其繁忙的公务之暇，致力于对《永乐大典》的调查和搜集工作，起到了很好的表率作用。《永乐大典》所具有独特的辑佚价值，"平馆学人"亦有深刻认识。缪荃孙、赵万里均从中辑出了不少失传的文献。他们的这些工作为后来增进对《永乐大典》的保护和利用工作奠定了良好的基础。

---

① 赵万里：《宋词搜逸（续）》，载《北平北海图书馆月刊》1929 年第 3、4 合期。

② 赵万里：《二金人词辑》，载《北平北海图书馆月刊》1929 年第 3、4 合期。

③ 万里（赵万里）：《永乐大典内之元人佚词》，载《北平北海图书馆月刊》1929 年第 3、4 合期。

④ 国家图书馆、国家典籍博物馆编：《珠还合浦　历劫重光——〈永乐大典〉的回归与再造》，国家图书馆出版社 2021 年版，"前言"。

⑤ 赵万里：《永乐大典展览的意义——一九五一年八月北京图书馆举办》，载《文物参考资料》1951 年第 9 期，亦载《文汇报》。

小　结

　　在这个"资源为王"的时代，古籍特藏是一种重要的资源。有国家图书馆地位的国立北平图书馆，存藏了丰富的馆藏资源。四大镇馆之宝，有敦煌遗书、《赵城金藏》、《永乐大典》、《四库全书》。只有借助丰富的文献资源，学人才能取得相应的学术成绩。

　　敦煌遗书的发现，为一门新兴之学——敦煌学的产生之前提，这一门学问也成了国际性的学问。敦煌遗书入藏该馆后，前后有多人参与整理编目。从最简单的财产目录，到研究性书目的编制，凝结了整理者数十年的心血。王重民等人还远赴海外去访求敦煌遗书，为之编写叙录，拍照传回国内。就采访到的材料，"平馆学人"如王重民、向达等人亦开展了部分研究。

　　《赵城金藏》的发现，经历十分曲折。在转运过程中，八路军战士曾为抢救这一民族文化遗产而献出了宝贵的生命。经过"平馆学人"的积极争取，这一文化遗产才得以入藏国立北平图书馆。为了加强对《赵城金藏》的保护工作，"平馆学人"迅速开展展览及修复等工作。如今对《赵城金藏》的保护与修复，已成为当今古籍保护事业的重要议题。

　　作为一部浩大且重要的类书（《不列颠百科全书》中称其为"世界有史以来最大的百科全书"），《永乐大典》在文献辑佚方面发挥了巨大的作用。在采访搜集过程中，尽管很艰辛，袁同礼等"平馆学人"仍然费心收集。此后，"平馆学人"也利用《永乐大典》辑出了部分文献，并开展了一些研究，为今人的研究奠定了基础。赵万里等人还为其他学者提供《永乐大典》的抄写服务。2021 年 5 月 31 日，在国家图书馆举办了"珠还合浦　历劫重光——《永乐大典》的回归与再造"展览，分为"大典犹看永乐传""合古今而集大成""久阅沧桑惜弗全""遂使已湮得再显""珠还影归惠学林" 5 个单元①，并成立了专门的《永乐大典》研究中心。目前国家图书馆藏《永乐大典》共 224 册（其中 62 册暂存我国台湾地区），随着古籍保护意识的逐步增强，相信今人将在《永乐大典》的保护和利用上进入一个新的阶段。

关于《四库全书》，因篇幅较大，暂放入下章探讨。可以说，今日国家图书馆四大镇馆之宝的存藏格局基本上是国立北平图书馆时期奠基的。

① 国家图书馆、国家典籍博物馆编：《珠还合浦　历劫重光——〈永乐大典〉的回归与再造》，国家图书馆出版社 2021 年版。

第六章

"平馆学人"与《四库全书》

第一节　《四库全书》之入藏与影印

文津阁《四库全书》是国立北平图书馆的镇馆之宝之一。目前，对《四库全书》的研究是学界的热点。"平馆学人"对文津阁《四库全书》之保护和研究也曾作出了突出的贡献，现分而述之。

一、文津阁《四库全书》

乾隆时期修《四库全书》，共抄得 7 部，分储 7 处，此为学界共识。文津阁《四库全书》为其中之一，据清高宗弘历所撰《文津阁记》记载：

> 辑《四库全书》分为三类，一刊刻，一抄录，一只存书目。其刊刻者，以便于行世，用武英殿聚珍版刷印，但边幅颇小。爰依《永乐大典》之例，概行抄录正本，备天禄之储，都为四部，一以贮紫禁之文渊阁，一以储盛京兴王之

地，一以贮御园之文源阁，一以贮避暑山庄，则此文津阁之
所以作也。

盖渊即源也，有源必有流，支派于是乎分焉。欲从支
派寻流，以溯其源，必先在乎知其津，弗知津，则蹴迷途
而失正路，断港之讥，有弗免矣。故析木之次丽乎天，龙
门之名标乎地，是知津为要也。而刘勰所云，"道象之妙，
非言不津；津言之妙，非学不传"者，实亦先得我心之
所同。

然夫山庄居塞外，伊古荒略之地，而今则间阎日富，礼
乐日兴，益兹文津之阁，贮以四库之书，地灵境胜，较之司
马迁所云名山之藏，岂啻霄壤之分也哉！①

此记说明了文津阁得名之由来，有名山之藏的深刻寓意在其
中。而文津阁《四库全书》相较其他阁的《四库全书》，最为完
备。所存图书各册首尾均分盖有"文津阁宝""太上皇帝之宝"
"避暑山庄"之印，且有原架原函。原书移藏国立北平图书馆后，
避暑山庄之文津阁在民国年间渐就倾圮。

二、文津阁《四库全书》之入藏

1913 年 6 月 27 日，教育部致函热河都统，拟派员迎取在承
德避暑山庄的文津阁《四库全书》。8 月 12 日，热河都统回函，
同意移交。1914 年 1 月 6 日，热河都统姜桂题将文津阁《四库全

---

① 清高宗：《文津阁记》，载《图书馆学季刊》第 1 卷第 1 期。

书》押运到京，竟被内务部中途拦截运往位于故宫文华殿的古物陈列所。1915 年 8 月 6 日，经交涉，教育部致函内务部，声明应将文津阁《四库全书》移交京师图书馆。8 月 25 日，内务部复函同意移交，并请派员商定移交手续。8 月 30 日，教育部派佥事周树人（鲁迅）、主事戴克让二人于 9 月 1 日到内务部商定具体的移交手续。议定自 9 月 6 日开始派员点收，至 10 月点收完毕。又商定移交《四库全书简明目录》和《四库全书》书架，直到 1916 年 11 月才全部移交到馆。①

三、文津阁《四库全书》之调查与利用

1919 年，有人提出影印《四库全书》，但必须先知道全书有多少页，才能决定用多少纸张，多少人力、物力，再估计成本作印书计划。1920 年，该馆编有《文津阁四库全书统计表》。其后陈垣又组织王冷斋等七人进行清点，历时三月，将每部书的书名、作者、卷数、函数、册数、页数等都一一调查填写。② 其调查的文津阁书册数、页数于 1937 年发表。③

1923 年 12 月 14 日，教育部令京师图书馆准许浙江教育厅借抄文津阁《四库全书》以补文澜阁《四库全书》佚卷。此后京师图书馆协助浙江省立图书馆补抄。1924 年 11 月 22 日，教育部令

---

① 李致忠主编：《中国国家图书馆馆史资料长编（1909—2008）》，国家图书馆出版社 2009 年版，第 147~151 页。

② 刘乃和：《陈垣与北京图书馆》，载《文献》1982 年第 4 期。

③ 陈垣：《文津阁书册数页数表》，载《北京近代科学图书馆馆刊》1937 年第 2 期。

以京师图书馆所藏文津阁《四库全书》为原本，设立"流通《四库全书》缮校处"。1925 年，教育部又令京师图书馆文津阁《四库全书》交商务印书馆影印，因战事阻隔交通而中辍，只得又于1926 年启封照旧流通。①

《四库全书》藏于七阁中，文渊阁本远去台北，文溯阁本西去甘肃，文澜阁本补残，文源阁本、文汇阁本、文宗阁本均毁于兵火，只有文津阁《四库全书》原架、原函、原书安然存于今日之国家图书馆，这都是国立北平图书馆保护有功的结果。

四、《四库全书》之影印

1933 年，国立北平图书馆与国立中央图书馆筹备处就影印《四库全书》一事引发的学术讨论，产生了极大的影响。在这次学术论争中，产生了 5 份《四库全书》影印选目。"平馆学人"就影印《四库全书》问题发表了较多的论著，提出了"以善本代替库本"的影印主张，为影印《四库全书》提供具体方案，并推动了对《四库全书》的研究。"平馆学人"参与的这次学术论争，产生了以下影响：参与个体多，参与面广，获得了来自版本目录学界的广泛支持；为《四库全书珍本初集》的影印献策献力，实现了影印《四库全书》的部分主张；为后人提供研究之资，促成了《大公报·图书副刊》的产生；完成《国立北平图书馆善本丛书第一集》之影印，推动了古籍保护事业的发展。笔者在前期的

---

① 李致忠主编：《中国国家图书馆馆史资料长编（1909—2008）》，国家图书馆出版社 2009 年版，第 203~204 页。

研究成果《"平馆学人"与〈四库全书〉之影印》① 一文中已有非常详细的考述。为省篇幅，此处不赘。

第二节 "平馆学人"与《续修四库全书》

"平馆学人"除积极参与《四库全书》的相关事务，在民国期间《续修四库全书》的编纂过程中，亦起到了很大的作用。在七七事变爆发后，部分学人也因参与《续修四库全书》的编纂受到一定的影响。

一、《续修四库全书》之背景

清光绪十五年（1889），翰林院王懿荣（侍讲衔编修）进呈《四库全书恳恩特饬续修疏》，倡议续修《四库全书》。此后，多人进言，但因无经费而罢。1924 年末，日本仿照美、英退还庚款，并将退还庚款用于文化教育事业，成立了"东方文化事业总委员会"，中国方面任命柯劭忞（1850—1933）、王树枏（1852—1936）、邓萃英（1885—1972）、汤中（1882—?）、王式通（1864—1931）、王照（1859—1933）、贾恩绂（1865—1948）、江庸（1878—1960）、胡敦复（1886—1978）、郑贞文（1891—1969）、熊希龄（1870—1937）11 位委员，日本方面任命狩野直喜（1868—1947）、服部宇之吉（1867—1939）、入泽达吉（1865—1938）、大河内正敏（1878—

---

① 周余姣：《"平馆学人"与〈四库全书〉之影印》，载《山东图书馆学刊》2021 年第 3 期。

1952)、太田为吉（1931—1969）、山崎直方（1870—1929）、濑川浅之进（生卒年不详）7 位委员。柯劭忞为总裁，服部宇之吉、王树枏为副总裁。此后，这些委员人选也有所变动，如 1925 年 9 月，中国方面熊希龄辞职，由梁鸿志补任；日本方面太田为吉另任他职，由堀义贵补任；1926 年 6 月，日本增派大内畅三为委员，1927年 10 月邓萃英辞职，由杨策补任。同时分设"北平人文科学研究所"与"上海自然科学研究所"，开设"东方文化图书馆筹备处"。"北平人文科学研究所"曾计划以《续修四库全书提要》及《新字典》《十三经索引》三者为研究事项，后以同时不便实行三个项目为由，先发起《续修四库全书总目提要》的图书提要编撰计划。《续修四库全书提要》，先就两层进行：（1）搜集乾隆《四库全书提要》内失载各书；（2）采集乾隆以后至宣统末年名人著作。选定著录书目，但今人生存者不录。①

东方文化图书馆筹备处后聘徐森玉为事务主任，负责征集撰写提要所需的古籍。为购书，专门制定了《图书筹备章程》，前两条云：

"第一条：图书筹备委员掌编纂、调查、搜集将来应储存于图书馆及要于《四库全书》补遗、《续修四库全书总目提要》之书籍。第二条：关于前条图书之搜集、购置，凡一部书价 200 元以上者，须经图书筹备评议员会之议决。"②

---

① 罗琳：《〈续修四库全书总目提要〉编纂史纪要》，载《图书情报工作》1994 年第 1 期。

② 罗琳：《〈续修四库全书总目提要〉编纂史纪要》，载《图书情报工作》1994 年第 1 期。

该筹备处自 1926 年至 1937 年，购书 15420 部（含 1936 年 64 部赠书）、165999 册（含赠书 135 册），费去银元 399675.01。[①]

自 1931 年 7 月至 1945 年 7 月，为《续修四库全书》的编纂时期。由我国经学、史学、文学、文字学、目录学、方志学、敦煌学等各个方面的专家学者撰写，共收入古籍 33000 余种，成为又一部大型书目提要工具书。其规模，"据档案及原稿统计，稿多达 31800 余篇，累计 1500 余万字"[②]。其收书范围是：

（一）《四库全书总目提要》虽已收录，但窜改、删削过甚或版本不佳的书籍；

（二）修改阮元的《四库未收书目提要》；

（三）《四库全书总目提要》遗漏的书籍；

（四）乾隆以后的著作和辑佚书籍；

（五）禁毁书和佛、道藏中的重要书籍；

（六）词曲、小说及方志等类书籍；

（七）敦煌遗书；

---

① 罗琳：《〈续修四库全书总目提要〉编纂史纪要》，载《图书情报工作》1994 年第 1 期。

② 郭永芳：《〈续修四库提要〉纂修考略——〈续修四库提要〉专题研究之一》，载《图书情报工作》1982 年第 5 期。

（八）外国人用汉文撰写的书籍。①

随着抗日战争的胜利，该书编纂未能全部完成，也没能正式出版，只有一部分提要稿完成了打印。近半个世纪以来，学界逐渐意识到《续修四库全书》的学术价值，逐渐整理出版。据学者分析，《续修四库全书总目提要》共有四个版本：一是台湾商务印书馆 1972 年版，只收了 10070 篇提要，共 13 册；二是大陆翻印台湾商务印书馆本；三是中华书局 1993 年本，但只经部上、下两册，只 4573 篇提要；四是齐鲁书社 1996 年本，正文 37 册，索引 1 册，收提要 3.3 万余篇。② 在这些版本中，齐鲁书社本最全，且是影印出版，是当下研究《续修四库全书总目提要》的主要参考资料。

二、"平馆学人"与《续修四库全书总目提要》的撰写

（一）"平馆学人"参与撰写《续修四库全书总目提要》的整体情况

据统计，参加《续修四库全书总目提要》撰写的撰稿人共有 71 人，整理者 5 人。另又说有 85 人，根据是王云五所撰序中称"关于撰著提要及负责整理之人，据桥川氏告我国何朋氏，共有

---

① 中国科学院图书馆编：《续修四库全书总目提要 稿本》第 1 册，齐鲁书社 1996 年版，第 8 页。

② 潘树广：《续修四库提要的四种版本》，载《古籍研究》2001 年第 1 期。

八十五名，皆为积学之士，其中尤多为目录学者"①。如其所说，后人谓之基本算得人，如："柯劭忞、伦明、江瀚、吴承仕之于经，冯承钧、傅振伦、刘节、谢国桢、商鸿逵之于史，谭其骧之于地理，董康、胡玉缙、傅增湘、赵万里、王重民之于目录、版本，杨树达之于语言文字，罗振玉、向达、王重民之于敦煌卷子，孙楷第之于小说，傅惜华之于戏曲，周叔迦之于佛教经典，都是一时之选。"② 当时收罗了一大批学者从事该项工作，其中国立北平图书馆学人也多参与其中，计有江瀚、王重民、向达、茅乃文、孙楷第、赵万里、刘节、谢国桢、谭其骧、萧璋等 10 余人。1996 年中国科学院图书馆将《续修四库全书》提要稿予以整理，并交由齐鲁书社影印出版。根据该书的"提要撰者表"③，并结合前人的研究成果④，据此，我们可以编撰下表：

---

① 摘自王云五《续修四库全书提要序》，见王云五《王云五全集 19 序跋集编》，九州出版社 2013 年版，第 431~442 页。

② 摘自《走出半世纪尘封的珍籍——〈续修四库全书总目提要〉原稿本影印问世》，见王绍曾《目录版本校勘学论集》，上海古籍出版社 2005 年版，第 444~450 页。

③ 中国科学院图书馆编：《续修四库全书总目提要》第 1 册，齐鲁书社 1996 年版，第 8 页。

④ 郭永芳：《〈续修四库全书总目提要〉的整理方法与评价》，载《图书情报工作》1988 年第 4 期。王亮：《民国时期〈续修四库全书总目提要〉考述——以经部文献为中心》，见程焕文、沈津、王蕾主编《2014 年中文古籍整理与版本目录学国际学术研讨会论文集》，广西师范大学出版社 2015 年版，第 333~351 页。

表 1　《续修四库全书总目提要》中"平馆学人"撰著情况一览

提要撰者	起止册页	提要数量	提要内容
王重民	第 1 册第 80 叶上—第 1 册第 163 叶下；第 3 册第 532 叶下—第 3 册第 536 叶上	94（另说有 101 篇①）	敦煌卷子、经部、集部、太平天国文献
江　瀚	第 1 册第 164 叶上—第 1 册第 780 叶下；第 22 册第 1 叶上—第 22 册第 35 叶下	812	经部 412 篇、书类、诗类、群经总义类、乐类
赵万里	第 4 册第 784 叶上—第 4 册第 800 叶下；第 25 册第 1 叶上—第 25 册第 335 叶上	351②	明人别集和王国维著作③、经部书类、礼类、小学类 7 篇
茅乃文	第 7 册第 298 叶上—第 7 册第 591 叶上	391	经部，河渠类、舆地类
孙楷第	第 12 册第 695 叶下—第 13 册第 415 叶下	532	小说，日本内阁文库所藏之明人小说
向　达	第 22 册第 36 叶上—第 22 册第 90 叶下	53	敦煌写经

---

① 吴舒静：《王重民所撰〈续修四库全书总目提要〉整理与研究》，山西师范大学 2017 年硕士学位论文，第 13 页。

② 赵万里所撰提要收稿时间自 1934 年 10 月 8 日起，至 1937 年 1 月 18 日止。见樊长远《赵万里先生著述目录》，载《文津流觞》第 34 期。

③ 付佳：《赵万里与〈续修四库全书总目提要〉述略》，见程焕文、沈津、张琦等主编《2016 年中文古籍整理与版本目录学国际学术研讨会论文集》下册，广西师范大学出版社 2018 年版，第 504 页。

（续表）

提要撰者	起止册页	提要数量	提要内容
刘　节	第 29 册第 123 叶下—第 29 册第 280 叶下	207	金石学，金石类
谢国桢	第 29 册第 281 叶上—第 31 册第 518 叶上 第 35 册第 596 叶上—第 35 册第 635 叶下 第 37 册第 776 叶上—第 37 册第 838 叶上	2157	集部；丛书提要 1100 余篇（经丛类 60 篇）、太平天国文献、杂史类、传记类、天文算法类、杂家类
谭其骧	第 33 册第 366 叶上—第 34 册第 253 叶下	726	方志，部分为谢兴尧① 代撰
萧　璋	第 35 册第 135 叶上—第 35 册第 374 叶上	269	
韩承铎②	第 32 册第 550 叶下—第 33 册第 234 叶下	566	农书、兵家类、农家类
柯昌济	第 7 册第 127 叶上—第 7 册第 140 叶下	未详	
赵录绰	第 25 册第 335 叶下—第 26 册第 383 叶上	1123	集部，山东省之别集

---

① 谢兴尧（1906—2006），字五知、揖唐，号尧公、莪公、堪隐，四川射洪人。太平天国史学家。1931 年毕业于北京大学史学系。曾任北京女子文理学院、河南大学等校教授。出版有《太平天国的社会政治思想》《太平天国史事论丛》《洪杨史料选辑》《太平天国丛书十三种》等。《续修四库全书提要》工作中，主要负责史部的编年类、纪事本末类、职官类的撰写，并撰写经部提要 10 余篇。见尚秉和致桥川时雄的信。参见萨仁高娃《有关〈续修四库全书总目提要〉的通信》，载《文献》2006 年第 3 期。

② 韩承铎 1945 年才进入国立北平图书馆，为方便叙述，仍放在此表内一起讨论。

从上表可以看出，共 13 名"平馆学人"参与其中。徐森玉原也在拟聘撰稿人名单中，但或专注于为该委员会进行图书采访，未见撰写任何提要。上表显示，"平馆学人"中，以谢国桢所撰提要最多（2157 篇），其次是赵录绰（1123 篇），再次为江瀚（812 篇），复次为谭其骧（726 篇）等。谢国桢也是 71 位提要撰稿人中完成最多的。这些提要仿照《四库全书总目提要》，也对书之作者生平、爵里进行介绍，并对各书之撰著过程、内容及学术价值予以评析。但赵录绰在七七事变爆发后，仍为日本人所主持的"东方文化事业总委员会"撰写提要，而被袁同礼授意主动从国立北平图书馆辞职。

（二）"平馆学人"撰写《续修四库全书总目提要》的文献版本

《续修四库全书总目提要》之版本均是与当时时代较近之版本，现以刘节所撰写的"金石类"25 种提要之版本①为例，予以分析：

表 4-1　刘节所撰写的 25 种金石类《续修四库全书总目提要》列表

书名卷数	版　本	责任者	提要特点
缀遗斋彝器考释三十卷	商务印书馆影印本	（清）方濬益	介绍作者，评论该书得失、版本源流
权度量衡实验录不分卷	上虞罗氏覆刻本	（清）吴大澂	较长，介绍古器物学小史，吴著之价值及版本源流

---

① 《续修四库全书总目提要廿五则》，见曾宪礼编《刘节文集》，中山大学出版社 2004 年版，第 108~123 页。

（续表）

书名卷数	版　本	责任者	提要特点
金石续编二十一卷	同治十年毗陵双白燕堂刻本	（清）陆耀遹	与《金石萃编》进行比较
玺印姓氏征二卷附姓检一卷	东方学会排印本	罗振玉	评论该书得失
金石学录四卷	道光四年芝省斋自刻本	（清）李遇孙	评论该书得失
汉印文字征十四卷附录一卷	上虞罗氏石印本	罗福颐	以例证评论该书得失
印谱考四卷	癸酉季冬墨缘堂石印本	罗福颐	评论该书得失
甲骨文编十四卷附录一卷　字一卷	哈佛燕京社石印本	孙海波	评论该书得失
吴康甫砖录一卷	道光十四年刻本	（清）吴廷康	介绍书籍内容
寰宇访碑录校勘记十一卷	直介堂丛刊本	刘声木	在孙星衍《寰宇访碑录》基础上介绍书籍内容
汉石例六卷	光绪戊子行素草堂刊本	（清）刘宝楠	评论其书价值
瓦削文字谱一卷	文氏思简楼石印本	文素松	介绍其书之形成过程及不足
秦汉金文录八卷	民国二十年中央研究院出版	容庚	评论该书得失
小檀栾室镜影六卷	南陵徐氏影印本	徐乃昌	介绍清镜录简史，并评价其书内容与价值
汉熹平石经残字集录一卷　补遗一卷	上虞罗氏石印本	罗振玉	评论该书得失

（续表）

书名卷数	版　本	责任者	提要特点
殷周青铜器铭文研究二卷	民国二十年上海大东书局石印本	郭沫若	介绍书之内容与得失
金文丛考四卷	民国二十一年日本文求堂石印本	郭沫若	逐卷分析内容与得失
汉武梁祠画像考六卷附图一卷	吴兴刘氏希古楼刻本	瞿中溶	介绍汉武梁祠简史，并与他书比较内容，以见得失
双剑誃吉金文选二卷	癸酉三月海城于氏石印本	于省吾	比较他书，分析该书内容及得失
铁云藏陶三卷	光绪甲辰抱残守缺斋影印本	刘鹗	例证分析得失
铁云藏封泥一卷	光绪甲辰抱残守缺斋影印本	刘鹗	比较内容与得失
拙存堂题跋一卷	陈氏房山山房丛书本	蒋衡	介绍责任者及题跋价值
浙江砖录四卷	鄞县郑氏刊本	冯登府	逐卷介绍内容，例证说明得失
和林金石录一卷	辽居杂箸本	李文田	介绍责任者及成书过程
朝鲜金石目考览二卷	燕京大学藏旧钞本	（朝鲜）金秉善	介绍责任者，评价其价值

　　这些版本都为通行可见的版本，如石印本、影印本，个别有旧钞本。可见《续修四库全书》中所收录的书以常见的为主。在撰写提要过程中，同一责任者的其他书被著录，均以互见的形式

标明。这些书中也多存世人之作，可见撰写过程中突破了"今人生存者不录"的规定。

（三）"平馆学人"在撰写《续修四库全书总目提要》期间往来信函一窥

民国期间，《续修四库全书总目提要》的编纂持续时间亦长达 11 余年，在此期间学者之间互相联系，亦有不少手札史料。笔者从其他文献中看到一封茅乃文致桥川时雄的信，特予以摘录。信件 1 叶 7 行，有信封。收件人地址为"东厂胡同东方文化事业委员会"。信函内容①为：

> 颂奉手书敬悉。一是河渠书提要，因尚有三四种书，原本尚未借到。且近详阅其他各编，亦多有错误，拟详为考订，壹两星期内奉呈教正。此请
>
> 桥川先生撰写（？）　　　　后学茅乃文谨上　即日

信函中未注明具体时间。从此信中可见，茅乃文编撰《河渠书》提要时，努力寻找最佳原本，并详加考订以减少错误。

三、"平馆学人"撰写《续修四库全书总目提要》的特点

因《续修四库全书总目提要》为日本庚款退还之经费支持的原因，抗日战争后，大部分学者讳言此一段工作经历，学者也较

---

① 萨仁高娃：《有关〈续修四库全书总目提要〉的通信》，载《文献》2006 年第 3 期。

少将之结集收入作品集中，致使此一文化上之功绩被有所遮蔽。现根据"平馆学人"所撰《续修四库全书总目提要》进行简要的分析。

（一）有坚实的文献基础

撰写提要所根据的图书，很多就来自国立北平图书馆。这一点学者们都有一致的认识，认为："积极参与工作的是国立北平图书馆人士。他们因接近珍秘典籍，正在作学术目录解题一类书，一稿两用，几乎近于专业。如赵万里之于目录版本，谢国桢之于晚明史籍，向达之于中西交通，王重民之于敦煌卷子，傅惜华之于戏剧，孙楷第之于小说，茅乃文、谭其骧之于地方志等等。吴兴徐鸿宝以北平图书馆的采访部主任，兼任东方的图书部主任，对买书出了不少力。"① 但在抗日战争期间，这一问题敏感化，致使有售卖古籍之谣传。袁同礼馆长不得不出来声明："查东方文化会编纂续修四库提要一节，馆中前虽有二三职员参与其事，但已脱离关系，至馆员私将珍本书为外人偷抄摄影及盗售一节，尤属绝无其事。图书馆为文化机关，纯属公开性质……馆中有写生多名，专司传抄，馆中并备有摄影室，专供照书之用。最近美国赠送最新式之照书机一架，即专为传播文化之用，但传抄任何书籍，皆须先经馆长之同意及许可云。"② 当然学人们也是利用了文献的便利，撰写提要，如"王重民与向达则专任大英博物

---

① 梁容若：《评〈续修四库全书提要〉》，见梁容若《中日文化交流史论》，商务印书馆 1985 年版，第 370~386 页。

② 《北平图书馆钞善本案真相》，载《大公报》1937 年 5 月 19 日。

院与巴黎博物院所藏的西域史辑及敦煌写经提要"①，确实是利用了他们在国外访书的便利。

（二）拓展了提要的书籍对象

在《续修四库全书总目提要》中，在分类上虽曰"四部"，但除经史子集外，"方志""丛书"也成为独立的一类。而原《四库全书总目提要》中丛书提要只有 50 余篇。而据潘树广的统计，光谢国桢在《续修四库全书总目提要》中为丛书撰写的提要就有 1100 余篇。② 这是谢国桢结合了其个人的研究，将个人访书成果和研究心得融入《续修四库全书总目提要》中。

（三）体例较为完善

从汉代刘向开始，图书整理者就有撰写提要的传统，撰写提要可以更深层次地揭示文献。那么作为文献校雠者的"平馆学人"，他们在撰写提要上又有什么特点呢？2017 年吴舒静在其硕士学位论文《王重民所撰〈续修四库全书总目提要〉整理与研究》中以 1996 年齐鲁书社出版的《续修四库全书总目提要》影印本为底本，综合运用文献学的研究方法，对王重民先生的 101 篇提要进行整理与研究。其从王重民的撰修体例、著录特点入手，从而阐发王重民的目录学思想和敦煌学成就。其所总结的王重民《续修四库全书总目提要》的特点包括九大方面："一、梳理典籍源流脉络，追本溯源，辨其真伪；二、重视典籍校勘考据，考订版本，析其优劣；

① 摘自王云五《续修四库全书提要序》，见王云五《王云五全集 19 序跋集编》，九州出版社 2013 年版，第 431~442 页。

② 潘树广：《续修四库提要的四种版本》，载《古籍研究》2001 年第 1 期。

三、校比文字缺失异同，正其讹谬，补其残缺；四、引入国外相关文献，校勘补正，推求原貌；五、挖掘典型稀见著作，详述原委，举其要点；六、各类文献不分轩轾，客观评价，著入存目；七、重估《四库》扣除之书，实事求是，予以著录；八、重视叙述著录缘由，彰其价值，以利后学；九、广泛借鉴相关成果，不断补苴，日渐完善。"王重民撰写提要之佳，在学者中已有定评，如罗继祖论"首册作者四人，王式通、王孝鱼、王重民及江瀚，推王重民所撰最佳，以有敦煌卷子本乃乾隆时不及见者，令人一新耳目"。我们于此可见一斑。这与后来王重民《中国善本书提要》及其续编的体例完善程度可谓一以贯之。正因为"平馆学人"有良好的文献基础，所撰写的提要才能更好地揭示其人其学。

总体而言，《续修四库全书》虽历时 10 余年，罗致了当时较多的学者参与其中，但其修书之规模远不能与清乾隆时期纂修《四库全书》相比。因受到战争的影响，《续修四库全书总目提要》也成了一个未完的稿本，错误疏漏较多。梁容若谓："东方会的工作，不印不钞，与书籍的流通增加，根本无关，买一批书，找人分别写介绍文章，这如何能说是续修《四库全书》？所以本书应正名为《东厂所收书目录题解》。书中著录存目的分别，更无意义，因为全无钞校工作。"① 可谓定评。且这些提要，如国立北平图书馆学人所撰之提要，在其个人所编之提要文集中亦

① 摘自梁容若《评〈续修四库全书提要〉》，见梁容若《中日文化交流史论》，商务印书馆 1985 年版，第 370~386 页。

有，非专门而作，其价值确实不可高估。一直到 20 世纪末，《续修四库全书》才在众多人士的合力下采用现代影印的方式编纂完成，成为继《四库全书》之后的又一大型古籍丛书。

除了参与《续修四库全书总目提要》的撰写，部分"平馆学人"还参与了美国国会图书馆组织的《清代名人传略》的撰写，王重民撰写了毕拱辰、王征、杨廷筠的条目，吴光清撰写了赵一清、徐鼐、汪宪的条目。

小　结

《四库全书》研究是学术界一个绕不开的话题，在当今也成了显学。《四库全书》本有七阁，但因受兵燹的破坏，只留有三阁半。保存最为完备的原架原函原书的文津阁《四库全书》，在教育部的主持下，于 1915 年入藏当时的京师图书馆，为其后的"平馆学人"开展利用与研究奠定了很好的条件，还为补抄文澜阁《四库全书》提供了方便。

在笔者的前期研究成果中，研究表明：在 1933 年影印《四库全书》之争中，国立中央图书馆倡议在前，但他们的影印主张并不被学界和文化界所认可。以青年编纂群体为代表的"平馆学人"积极参与其中，为整个影印献计献策，首次以一个以学术青年为主的"群体"的形象展现在学术文化界中，体现出了蓬勃的学术生命力，引起很大的轰动。此次论争参与主体多，参与面广，"平馆学人"获得了来自版本目录学界的广泛支持，实现了影印《四库全书》的部分主张，也开启了现代古籍保护事业之先声，同时为后人提供了研究之资料，促成了《大公报·图书副刊》的产生，最后完成了《国立北平图书馆善本丛书第一集》之影印。① 尽管最后未能全部按照他们"善本代替库本"等主张进行，但也推动了《四库全书》及古籍善本的保护与利用，是古籍保护事业较早的实践。

在编纂《续修四库全书》期间，早期"平馆学人"也有较多的人参与这一文化事业，徐森玉为之采购书籍，王重民、赵万里、谢国桢等 10 余位学人为之撰写提要。当这一事业日渐为日本帝国主义把持之后，"平馆学人"大部分果断退出，体现了强烈的爱国精神气节。部分未能及时退出的馆员，亦受到了馆方的处分，显现了馆方坚决的立场和鲜明的态度。

如今，《四库全书》仍然是国家图书馆的重要馆藏。对《四库全书》所开展的保护工作也具有示范意义。2008 年 9 月 9 日，"原架、原装、原函"的文津阁《四库全书》乔迁至国家图书馆二期新馆稽古厅，国家图书馆联合其他存藏机构举办了主题为"盛世宏编"的《四库全书》专题展览。运用新的影印技术，文津阁《四库全书》得以化身多套，其原大原色原样全套影印本先后入藏扬州天宁寺②内的万佛楼（2014）、南京图书馆（2014）、故宫博物院文渊阁（2016）。今后，对《四库全书》的研究还应继续深入。

---

① 周余姣：《"平馆学人"与〈四库全书〉之影印》，载《山东图书馆学刊》2021 年第 3 期。
② 原文汇阁旧址。

第七章
"平馆学人"与古籍保护事业

"平馆学人"致力于古籍保护工作，为古籍保护事业作出了自己特有的贡献。正如徐森玉所说，其作为一个文物工作者，五十年来与祖国的古物图书相依为命，久已发生了血肉相连的感情。① 其他"平馆学人"亦为古籍保护事业贡献了自己的心力。现选取一些前人关注不多或前人未过多提及的学人及其古籍保护事迹加以介绍总结。

第一节 袁同礼与古籍保护

袁同礼于古籍保护事业贡献甚大，实为民国时期古籍保护事业的领导者之一。他为人所钦敬的二事，一是搜求书籍不遗余力，二是礼贤下士造就人才。搜求书籍是为丰富馆藏，保存我中华文化遗产；礼贤下士是为培养我国的图书馆人才，使图书馆事业发展后继有人。王子舟在盘点我国有突出贡献的图书馆学家

---

① 徐森玉：《坚决要求解放台湾的一封信》，载《文物参考资料》1955年第5期。

时，将袁同礼列为"经营服务拓展家"，认为"他（袁同礼）主持北平图书馆馆务期间，搜购了会稽李慈铭（铭）越缦堂、上海潘氏宝礼堂、聊城杨氏海源阁、广东伦哲如等私人藏书家的珍藏，派人传拓回各地古代碑铭 350 多种，派人远赴滇境访到西南 5 省的稀有方志以及 4000 余册古东巴图画象形文字经书……北平图书馆成为全中国藏书甲富，这与袁同礼的贡献密不可分"①。现根据所见的资料，再加以论述。

一、积极采访古籍，收归国有

无论面对怎样艰难的环境，面对珍稀古籍的散出，袁同礼均设法购入，将之收归国有。1947 年袁同礼为购买潘氏宝礼堂藏书向教育部请款，该请款报告内容如下：

> 呈朱部长函
>
> 敬陈者
>
> 上海潘明训氏为近代海内藏书家之一，自购以项城袁克文氏旧藏宋刊《礼记正义》（南渡后三山黄唐所刻，海内传为孤本），因颜其斋曰"宝礼堂"，嗣以袁氏所藏善本旧椠归潘氏者十之六七，藏庋甚富。潘氏且有佞宋之癖，苟为善本，重值勿吝。故二十年来所积或与北杨南瞿相颉颃，其所编《宋本书录》，凡四册，内中收入宋版书一百十余种，及元版书六种，尤为名贵，向未列入书目

---

① 王子舟：《图书馆学是什么》，北京大学出版社 2008 年版，第 167 页。

者，尚有多种。海盐张菊生元济先生曾为作序有"余尝登宝礼之堂，纵观之藏，琳琅满目，如游群玉之府"，足以知其梗概。潘氏于数年前逝世，上年一月其后人曾欲觅受主售书还债。经本馆与之接洽，以议价未谐，事遂中止。前潘氏后人又因需款孔亟，仍愿割爱让诸公家，索价十亿元。价虽过巨，但今时无可失，似宜收归国有，以免散佚，兹特建议由钧部委托张元济、徐鸿宝、郑振铎诸先生与其后人切实商洽并公同议价，期于有成，将来如能分藏南北两馆，实为艺林之盛举，惟值此紧急经济措施之时，尤赖钧座特为赞助，俾此批宝贵之收藏归诸国有，全国学术界日深感谢，用将采陈，敬候钧裁，并盼赐复为感。袁　六月十三日　上海。①

此请款报告是为购买上海潘氏宝礼堂之书。虽此次未能购成，但宝礼堂藏书终究在 1951 年后捐赠入藏国立北平图书馆的后身北京图书馆。1958 年北京图书馆编辑出版善本目录，特将宝礼堂所捐书条目下注明"潘捐"二字。蒋复璁在评价袁同礼贡献时，除了称赞其在馆舍建筑上的苦心经营，还认为"袁先生在采访方面也有甚大的成就，如购置会稽李慈铭及德国穆陵德②的藏书，抗战后又得了海源阁氏的精本等。我想，在中国所有的图书

---

① 北京图书馆业务研究委员会编：《北京图书馆馆史资料汇编（1909—1949）》，书目文献出版社 1992 年版，第 900~901 页。

② 亦写作"穆麟德"。

馆员，勤于所事，要算袁先生了"①。诚然如此，袁同礼费心收罗《永乐大典》等古籍文献，确有其功不可没之处。

二、为避战火，主持善本运美

1933 年 5 月 3 日，教育部致国立北平图书馆蔡元培馆长和袁同礼副馆长函，令将"精本南迁，以防不虞"。此后该馆将善本甲库分了四批装箱，存德华银行等处。

（一）善本运美

善本运美之事，当事人钱存训等人对此事有记述②，后学界也不乏探讨③。此事关系重大，牵涉人物极多。由于其时袁同礼与美国国会图书馆方面交厚，作出善本运美之决策，亦属合情合理之举。1941 年 4 月 8 日，行政院训令第 1157 号命令财政部饬库照拨国立北平图书馆善本书存沪运费，该训令④如下：

行政院训令　卅年四月八日　机字一一五七号
前据该部卅年三月十九日呈请饬拨转运国立北平图书馆

---

① 北京图书馆业务研究委员会编：《北京图书馆馆史资料汇编（1909—1949）》，书目文献出版社 1992 年版，第 1331 页。

② 钱存训：《留美杂忆：六十年来美国生活的回顾》，黄山书社 2008年版。

③ 林世田、刘波：《关于国立北平图书馆运美迁台善本古籍的几个问题》，载《文献》2013 年第 4 期。

④ 北京图书馆业务研究委员会编：《北京图书馆馆史资料汇编（1909—1949）》，书目文献出版社 1992 年版，第 732~733 页。

存沪图书运费美金三千元，并饬海关免验放行等情一案，经由本院紧急命令财政部饬库照拨，并饬关免验放行，暨指令知照各在案，兹据财政部卅年四月五日库渝字第二七〇六号密呈称"案奉钧院三十年三月廿二日机字——三八号紧急命令饬垫拨教育部转运国立北平图书馆存沪善本图书赴美运费美金叁千元等因，自应遵办，除函中央银行如数照拨并饬本部海关税务司免验放行外，理合呈请鉴核"等情，据此合，亟令仰知照此令。

可见当时是划拨了三千美金用于转运国立北平图书馆善本的。其后在 1942 年 10 月 28 日教育部指令第 43267 号所附的袁同礼的《为呈报到馆照常视事　请予备案示遵由》："职前奉令移运存沪善本图书至美保存，曾数次到沪，办理其事，业于上年十月全数运毕。于太平洋战事发生之前，即已安抵美京，并由驻美大使馆照数点收，移交美国国会图书馆代为保管在案。嗣以香港沦陷，交通梗阻，在职未返国以前，由中华教育文化基金董事会公举本馆委员会蒋梦麟暂行主持馆务，曾于本年三月五日具函陈明，奉四月八日总字第一二九九五号指令，准予调查在案，现职既脱险归国，自应回馆照常视事，理合具文呈报。"① 可见善本运美在 1941 年 10 月即完成。为此，袁同礼几乎陷于香港。在《胡适来往书信选》中的王

---

① 北京图书馆业务研究委员会编：《北京图书馆馆史资料汇编（1909—1949）》，书目文献出版社 1992 年版，第 753 页。

重民、袁同礼致胡适的书信①亦能见出大概：存沪甲库善本 180 箱，乙库善本 120 箱，后精选出 100 箱运美。因暂无新材料，不再作讨论。

（二）善本运回

抗战胜利后，袁同礼向教育部呈请将寄存在美的善本运回国内，称"为本馆寄存美国善本书一百余箱，拟于春间运回，请拨运费及装箱费美金五千元"②，同时"呈请派编纂钱存训赴美运回寄存善本书籍并赴英、美、法等国考察"③。为此事，袁同礼还曾专门致函蒋梦麟，信函内容④如下：

梦麟先生尊鉴

敝馆存美善本书籍，近经部中决定运回并发下美金叁仟陆百元在案。兹因该项书籍亟待装箱，拟派敝馆编纂钱存训君前往协助，其所需旅费，即在部款拨付。拟请通知主管部分对于此案加以注意，不胜感祷。

专此敬候

---

① 北京图书馆业务研究委员会编：《北京图书馆馆史资料汇编（1909—1949）》，书目文献出版社 1992 年版，第 1310~1318 页。

② 北京图书馆业务研究委员会编：《北京图书馆馆史资料汇编（1909—1949）》，书目文献出版社 1992 年版，第 814~815 页。

③ 北京图书馆业务研究委员会编：《北京图书馆馆史资料汇编（1909—1949）》，书目文献出版社 1992 年版，第 816~817 页。

④ 北京图书馆业务研究委员会编：《北京图书馆馆史资料汇编（1909—1949）》，书目文献出版社 1992 年版，第 818 页。

道祺！

后学袁同礼　拜

十二、廿七

　　1947 年，王重民受胡适之聘，拟回北大任教，也欲带回寄存在美的善本书籍，"今又蒙先生聘请作北大教授，拟于八九月间，押运此百箱善本及北大寄存之木简十一箱回国"[①]。为此，"善本书之运费及保险费，请先生与袁守和先生商酌，木简之运费及保险费，不知拟直请教部或由北大请教部汇出？"[②]后或均因内战又起，或运费筹措不及，而未能如愿运回。袁同礼于 20 世纪中叶赴美守护这批善本，直至 1965 年在美逝世。后来蒋复璁通过与美国联系，将这批寄存善本运回了台湾保存。1969 年，编有台北"中央图书馆"典藏北平图书馆善本书目，但其所有权仍确定为国立北平图书馆之后身，即今日之国家图书馆。

　　蒋复璁认为"袁先生全部精力及时间，都用在国立北平图书馆，所以他虽还办过北京大学图书馆，也兼任过北平故宫博物院图书馆，都有贡献，但都没有如像对北平图书馆的大"[③]。诚如所

---

① 北京图书馆业务研究委员会编：《北京图书馆馆史资料汇编（1909—1949）》，书目文献出版社 1992 年版，第 1328 页。

② 北京图书馆业务研究委员会编：《北京图书馆馆史资料汇编（1909—1949）》，书目文献出版社 1992 年版，第 1328 页。

③ 北京图书馆业务研究委员会编：《北京图书馆馆史资料汇编（1909—1949）》，书目文献出版社 1992 年版，第 1331 页。

说，袁同礼在国立北平图书馆工作时间最长，用力亦最多，可视为国立北平图书馆的灵魂人物。其一生精力念兹在兹，尽瘁于斯，对该馆的贡献是举世公认的。然而其在"善本运美"中的功过，自有后人评说。①

三、积极寻求流散古籍之回归

1930 年，国民政府颁布《古物保存法》，古物之保存引起大众关切。1933 年，袁同礼在《我国艺术品流落欧美之情况》一文中从收藏之来源（采掘、购买）、收藏艺术品之种类分析了我国艺术品流散欧美的情况，在结论中提出："吾人知欧美人士对于吾国艺术品之好事搜集，努力研究，则国人对于吾国固有之古迹如何保护？固有之文物如何保存？古物出口之如何防范与限制，不可不予以深切之注意！挽近学术竞争，首重资料，如何能使吾先民精神所寄托之精萃文物，永存国内，供人研究，则全国人士共同之责任也。"② 文中提到对文物出口的极度关切，并希望精萃

① 袁同礼在解放军围攻北平后，于 1948 年 12 月 20 日将馆务委托王重民代理，去往南京。1948 年 12 月 26 日，赵万里访马衡谈及袁同礼南下之事，马衡日记中载："赵斐云来，述守和欺人谎语，馆中同人皆不满。余告以此公恐惧心倍于常人，为生理上之缺陷，应原谅之。"见刘波《赵万里先生年谱长编》，中华书局 2018 年版，第 287 页。不知袁同礼是否有此生理上之缺陷。袁同礼于 1949 年 2 月 4 日携带家眷赴美。1949 年 4 月 23 日，南京解放。1949 年 11 月 28 日，赵万里致函袁同礼，代表文物局郑振铎局长、王冶秋副局长敦请袁同礼回国，袁同礼未曾再返国。

② 摘自袁同礼《我国艺术品流落欧美之情况》，见滕固编《中国艺术论丛》，商务印书馆 1938 年版，第 149~155 页。

文物能永存国内，供国人研究。其言之深切，今日读来亦让人深有同感。其后袁同礼积极派王重民、向达在海外调查拍摄流散在外的古籍文献，实际上也算开启了最初的"文物/古籍回归"的工程。今日国家实行的"海外中华古籍回归工程"，当是袁同礼所乐于见到的。

除了以上古籍保护主要事迹，袁同礼一生还致力于对《永乐大典》的调查和研究，前面已有所论述。其以目录学为基础，在繁重的馆务工作之外，也开展了较深的研究。袁同礼对古籍保护事业的贡献、对藏书史的研究，前人多有总结，但笔者认为其贡献更多的是体现在领导整个古籍保护事业方面。除了担任国立北平图书馆副馆长的职务，其还担任过故宫博物院图书馆的副馆长。故宫博物院图书馆之藏书，著名者有文渊阁《四库全书》及摛藻堂之《四库全书荟要》，还有善本书、殿本书、满文书、观文堂书等。总之，袁同礼对二馆之古籍保护与管理均有贡献，这是后人应当铭记的。

第二节 赵万里与古籍保护

随着古籍保护事业的日渐升温，赵万里成为近年来学界广受关注的一位学者。其著作得到了很好的整理与出版，如冀淑英、张志清、刘波主编的《赵万里文集》（2011），清华大学国学研究院主编的《赵万里文存》（2016），赵深编的《赵万里抄校本选编》（2017），刘波撰的《赵万里先生年谱长编》（2018）。对其人其学的研究，也取得了一些新成果，如国家古籍保护中心办公室编《赵万里先生纪念文集》（2018）、刘波著《赵万里传》（2021）。
2015 年《文津学志》第八辑曾开设"纪念赵万里先生诞辰 110 周
年专栏"，《版本目录学研究》第七辑、第八辑亦开有"纪念赵万
里先生诞辰一百十周年"的专栏。其对古籍保护事业的贡献，前人
如冀淑英《怀念赵万里先生》① 等文中亦多有总结。笔者在前人
的基础上，稍作论述，以概括其在古籍保护事业上的贡献。

一、南北奔波，致力于古籍采访

国立北平图书馆所在地北平为故都，琉璃厂等地旧书业极为发
达。赵万里入馆后，常跟随亦师亦友的徐森玉到琉璃厂访书，极大
地开阔了眼界。1930 年，国立北平图书馆鉴于江南书价较廉，且多
善本，于 7 月派馆员赵万里赴宁、沪、苏、杭等地，采访古书。此
行所获甚多，编目后供众阅览。② 1932 年，赵万里通过陈乃乾为国
立北平图书馆购得吴兴蒋氏密韵楼所藏明刊明人别集 500 余种。③

1933 年 7 月，赵万里到天一阁观书，此一经历在其《重整范
氏天一阁藏书记略》④、《从天一阁到东方图书馆》⑤ 中记录较详。
赵万里整理的步骤是："用预定的一种较精密的统计法，无论行

---

① 《文献》丛刊编辑部编：《文献》第 12 辑，书目文献出版社 1982 年
版，第 151~156 页。

② 《国立北平图书馆之新藏与新预算》，载《中华图书馆协会会报》
1930 年第 1 期。

③ 见陈乃乾致赵万里的两封书信。

④ 赵万里：《重整范氏天一阁藏书记略》，载《大公报》1934 年 2 月 3 日。

⑤ 斐云（赵万里）：《从天一阁说到东方图书馆》，载《大公报》1934
年 2 月 3 日。

款、边口、版心大小、属于机械方面的，固非一一记载不可，就是序跋和内容的特点，也得在极短时期内缩写下来，以便日后作书志时参考。"此次观书，"一共发现了二百多种书，超出阮、薛二目之外"①。赵万里还编有未定稿《重整天一阁现存书目》，收2000种古籍，可惜在抗日战争中遗失。在这次整理中，赵万里还分析了天一阁藏书的特点——以地理类的方志和登科乡试录为主，并对天一阁消防、防虫等措施进行了评价。此外，赵万里建议重修天一阁，此一建议得到了采纳，宁波成立了修葺天一阁委员会，公推陈宝麟、冯贞群、易谦谅、林绍楷、陈南琴为常务委员。赵万里还为重修天一阁代写了《重修范氏天一阁募捐启》②。一直到1949年后，赵万里还撰写了《古刻名钞待访记》③以供文物工作者在进行文物普查、复查时参考。

海源阁是晚清四大藏书楼之一。赵万里一直关注海源阁遗书，曾编有《海源阁遗书经眼录》。海源阁遗书散出后，赵万里等人积极推动购买，并于1946年押运七大箱海源阁旧藏返回北平。④赵万里为搜访善本不遗余力，在1946年5月14日给郑振铎的信中谓："弟自去冬尽全力为平馆设法购致海源阁书后，

①　赵万里：《重整范氏天一阁藏书记略》，载《国立北平图书馆馆刊》1934年第1期。

②　赵万里：《重修范氏天一阁募捐启》，载《大公报》1933年12月21日。

③　赵万里：《古刻名钞待访记》，载《文物》1959年第3期。

④　《杜副市长今赴平　海源阁藏书同车运往》，载《大公报》1946年2月1日。

即不愿再管闲事，以便腾出时间从事写作，偶见唐抄宋椠，毫不动心，付之一笑而已，惟最近得见宋本《经典释文》，竟又故态复萌，不克自持，夤夜奔走，得免流归私家，详情弟已函告森老，想兄必已备悉矣。此项奇秘之物，或将源源而来，但弟之棉（绵）才已尽，于心已安，此后又当伏枥，以遂私衷。"① 然此种"故态复萌，不克自持"之现象仍禁绝不止，亦足以见赵万里对古籍善本之念兹在兹。

国立北平图书馆丰富的典藏，为赵万里开展自己的研究提供了丰富的文献资料。如 1932—1933 年度"平馆"采购金石拓片，共 843 种，以洛阳出土墓志 337 种为最新发现之品。② 1935—1936 年度，馆藏魏齐以来墓志 4000 余种。诸如此类，为后来赵万里编《汉魏南北朝墓志集释》③ 奠定了文献基础。

傅增湘如此评价赵万里："赵君夙通流略，尤擅鉴裁，陈农之使，斯为妙选。频年奔走，苦索冥搜，南泛苕船，北游厂肆，奋其勇锐，撷取菁英，且能别启恒蹊，自抒独见，于方志、禁书、词曲三者，搜采尤勤。"④ 在古籍采访方面，赵万里确实"频年奔走"，花费心力极多，为的就是将古籍善本收归公藏，加以保护。

---

① 刘波：《赵万里先生年谱长编》，中华书局 2018 年版，第 249 页。
② 国立北平图书馆编：《国立北平图书馆馆务报告 民国二十一年七月至二十二年六月》，国立北平图书馆 1933 年版，第 9~11 页。
③ 赵万里：《汉魏南北朝墓志集释》，科学出版社 1956 年版。
④ 傅增湘：《国立北平图书馆善本书目》，国立北平图书馆 1933 年版，"序"。

二、分别部居，专注于古籍编目

古籍采访到馆之后，下一步的工作是古籍编目。只有经过编目的书籍，才能提供给学者使用。1933 年，由赵万里主编的《北平图书馆善本书目》著录该馆善本甲库的善本，共收宋元明刊本、精校稿钞本 3796 种。该书目主要完成于 1931—1932 年度，出版前"平馆"介绍为：

> 馆藏善本书籍合前京师图书馆、前北海图书馆所藏已不下二千余种，更益以普通书库提入及历年新购诸书，约得五千余种。旧目编制时，不明版刻源流讹误之处在所不免，览者病焉。兹由赵万里君重加甄别，严定去取，通常习见之书则提归普通书库，版刻重复之书则改入另存书库。仍以四部分类，详注卷数、撰人、版刻，厘为四卷，总得四千五百余种，前后历五阅月，始克成书。其最大特点有三：一曰明刻志乘，共得五百余种；二曰明刻明代别集共得七百八十余种；三曰旧本元明剧曲，共得二百余种。孤椠名刻萃于一编，开自来公私藏家未有之纪录，览者无不叹为观止。他如正史类之宋元本，唐别集类之活字本，传纪类之宋抄本，皆今日最名贵之秘籍也。全书现已付诸木刻，预料出版后定可博得海内外学术界之美誉也。①

---

① 国立北平图书馆编：《国立北平图书馆馆务报告　民国二十年七月至二十一年六月》，国立北平图书馆 1932 年版，第 15~16 页。

后该书目又被誉为"首次给学部图书馆以来收藏的善本书作了精细准确的明细清单，在图书馆收藏的历史上具有划时代的意义"①。但该书是一简目，更详细的书志未能撰写而成。国立北平图书馆藏有多册《永乐大典》，赵万里为它们撰写了提要。② 如前所述，赵万里还为《续修四库全书总目提要》编写了351篇提要。1959年，赵万里又主持编纂了《北京图书馆善本书目》，著录新增入的善本书11000多种。由于赵万里所具有的深厚学养，其曾受邀为《西谛书目》撰序，介绍郑振铎藏书的种类和特点，对其藏书做了一次大总结。

除参与和主持古籍编目，赵万里还曾主持《北平图书馆书目丛刻》的编纂。该丛书第一集共有八种十卷。赵万里述其编纂缘起为："然余历年所见所获，为诸家所未见，或见而尚未刊布者，亦往往而有，颇思汇为一编，附以考证，以续罗、叶诸君未竟之业。人事旁午，未遑卒业。适余主编是刊，因择其尤者七种及拙作《汲古阁书目笺》，先付手民，颜曰《北平图书馆书目丛刻》。此外拟刊者尚多，当赓续为第二集焉。十八年六月海宁赵万里于北海之庆霄楼。"③ 并将这八种书目载在《国立北平图书馆馆刊》上。

---

① ［日］仓石武四郎著，赵万里撰集：《旧京书影　北平图书馆善本书目》，人民文学出版社2011年版，"出版说明"。

② 赵万里：《馆藏永乐大典提要》，载《北平北海图书馆月刊》1929年第3、4合期。

③ 《书目丛刻第一集目录》，载《国立北平图书馆月刊》1930年第1期。

三、惜书如命，旁涉于古籍修复

赵万里对古籍装修之事，亦十分在意。他"对重要的宋版书籍，他亲自过问装修、做楠木盒等事，以求妥善保护。为珍贵书籍装裱选择书皮用纸和做木盒时，他强调要有高雅风格，以彰显善本书的品位"①。

朱家濂回忆赵万里看书时，说："赵先生在看书的时候，总是把书平放在桌上，还要检查一下桌面是否干净。翻页时，用右手大指轻轻推动书的左下角书沿，绝不把手落实在书上，也绝不把书拿在手里看，一般人看书，在翻开以后，习惯于用手把书按平，或者书皮较厚，展开比较费事时，又往往把书面翻过来用手折一下，赵先生时常说，这是看善本书的大忌。"② 这颇暗合司马光教子爱护书籍时之方法。

1949 年 5 月 14 日，在《赵城金藏》展览座谈会上，赵万里提出"过去本馆的观点是将每一书完全改为新装。此办法始而觉得很好，其后则发现它不对。一本书有它的时代背景，所以自（民国）廿三年后决定不再改装，以保持原样"。平馆对善本书之修复的认识，也经历了一个过程，在金石学家徐崇立的书跋中，其也记载"曾在北京图书馆阅宋版书，典守者重装古本，旧楮微损即弃故易新。因乞其剩余，适购得碑拓，即付工装饰，此其一

---

① 摘自王玉良《纪念与随想——怀念国家图书馆善本特藏部三位已故专家》，见《文津学志》第 4 辑，国家图书馆出版社 2011 年版，第 8~13 页。

② 朱家濂：《忆赵万里先生》，载《国家图书馆学刊》1982 年第 3 期。

也。岁久复致破碎，后主者知而珍重，再索咨不予矣"①。这一
"修旧如旧"的原则的确立，影响了《赵城金藏》的修复工作。
事实上，这一原则亦是徐森玉等人秉持的，据称其为维持宋版书
《花间集》的原样，"几乎要长跪为古书乞哀"②。赵万里还从琉
璃厂推荐了"三肖"——肖振棠、肖振邦、肖振华以及张士达等
人到馆工作，至此北京图书馆的修复人员得以基本配备。徐森玉
与赵万里在第三届全国人民代表大会上还曾提出举办"古籍装修
培训班"的建议。1961 年 7 月至 1963 年 7 月，文化部群众文化
局在北京图书馆举办"第一期装修古籍线装图书技术人员训练
班"，1964 年初又办了第二期，为新中国培养了一批古籍保护
人才。

四、文本释读，墓志集释

赵万里之《汉魏南北朝墓志集释》虽出版于 1956 年，但其
编纂工作始于 20 世纪 30 年代在中央研究院史语所兼任研究员之
时。20 世纪 30 年代，南北朝墓志，尤其是北朝墓志的出土达到
一个高峰，主要的出土地点在曾为北魏首都的河南洛阳。在中央
研究院史语所傅斯年的主持下，该所收藏甚富。傅斯年嘱咐赵万
里编纂墓志集释。赵万里《汉魏南北朝墓志集释》序中述其编纂

---

① 叶德辉等撰，湖南图书馆编：《湖湘文库　湖南近现代藏书家题跋
选》第 2 册，岳麓书社 2011 年版，第 634 页。
② 黄裳：《徐森玉与〈花间集〉》，见黄裳《榆下怀人》，北京出版社
2017 年版，第 226 页。

经过为："此编经始于民国廿二年，中更艰屯，屡作屡辍，民国四十二年方承有关研究机关特予协助，并提出修正意见，旧稿得以粗定，私衷感荷，匪可言宣，二十年来辱承吴兴徐森玉先生，鄞县马叔平先生，洛阳郭玉堂先生，惠借拓本，并承教益。又至德周氏、武进陶氏、固始许氏藏拓，亦曾选影，谨此致谢。"可见，赵万里此编受多人帮助，有徐森玉、马衡、郭玉堂、周叔弢、陶湘、固始许氏等人。1948 年 9 月 6 日，傅斯年致赵万里函，催促出版《汉魏六朝冢墓遗文图录》及考释部分。9 月 10 日，赵万里复函，称尽快出版。此书刊印前后达十余年，现美国哈佛大学哈佛燕京图书馆藏有一部，无版权页，疑是此次出版之物。[①] 只因出土的材料随时都有增补，故迁延时日，直至 1956 年后再出版。

五、作育人才，培植后进

赵万里亦培养了不少古籍领域的人才，著名的有仓石武四郎和冀淑英等。尤其是冀淑英，是其最为得意的弟子。二人结为师生的经历，是"1945 年北京大学图书馆开始编制所购之李盛铎木樨轩藏书目录，特聘赵万里先生指导工作。参与编目的冀淑英先生由此认识了赵万里先生。冀淑英是辅仁国文系毕业生，具有一定的文史和版本目录学基础知识，因勤谨聪慧而成为赵万里中意的学生。1948 年李氏书目完成后，赵万里遂即邀请冀淑英到北平

---

① 刘波：《赵万里先生年谱长编》，中华书局 2018 年版，第 284 ~ 285页。

图书馆善本部做编目工作"①。

　　周叔弢先生在 1981 年 12 月 26 日致黄裳先生的信里，曾如此评价赵万里的成就："斐云版本目录之学，既博且精，当代一人，当之无愧。我独重视斐云关于北京图书馆善本书库之建立和发展，厥功至伟。库中之书，绝大部分是斐云亲自采访和收集。可以说无斐云即无北京（图书馆）善本书库，不为过誉。斐云在地下室中，一桌一椅，未移寸步，数十年如一日，忠于书库，真不可及。其爱书之笃，不亚其访书之勤。尝谓余曰：'我一日不死，必护持库中书，不使受委屈；我死则不遑计及矣。'其志甚壮，其言甚哀。"② 周叔弢先生所提到的"无斐云即无北京（图书馆）善本书库"，对赵万里之贡献极力表彰，可谓知言。

　　与其他"平馆学人"一样，赵万里亦曾将其珍藏之古籍捐赠给所工作的国立北平图书馆。如 1927 年向北京图书馆捐赠图书二种，《谏果书屋遗诗》一册，《寄庑楼诗》一册。③ 与其他"平馆学人"后离职去往其他高校任职不同，赵万里虽亦在多所高校兼职任教，但自从加入国立北平图书馆后，终身未曾再离开此

---

　　① 摘自王玉良《纪念与随想——怀念国家图书馆善本特藏部三位已故专家》，见《文津学志》第 4 辑，国家图书馆出版社 2011 年版，第 8~13 页。

　　② 李国庆编著，周景良校定：《弢翁藏书年谱》，黄山书社 2000 年版，第 226 页。

　　③ 北京图书馆编：《北京图书馆第二年度报告　十六年七月至十七年六月》，北京图书馆 1927 年版，第 61 页。

馆。笔者尚未看到其如此选择的原因，但应与他"一日不死，必护持库中书，不使受委屈"的志愿有关，其致力于终身守护古籍安全！

第三节　王重民与古籍保护

王重民对古籍保护事业的贡献，已有学者进行了探讨。向辉对 1939—1949 年期间王重民的古籍保护实践作了专门研究。[①] 王重民一直关注善本书的研究，曾有《读〈中央图书馆善本书目〉因略谈我国的善本书》[②] 等文，并在美国人在华抢购孤本时提醒应设法保存孤本善本[③]。近年来，国家社科基金重大项目"《王重民全集》编纂"正在进行中，其关于古籍保护的贡献也将引起更多学者的注意。

一、远赴欧美，致力于古籍调查与编目

笔者在前期成果《异地造才——国立北平图书馆学人海外访学考略》[④] 一文中对王重民游学欧洲，调查敦煌遗书和太平天国

---

① 向辉：《王重民先生 1939—1949 年的古籍保护实践》，见《古籍保护研究》第四辑，大象出版社 2019 年版，第 43~54 页。

② 王重民：《读〈中央图书馆善本书目〉因略谈我国的善本书》，载《大公报》1948 年 7 月 12 日。

③ 《美图书馆善本书目　北大承印两月后可出版》，《大公报》1948 年 6 月 14 日。

④ 周余姣：《异地造才——国立北平图书馆学人海外访学考略》，载《图书馆研究与工作》2022 年第 1 期。

官书等资料，以及后又赴美，在华盛顿的国会图书馆为该馆整理中文古籍，编写善本书提要等事论述甚详。1946 年冬至 1947 年春，王重民应邀至普林斯顿大学葛思德东方图书馆，协助他们鉴定该馆馆藏古籍，并撰写提要 1000 余种，为屈万里后来编纂《普林斯顿大学葛思德东方图书馆中文善本书目》奠定了前期基础。

1947 年，王重民坚定了其"读万种书"的志愿。其在致胡适的信中说："上次晋谒先生，先生盛称《千顷堂书目》。重民近十年来，编了国会图书馆的善本一千五百种，北平图书馆的二千七百二十种，普林斯敦的一千种，欧洲的天主教书三百五十种（大致明刻本）。北大的又将近三百种了。总的来说，没有《千顷堂书目》二分之一，也有五分之二了。在最近三五年内，还希望能编北大的一千五百种，故宫的一千五百种，北平图书馆的两千种，除去重复，将不难有七千种或七千五百种。以往的书目，著录过了一千种的很少，《四库全书》仅三四五〇种，连《存目》也不过一〇二三〇种。几年以后，再能往南方游历几次，很希望到死的时候，能够到一万种明以前刻本书，这就是我的梦想了。"① 王重民在为古籍编目的过程中，积极撰写提要，其所撰写的提要在其逝世后，由其夫人刘修业整理成《中国善本书提要》《中国善本书提要补编》出版。这两部书成为后人鉴定善本书的重要参考资料。荣新江先生谓："由于各种机缘，王重民先生大概是

---

① 　北京大学信息管理系、台北胡适纪念馆编：《胡适王重民先生往来书信集》，国家图书馆出版社、安徽教育出版社 2009 年版，第 485~486 页。

依靠图书馆而看到善本最多的人，他对于古籍版本的熟悉，使这部
书极富参考价值，而后来的许多善本提要，也都受此书的影响。"①
笔者承担了《王重民全集》中《国立北平图书馆藏善本书录》的
整理校对工作，在这两部善本书提要中，王重民为国立北平图书
馆所撰提要为 2771 条。

二、潜心研究，留意于古籍修复与装潢

王重民早年撰写的《说装潢》一文，说明其很早就关注古籍
修复之事。其谓："装潢为图书学上重要名词，古人保护书籍之
善法，千数百年后，因其他防御品之利用，古法渐废，几无人能
言之者。"② 在他看来，"装潢之用，古者专以防蠹蛀，盖杀青之
遗意也。其事盖在魏晋之间，用纸盛行之后"。一般人常混淆
"装池"与"装潢"之意，王重民对二者作了区分："装池与装
潢非一事，后人误释为潢犹池也（如《通雅》之类），实为大误。
池有边缘之义……装裱四周边缘不易拆裂，故谓之装池。其后图
书由卷轴改为册叶式，则玉池适当书背，故又称装背。"③ 惜久而
久之，多混为一义了。王重民在论述中，喜用实证予以说明，如
说明"装潢"之意的变迁，则举例："如国立北平图书馆藏宋景
定元年十一月初一日原装《文苑英华》第六百一之六百十卷一
册，有'装背臣王润照管讫'标记（此可与《西溪丛话》所记

① 荣新江：《学术训练与学术规范——中国古代史研究入门》，北京大
学出版社 2011 年版，第 103 页。
② 王重民：《说装潢》，载《学文》1931 年第 2 期。
③ 王重民：《说装潢》，载《学文》1931 年第 2 期。

唐永泰本佛经，有装潢人姓名比较观）。是两宋之时，装潢之事，名不副实，与本意全失矣。"①

在北图馆藏善本提要中，史部地理类总志下《太平寰宇记》二百卷提要内记载："阙卷第四，又第一百十三至一百十九，凡八卷，与《四库》本同。惟卷七十四至七十八之间，叶数错乱，宜重改装。卷七十五、七十六首叶，误订于卷七十七、七十八之前；而卷七十四末六叶，七十七前四叶，七十八前十叶，并阙。"②

在史部政书类诏令奏议下明天启间刻本《汪清简公奏疏》十六卷提要中，王重民也称："卷数叶数，均作墨钉，而别刻小字于下，以待刻完后移动，编成定本，再正式次第页数。装订亦有误，如《海防疏》夹入《抚畿疏》内，《抚畿疏》卷五、卷六置于《计部疏》后，亦应改动重装。"③

可见其一直关注古籍之修复与重装之事，力求古籍完好可用。

三、异质再生，再生性保护的践行者

1941 年，为避战火故，国立北平图书馆所藏 100 余箱善本 2700 余种运至美国国会图书馆寄存。自该年起到 1946 年，王重民在美国国会图书馆对这批古籍逐一进行细致调查，几乎全部撰

---

① 王重民：《说装潢》，载《学文》1931 年第 2 期。

② 王重民：《中国善本书提要补编》，北京图书馆出版社 1991 年版，第 56 页。

③ 王重民：《中国善本书提要补编》，北京图书馆出版社 1991 年版，第 48 页。

写了提要，并摄制了缩微胶卷。其向胡适介绍其工作流程是："善本书目自开始摄影，已四阅月，谨将进行情形，撮要呈览如次：摄影所用胶片，每卷长百尺。因书本大小不同，每卷所摄叶数有异，大约大本每卷可摄一千二百余叶，小本可一千五百余叶。截至今日，已摄百十二卷，共一万一千二百尺长，约为书十五万六千八百余叶矣。然所摄不过第一批二十五箱内之十六箱而已，百箱摄完，必为数甚巨，恐非二年不能办！……每卷胶片制讫后，再持原书校对，有误再改，改正后方可作为定片。依此定片，为我方共加印三份，而书籍即可装箱，以便早日运出城外保存。"① 此外，为了做到准确无误，"每天要用去二三小时作机械工作，仅对左角或右角上一两个字，以验有无遗脱之页"②。20世纪30年代末，美国国会图书馆曾捐赠过缩微复制设备给国立北平图书馆，所拍摄的缩微胶片如保存得当的话可有500年以上的寿命，但其时国内尚不知如何应用。王重民在美国已开始了应用，其应该是我国最早实践缩微复制从而异质再生的践行者。王重民在美国国会图书馆所拍摄的缩微胶卷，成为2014年复制《原国立北平图书馆甲库善本丛书》的重要底本。该丛书复制原国立北平图书馆甲库善本2621种，其中2600种即来自这套缩微胶卷。在《中国善本书提要》中，我们可以看到很多这样的描述，如：

---

① 北京大学信息管理系、台北胡适纪念馆编：《胡适王重民先生往来书信集》，国家图书馆出版社、安徽教育出版社2009年版，第532页。

② 北京大学信息管理系、台北胡适纪念馆编：《胡适王重民先生往来书信集》，国家图书馆出版社、安徽教育出版社2009年版，第68页。

《皇明太学志》十二卷提要中记载："因悟后印志书，其有用往往在原印本上，此亦其一也。故再摄影片，俾两本能互相补苴焉。"

《怀麓堂文后稿》三十卷《诗后稿》十卷《讲读录》一卷《东祀录》三卷《集句录》一卷《哭子录》一卷《求退录》三卷提要中记载："故虽是残帙，亦付影摄。"

《史谈补》五卷提要中记载："此本刷印较早，序跋具（俱）全，因为摄影，并补志前所未及者于此。"

《［正德］中牟县志》七卷提要中记载："此本似较馆藏另一本后印，然亦有前本模糊，此本清晰者，故并摄之，俾比较观焉。"

《太平广记》五百卷《目录》十卷提要中记载："普通以此本为明代第一次刻本，闻北平文友堂已付影印，国会图书馆未购藏，恐战后不易得，故再影摄。"

《西塘先生文集》十卷《附录》一卷提要中记载："国会图书馆藏本失去诸序跋，故再摄印此本以补之。"

《师山先生文集》八卷《遗文》五卷《附录》一卷提要中记载："然无'相补'之叶，极可宝贵，因再付影摄，俾互观焉。"

《焦太史编辑国朝献征录》一百二十卷提要中记载："国会图书馆藏本阙叶甚多。三年前，北京厂肆有一部，索价二百美金，未成交。兹得此本，因制胶片，俾得补苴。"

除了进行缩微复制，通过国立北平图书馆与商务印书馆合作影印了《国立北平图书馆善本丛书》第一集后，谢国桢撰写了叙录，王重民为此作了补记。其在之前交代此作缘起："一九三六年北平图书馆选所藏明代有关防边之书，凡十二种，颜曰《善本丛书》第一集，付商务印书馆影印行世。中外学者颇宝之，余亦插置架旁，时有检阅。于其著书之原委，撰人之事绩，如有可补谢君国桢所撰题记之处，辄记别纸，久之得八篇。兹汇而录之，愿与读是书者共商榷焉。一九四四年八月二十五日重民记。"①

　　除了以上古籍保护实践，王重民对我国传统的校雠之学深有研究，笔者曾以《王重民〈校雠通义通解〉对章学诚校雠学的通解和评议》②为题论述他在这方面的成就，此处不再赘述。20世纪90年代，在《中国古籍总目》的编制过程中，王重民在古籍编目上的成就屡被后人提起。如王绍曾曾言："在现代学人中，我最钦佩的是王重民先生。他既是通才，又是专家，更精通目录版本之学。可惜他早已故世。现在老专家中，尚不乏王重民其人，然已心有余而力不足。如何物色像王重民那样的总纂人选，已经提到议事日程上来。"③惠世荣也曾言及："搞这项工程，没有三五十个象（像）王重民、余嘉锡这样的大学者作为骨干或者带头人，是很难进行的。"④可见王重民在古籍保护事业史上之地位得到了广泛推崇。

----

① 王重民：《〈国立北平图书馆善本丛书〉第一集补记》，见王重民《冷庐文薮》，上海古籍出版社1992年版，第693页。

② 周余姣：《郑樵与章学诚的校雠学研究》，齐鲁书社2015年版，第287~290页。

③ 摘自《关于编纂〈中国古籍总目提要〉的若干意见》，见王绍曾《目录版本校勘学论集》，上海古籍出版社2005年版，第470~480页。

④ 惠世荣：《对〈中国古籍总目提要〉编纂工作的几点意见》，载《图书馆论坛》1995年第6期。

小　结

国立北平图书馆的分支机构八部中，有善本部、金石部、舆图部均与古籍保护工作相关。国立北平图书馆因其丰富的馆藏，其管理者既是建设者，亦是使用者。一方面他们参与文献资源的建设，一方面也积极利用这些古籍文献，从而取得了非同寻常的学术成就。古之名"文献"，既有"文"（典籍），又有"献"（贤人），只有两相结合，才有如此之效。

本章对袁同礼、赵万里、王重民等人对古籍保护事业的贡献进行了总结。在笔者已发表的前期成果《收拾余年作蠹鱼——论张宗祥在古籍保护事业上的贡献》①、《李文裿与古籍保护研究》②、《范腾端生平与著述考略》③ 中，也对张宗祥、李文裿、范腾端等人的古籍保护贡献做了探讨。无论是原生性保护还是再生性保护、传承性保护，这些学人均有突出贡献，只是各有侧重。张宗祥对古籍保护事业的贡献，此前已有学者加以研究，但还有待于进一步挖掘。有"圣手书生"之誉的张宗祥，在古籍传抄方面贡献尤巨。李文裿、范腾端等人的贡献，此前并不为人所

---

① 周余姣：《收拾余年作蠹鱼——论张宗祥在古籍保护事业上的贡献》，载《图书馆研究与工作》2021 年第 5 期。

② 周余姣、刘瑞忍：《李文裿与古籍保护研究》，载《公共图书馆》2021 年第 4 期。

③ 周余姣、苑盛南、任雪：《范腾端生平与著述考略》，载《山东图书馆学刊》2022 年第 1 期。

知。至于袁同礼、赵万里、王重民等人，前人研究均有涉及，本章用"详人所略，略人所详"的办法再表而出之。另外还有很多学人对古籍保护事业贡献甚巨，如陈恩惠、爨汝僖等人，限于篇幅，不再赘述。学人们"汲古开新"，通过对古籍的保护、整理与利用，开辟出自己治学的一片天地，或为他们提供治学服务，推动了整个学术研究的发展。

其他"平馆学人"对青年学人的成长也多有帮助。中国社会科学院历史研究所年青研究人员那向芹、虞明英编辑《敦煌资料》第一辑，于1961年9月出版。书中使用了向达、王重民先生在欧洲考察期间抄录和拍摄回来的资料，向达和贺昌群具体指导了这次整理、编辑。[①] 2011年，渤海积善堂手卷保管人、著名学者孙楷第先生哲嗣孙泰来先生将沧州孙氏家族世代相传的《明渤海孙氏积善堂题赞手卷》一轴捐赠给国家图书馆。《明渤海孙氏积善堂题赞手卷》汇集明初一批朝廷重臣、书法名家姚广孝、曾棨、胡俨、杨荣、杨溥、杨士奇、沈度等41人题赞的墨迹，卷尾为万历二十九年（1601）孙氏九世孙国重跋，是中国古代家族文化研究的重要实物，在补充馆藏、提供名家手迹标本方面意义极大。[②] 可以说，"平馆学人"对于古籍保护事业之贡献，至今还遗泽于后人。

---

① 何龄修：《有关向觉明（达）师二三事》，见何龄修《五库斋忆旧》，广东人民出版社2018年版，第128~129页。

② 刘俊：《国家图书馆近年古籍采访的现状与思考》，载《新世纪图书馆》2018年第6期。

第八章

国立北平图书馆与古籍保护事业的发展

1910 年，早在《学部奏拟定京师图书馆及各省图书馆通行章程》中，该馆就对所藏图书加以区别，一为"保存之类"，一为"观览之类"。"凡内府秘笈、海内孤本、宋元旧椠、精钞之本，皆在应保存之类。保存图书，别藏一室，由馆每月择定时期，另备券据，以便学人展视。如有发明学术堪资考订者，由图书馆影写、刊印、抄录，编入观览之类，供人随意浏览。"① 同时也为古籍的再生做了设计，要求"京师暨各省图书馆得附设排印所、刊印所。如有收藏秘笈孤本，应随时仿刊发行，或排印发行，以广流传"②。在搜求、购买私家藏书时，也给出了相应的规定，如"图书馆管理员均应访求遗书及版本，由馆员随时购买，以广搜罗。惟须公平给价，不得借端强索。其私家世守不愿出售者，亦应妥为借出，分别刷印、影钞、过钞，以广流传。原书必应发

---

① 北京图书馆业务研究委员会编：《北京图书馆馆史资料汇编（1909—1949）》，书目文献出版社 1992 年版，第 951 页。
② 北京图书馆业务研究委员会编：《北京图书馆馆史资料汇编（1909—1949）》，书目文献出版社 1992 年版，第 951 页。

还，不得损污勒索"①。此外，私家可寄存书籍供众阅览，为了鼓励私人藏书家此举，还可"酌量奏请颁给御书匾额，或颁赏书籍，以示奖励"。国立北平图书馆承继了前身京师图书馆的此类做法，在古籍保护事业上作了诸多贡献。现从古籍原生性保护、再生性保护、传承性保护的角度予以分析。

第一节　古籍原生性保护

一、积极搜访，入藏古籍文献

（一）征文访献

1928 年，北平北海图书馆发布《征求李慈铭先生遗著启事》，声明："本馆拟访其遗著，征其学行，辑为全书，以成李氏一家之学。深望海内珍藏李氏遗著者，无论将稿本出让，或允录副以存，均所欢迎。其他赠序碑铭，往来书札，亦当在征求之列。"②其后，在《北平北海图书馆月刊》上多次刊布李慈铭遗著，如《越缦堂读书记》等。在《越缦堂读书记》前有小序："莼客先生每治一书，必序其源流，考其作者，辨其章句，撮其指归，而详记之于日记。若衷汇成帙，当能继晁、陈二氏以传，固不让周中孚之《郑堂读书记》也。本馆既购得先生藏书，检廿题记有出

---

① 北京图书馆业务研究委员会编：《北京图书馆馆史资料汇编（1909—1949）》，书目文献出版社 1992 年版，第 952 页。

② 《征求李慈铭先生遗著启事》，载《北平北海图书馆月刊》1928 年第 5 期。

于日记外者，亟备录之，略加诠次，署曰《越缦堂读书记》，世之君子，以观览焉。北京图书馆识。"① 特以此说明该文之源流及价值等。此外，该馆入藏的中文书，以古籍为多。② 当然，那个时候的古籍也是当时的常见书。

　　为扩大藏书来源，该馆多次发布《征书简章》，屡次说明："一、凡惠赠本馆图书者，当刊入赠书目录，并酌报以本馆出版之图书杂志；二、凡惠赠图书价值在千元以上者，得悬挂捐助人之照像，借表高谊；三、凡捐赠图书在一万元以上者，本馆在新建筑内另辟专室庋藏，即以捐赠人之姓名名之，永为纪念。"③

　　此后，费培杰（1900—1958）寄存乐谱六百零七件、各项书籍三百二十八册，长沙瞿宣颖（1894—1973，字兑之）寄存旧藏书籍二万余册，深泽王勤生（孝箴）寄存家藏《论语经正录》及《王筱泉先生年谱》书版四百九十块。④ 朱桂莘（1872—1964，即朱启钤）寄存宁波总税务司麦伦多夫氏遗书二十二箱⑤，即穆麟德遗书。到1934年，在国立北平图书馆寄存图书的有多家单位和个人，有商务印书馆、新会梁启超、朱桂莘、加尼基国际和平基金会（即卡耐基基金会）、铜仁费培杰、深泽王勤生、长沙瞿宣颖、闽侯何遂（字叙父）、闽侯王石孙（1882—1941，王庆

---

① 　李慈铭：《越缦堂读书记》，载《北京图书馆月刊》1928年第2期。
② 　《入藏中文书目》，载《北平北海图书馆月刊》1929年第5期。
③ 　《北京图书馆征书简章》，载《北京图书馆月刊》1928年第1期。
④ 　《寄存书籍及书版》，载《国立北平图书馆馆刊》1931年第5期。
⑤ 　《朱桂莘先生寄存书籍》，载《国立北平图书馆馆刊》1930年第5期。

骥，又名王景岐）、闽侯叶可立（字于沅）、金华施存统（1899—1970，字复亮）、博野蒋秀五等。① 国立北平图书馆为寄存图书编纂了诸多寄存书目，有《梁氏饮冰室藏书目录》《饮冰室金石文字目》《国立北平图书馆博野蒋氏寄存书目》《何叙父寄存金石目》《瞿氏补书堂寄藏书目录》《叶氏琴趣楼寄存本馆图书分类目录》《穆麟德遗书目录》《施复亮寄存书目》。②

（二）佚书待访

自杨守敬编《古逸丛书》后，国人对流散在外的古籍亦多有关注。日人服部宇之吉所编之《佚存书目》出版后，国立北平图书馆馆员张增荣将其翻译，并发表在《图书馆学季刊》第八卷第二期上，国人因又可见中华古籍流散在日本之状况。服部宇之吉（1867—1939）在序中曰："华人所著图书，佚于彼而存于我国者不少，予久欲编之成目。曩者依外务省文化事业部之补助，委此项编目之事于台北帝国大学助教授神田喜一郎君及第一高等学校教授长泽规矩也君，凡阅三年。顷者稿成，因题之曰《佚存书目》，付印刷以赠同好之士。主稿者为长泽君，并自操校正之劳。特志于此，用谢两君云尔。"③ 此序作于1933年。张增荣所译之《佚存书目》发表于1934年，可见基本上是同步的。

① 北京图书馆业务研究委员会编：《北京图书馆馆史资料汇编（1909—1949）》，书目文献出版社1992年版，第1234~1251页。

② 刘波、林世田：《20世纪前期国家图书馆的图书寄存服务》，载《国家图书馆学刊》2009年第3期。

③ ［日］服部宇之吉编，张增荣译：《佚存书目》，载《图书馆学季刊》1934年第2期。

该目之"凡例"对该书目的范围作了界定：

华人所编著书籍，在本国已佚而现存于日本者收之。但本国所行通行本太失却传于日本之原本面目者亦并收之。

一度在本国佚失而以覆刻影印翻刻□印等行世者，采录之。但原本已携回中国者，不录。

残本削本固无待论，即零篇断简，其在本国已经全佚者，亦收录之。

对于今日学界无若何价值之佚存书，不录。明清人之著作，以有名或重要者为限。

医家止于宋，词曲小说止于元，释家限于□史传，语学等其他学术有重要关系之书。

除曾收入佚存丛书、古逸丛书者，乃至为世界所周知者，以及释家别集之大部分或解说担任者所未见之书籍外，各书皆附以简单之解说。宋元本，附记行款。

现存各书中之仅小部分有佚存性质者，现在中国主要图书馆未有藏本又未能遽断为佚存书者，明朝及清初之戏曲小说类佚存书，与易误为佚存书之书籍附载之。

该书目亦按经史子集排列，所不同者，后还设有四类附载。共著录经部23种，史部31种，子部47种，集部27种，附载一为"全书仅少部分佚存者"28种，附载二"似系佚存书而未能遽定者"142种，附载三"明清重要戏曲小说类之佚存书"55种，附载四"佚存书而不甚重要者"11种，此后还有"补遗"3

种，共著录日本 45 家单位和个人所保存的佚存古籍 267 种，为后人搜访古籍，实现古籍的海外回归奠定了较好的基础。张增荣翻译之功，实不可没。

（三） 鼓励捐赠，为捐赠者请奖

为鼓励捐赠古籍，1919 年京师图书馆就呈报教育部变通捐助图书褒奖办法，具体是"除捐助书籍有价可计，自愿依褒奖条例分别核奖者，仍予照例办理外，凡遇捐助善本藏书及卷帙较多，不愿计赀给奖者，准予另案陈明，酌给奖章匾额。其捐赠尤多，裨益学术教育尤巨者，并得呈请大总统特予褒奖，庶以见大部征求文献之苦心，即以助国内图书馆之发达"①。征求书籍的范围包括："甲、公家、私家所藏书籍目录；乙、名人未刊之著作；丙、善本及名人校本；丁、近时木刻及石印、铅印书报。"② 如不便捐赠，也鼓励藏家借该馆录副庋藏。

国立北平图书馆沿袭了京师图书馆的办法，也以为捐赠者请奖的方式，加以鼓励。1948 年 1 月教育部训令第 2599 号奖励傅增湘赠书，即提到"查傅增湘捐赠国立北平图书馆各种书籍一案，前据该部呈请褒奖并酌给养老医药等费，到院当经转请国民政府题颁匾额并指令准给奖金四十万元，各在案。兹奉国民政府指令开：查该傅增湘慨捐大宗图书，嘉惠士林，洵堪嘉尚，应准

---

① 北京图书馆业务研究委员会编：《北京图书馆馆史资料汇编（1909—1949）》，书目文献出版社 1992 年版，第 89 页。

② 北京图书馆业务研究委员会编：《北京图书馆馆史资料汇编（1909—1949）》，书目文献出版社 1992 年版，第 92 页。

予题颁'有功文献'匾额一方，用资矜式……"①

赵万里为国立北平图书馆极力搜集古籍善本。其他学人也积极向平馆捐赠书籍，如1931—1932年度向本馆捐赠书籍的平馆学人有于道泉、王重民、向达、徐鸿宝、袁同礼、万斯年、赵万里、刘国钧等人。② 1932—1933年度向本馆捐赠书籍的平馆学人有于道泉、王庸、王祖彝、江瀚、朱士嘉、岳良木、茅乃文、袁同礼、徐鸿宝、赵万里、蒋复璁、刘节、谢国桢、谭新嘉、爨如僖等。③ 1933—1934年度则有王庸、王祖彝、向达、李芳馥、岳良木、袁同礼、徐鸿宝、赵万里、谢国桢、严文郁、爨汝僖等。④ 1934—1935年度则有王庸、王祖彝、王重民、徐鸿宝、袁同礼、万斯年、赵万里、谭新嘉等。⑤

参与捐赠活动较多的还有顾子刚。抗战胜利复员时，顾子刚有一次较多的捐赠，国立北平图书馆为其编撰了《顾子刚先生捐赠本馆图书目录》。该目录前言中述其捐赠缘起如下：

---

①　北京图书馆业务研究委员会编：《北京图书馆馆史资料汇编（1909—1949）》，书目文献出版社1992年版，第909页。

②　国立北平图书馆编：《国立北平图书馆馆务报告　民国二十年七月至二十一年六月》，国立北平图书馆1932年版，"附录三"第1~43页。

③　国立北平图书馆编：《国立北平图书馆馆务报告　民国二十一年七月至二十二年六月》，国立北平图书馆1933年版，"附录"第1~95页。

④　国立北平图书馆编：《国立北平图书馆馆务报告　民国二十二年七月至二十三年六月》，国立北平图书馆1934年版，"附录三"第1~89页。

⑤　国立北平图书馆编：《国立北平图书馆馆务报告　民国二十三年七月至二十四年六月》，国立北平图书馆1935年版，"附录四"第1~2页。

顾子刚先生，近以个人存书之一部，为国立北平图书馆尚未入藏者，捐赠于馆中，用为庆贺复员之纪念。计经部若干种、史部若干种、子部若干种、集部若干种、敌伪资料若干种，泰半为海内孤本或流传极罕之书。其中书籍，有为先生以牺牲每日之牛奶粉所购得者（如《于文襄论四库全书手札》），有为以政府补助先生之医药费购得者（如《华北日本军部调查班残档》），有为以若干种书籍交换而得者（如《大清律集解》等）。其得之也，诚为匪易，然先生不肯自行珍秘，而愿公诸社会，以期广为流传。先生于购得每书之后，均拟名撰题跋，以志翰墨之缘。惟以为病所阻，尚有未能写就者，现仅能将简目刊布。又本期刊载有杨殿珣先生所撰《国榷》跋文，及《嘉定县志》二书，均系顾先生所捐赠者，读者可参看也。①

在该目录后附顾子刚于 1946 年 9 月 18 日所作的后记中，也略述了这些捐赠书籍的购买方式，其自谓"古有以庄田美婢易书，但以奶粉易书当自我始"。《华北日本军部调查班残档》经其整理后，发表于美国 *Far Eastern Quarterly*，以揭示日本侵华的罪行。

1949 年后，顾子刚继续捐赠了较多古籍善本给北京图书馆。②

---

① 《顾子刚先生捐赠本馆图书目录》，载《图书季刊》1946 年第 3、4 合期。

② 赵爱学、林世田：《顾子刚生平及捐献古籍文献事迹考》，载《国家图书馆学刊》2012 年第 3 期。

据统计，自 1931—1958 年间，顾子刚捐赠《永乐大典》、善本古籍、拓本、舆图等总计达百余种，其中于 1950 年捐赠敦煌遗书残卷 11 种，除 2 种提赠给历史博物馆，尚存 9 种在今国家图书馆。① 其捐赠活动，体现了其爱馆的一片拳拳之心。

（四）蔚为大观

仅 1931—1932 年度，由于"经费特增，实力尤足，入藏之书颇多孤刊原稿"，其中有海源阁遗书 60 余种、天一阁、汲古阁、稽瑞楼、宋元明别集、《宋会要》、宋刻大字本《诗集传》、金石拓片和舆图等。② 自山东海源阁藏书散佚后，国立北平图书馆一直对海源阁的藏书给予高度的关注。③ 1946 年，国立北平图书馆将海源阁遗书收入该馆存藏。④ 此项遗书共 92 种，1207 册。到馆后，采访部中文采访组根据杨绍和的《楹书隅录》、杨保彝的《海源阁宋元秘本书目》进行登记，并成立专室，以为纪念。

1933 年，天津李氏延古堂藏书经李典臣（名宝训，李士鉁子）手，将大部分藏书以 6 万元售予北平图书馆。延古堂藏书中

---

① 刘波：《国家图书馆与敦煌学》，国家图书馆出版社 2018 年版，第 22 页。

② 李致忠主编：《中国国家图书馆馆史资料长编（1909—2008）》，国家图书馆出版社 2009 年版，第 232~234 页。

③ 《海源阁藏书散佚四处》，载《国立北平图书馆读书月刊》1932 年第 5 期。

④ 《本馆收购海源阁遗书始末记》，载《图书季刊》1946 年第 1、2 合期。

以宋刻《周易玩辞》十六卷最为著名。①

鉴于战火频仍，郑振铎惧怕所藏戏曲善本书毁于兵燹，"爰将历年蓄积之善本戏曲分批割爱，让与国立北平图书馆考藏。两批共书八十二种，二百六十二册"②。

除搜访古籍，对于新修县志，国立北平图书馆亦积极征求入藏。1932 年 9 月，国立北平图书馆通函全国各省属县征求新修县志，尽管各县均存在不同的困难，赠以新旧志书的仍有 67 县。③

抗战期间，国立北平图书馆仍积极搜访，入藏之罕见书④不少，并积极传拓滇南石刻⑤。关于此项工作，笔者《范腾端生平与著述考略》⑥ 一文对范腾端西南访碑工作已有涉及，此处不赘。

正因为有以上之种种努力，才有今日国家图书馆"典籍之渊薮，文化之宝库"的壮观规模。

---

① 张磊：《天津延古堂李氏藏书考述》，载《图书馆工作与研究》2013年第 4 期。

② 《国立北平图书馆入藏善本戏曲书》，载《图书季刊》1939 年第 4期。

③ 王念伦：《志书消沉一斑》，载《中华图书馆协会会报》1932 年第 3期。

④ 《国立北平图书馆最近入藏之罕见书》，载《图书季刊》1940 年第 1期。

⑤ 《国立北平图书馆传拓滇南石刻》，载《图书季刊》1940 年第 1 期。

⑥ 周余姣、苑盛南、任雪：《范腾端生平与著述考略》，载《山东图书馆学刊》2022 年第 1 期。

二、积极开展善本与版片调查

（一）善本调查

1929 年，中华图书馆协会第一次年会上由国立中央大学国学图书馆、河北省立第一图书馆、刘纯原案提出"调查登记国内外公私所藏善本书籍编制目录以便筹备影印案"①，随后发布善本调查的启事。《中华图书馆协会善本调查委员会启事》② 如下：

> 谨启者：故籍湮沦，旧闻放失，纤儿薪蘖，异域航藏；匪惟笃古之士所嗟，抑亦立国于世之耻。中华图书馆协会爰有调查宋元善本之议。意在周知国宝，协卫书林，昭名实之存亡，谋公私之补救，仅负博访旁搜之责，绝无巧偷豪夺之怀。薄（溥）海英贤，谅同赞许。谨拟表式一纸，乞赐鉴裁。标目不厌求详，填注但期得实。庶几汇有一编，垂之千祀。官非杨慎，冀永系夫缣缃；业绍陈农，倘增光于流略。此启。
>
> 表格请问南京龙蟠里国学图书馆柳翼谋；或北平文津街国立北平图书馆赵万里函索均可。

该善本调查表格有以下多项③：

---

① 《中华图书馆协会第一次年会纪事》，载《中华图书馆协会会报》1929 年第 4 期。

② 《中华图书馆协会善本调查委员会启事》，载《中华图书馆协会会报》1929 年第 1、2 合期。

③ 于震寰：《善本图书编目法》，载《图书馆学季刊》1933 年第 4 期。

书名并撰人氏	卷数册数及叶数
半叶几行行几字	版框高宽（依营造尺计）
刊本有无年月印处可考	阙笔避讳字样
刊有何人序跋	有何木记
有无书耳	刻工姓名
版心格式及字样	装订式
纸色若何	字体若何
阙叶若干	抄配刊配若干
有无蛀损	见于某某著录
曾藏某某几家	现存某省某县某某之处
收藏图记若干	某某手书题识
有无朱墨校点	曾经某某影刻或影印
曾见某某书影	

可见该调查表共 25 项，非常详细。主事者注意到了善本的诸多方面，可以获得善本最为全面的信息。今日之古籍普查，亦无外乎是这些信息。其后，该启事在《图书馆学季刊》多次登载，以引起海内外的注意。同时，中央大学区图书馆联合会、北平图书馆协会、李小缘提出"呈请国民政府防止古籍流出国境并明令全国各海关禁止出口"的提案①，以保护古籍不外流。

---

① 《中华图书馆协会第一次年会纪事》，载《中华图书馆协会会报》1929 年第 4 期。

（二）版片寄存及调查

除了古籍，对于古籍之"母"——古籍版片，国立北平图书馆亦给予了极高的重视。1929 年中华图书馆协会第 1 次年会，刘纯、袁同礼提出"调查及登记全国公私板片编制目录案"①。改选委员会后成立宋元善本书调查委员会（主席柳诒徵，书记赵万里）和版片调查委员会（主席徐鸿宝，书记王重民）。同年，国立北平图书馆制定了《寄存版片办法》②，规范该馆版片寄存，也吸引更多的人来寄存版片。该办法显示"本馆鉴于木刻板片之保存，至为重要起见，特拟有寄存简章七条，业经本馆委员会第十四次会议议决通过。明夏新馆落成后，即可实行"。该简章规定版片必须具备下列各项记载：（1）标题；（2）镌刻年代；（3）面积大小及数量；（4）有无损伤情形；（5）其他可供参考之记载；（6）估价。

在这里，该馆考虑到藏版之家保存不易，提出寄存版片之办法，并规定了如何利用版片再刷印后的分成比例。为避免寄存版片时间过短带来的诸多问题，因此也特意声明了寄存年限不得少于 10 年。

同在 1929 年，中华图书馆协会发布版片调查的启事。《中华图书馆协会版片调查委员会启事》③ 如下：

---

① 《中华图书馆协会第一次年会纪事》，载《中华图书馆协会会报》1929 年第 4 期。

② 《寄存版片办法》，载《北平北海图书馆月刊》1929 年第 5 期。

③ 《中华图书馆协会版片调查委员会启事》，载《图书馆学季刊》1930 年第 3、4 合期。

　　启者：版籍尚矣，萌始于隋唐，大盛于五季；闽雕蜀刻，传古香于后世；坊刻监本，播嘉惠于士林。溯元讫明，士夫不学，读书而义愈晦，刻书而书愈亡。有清朴学独炽，订伪补佚，必以宋刻为征，于是百宋一廛之赋，宋元行格之表，见重于世矣。独叹夫藏书之家，网罗珍秘，校订之士，考索源流，而于板片反多忽焉！宜乎，五百年后，欲求勤有堂陈道人之刻书掌故者，已云不易，况板片乎？即汲古阁刻板存亡考一书，亦因时尚不远，故得存千百于什一，若再五百年后，亦将有如勤有堂陈道人者矣。中华图书馆协会有鉴于此，特组织板片调查委员会，拟及时广为调查，详为登记，板片不限新旧，一概著录。同人等谬膺重寄，唯恐限于人地，有未周者，念国人当不乏好古同志，若肯就地调查，邮筒相寄，将来得共汇一编，不惟敝会所私庆，抑亦全国学术之幸也。敝会现制有板片调查表，请向北平国立北平图书馆徐鸿宝君或王重民君函索，即当奉上不误。敬祈

　　公鉴！

　　书籍流传不易，版刻似乎更难。历史上亦曾记载古籍之版片或毁于火，或毁于兵燹，或毁于保管不善。此启事中提到，时间久远之后，如宋陈道人、元余氏勤有堂刻书事已难为人知，就是汲古阁刻书之版，亦难存十一。有鉴于此，中华图书馆协会征求古籍版片，极为必要且适时。该启事后又连续几年登载多次。是否有多少反馈还待进一步考证。

　　1930 年 1 月，梁启超之遗书寄存于国立北平图书馆，该馆又

制定了《国立北平图书馆收受寄存图书暂行规则》①，对如何收受和管理寄存图书作了规定，内容基本与寄存版片类似。1931 年王勤生将其家藏《论语经正录》及《王筱泉先生年谱》书板四百九十块寄存在国立北平图书馆。② 1932 年 2 月 23 日，《中华图书馆协会会报》登载《板片调查委员会主席柳诒徵辞职案》，内容是 "前经聘任之板片调查委员会主席柳诒徵君，因馆务繁忙不克担任，函请辞职。议决：由在平执委会推定陈训慈君担任，经全体执委会审核后，再为聘任"③。此处不知是否记录有误，因前记版片调查委员会主席为徐森玉，柳诒徵为善本调查委员会主席，或柳诒徵亦曾参与版片调查工作。后陈训慈在其主政的浙江图书馆中，亦对版片之保护极为重视。近年来，随着古籍保护事业的发展，古籍雕版的保护引起了学界的注意，也产生了一定的研究成果。④

三、妥善保管与古籍修复

（一）典藏文明

在图书馆的工作中，典守保管是一个重要的职责。京师图书馆初创之时，即规定了典守稽查的制度，如 1911 年 "奉监督谕，

① 北京图书馆业务研究委员会编：《北京图书馆馆史资料汇编（1909—1949）》，书目文献出版社 1992 年版，第 1065~1069 页。

② 《馆讯》，载《国立北平图书馆馆刊》1931 年第 5 期。

③ 《板片调查委员会主席柳诒徵辞职案》，载《中华图书馆协会会报》1933 年第 4 期。

④ 田晨：《古籍雕版保护初探》，天津师范大学 2021 年硕士学位论文。

本馆藏储书籍首重典守，现届封印，例应闭馆，著派科员全佑、李长纶，写官王德纯、陈之垿、李炳权、林汝助、张庆联、郑宪等八员常川任馆，认真看守，以专责成。所有书籍经卷，除现正装订外，其余全行查归原处，将门窗一律加用印封，以昭慎重。并派哈卜齐显、高文彬、桂林三员轮流到馆，破除情面，认真稽查。此谕。十二月十九日"①。

1922 年，京师图书馆公布了《修改京师图书馆暂行图书阅览规则》，对善本书额外提出要求，其中有"第九条 馆书为公共之物，阅者各宜爱护，如有点污损坏或毁失者，须赔偿相同之书或相当之价□，至善本或四库等贵重书籍尤不得稍加污损，违者得交送法庭按律处分。第十条 善本书中有年代久远且纸质脆损难揭者，特别保存，不俱阅览，俟经费稍裕，当贮之玻璃橱以便参观"②。1924 年 3 月 29 日教育部核准的《京师图书馆暂行办事细则》中"第四章 庋藏课"下对如何庋藏书籍有详细的规定，如"庋藏课书库分设善本、藏经、四库、普通四室"，除了对一般书籍保存有基本要求，对"善本书籍保存"也有更为细致的要求："一、每册书皮内面粘一详细表目，标明书□版本、版口、尺寸、卷数、页数、印章、其他标题及状况等项；二、每册首尾中间盖京师图书馆藏书之印，其最贵重者，每页里面隐盖小章；三、新购入及装修后册数增加者，一律补盖藏书之印；四、宋元

---

① 李致忠主编：《中国国家图书馆馆史资料长编（1909—2008）》，国家图书馆出版社 2009 年版，第 32 页。

② 北京图书馆业务研究委员会编：《北京图书馆馆史资料汇编（1909—1949）》，书目文献出版社 1992 年版，第 993~994 页。

版本阅览只供校雠之用，否则但许参观，其余善本书籍仍一律供人阅览"①。此外，对唐人写经要求"已编查者应清量各卷尺寸、详记起讫登入，量经细册分类列号庋藏"。此外，不同的庋藏库应针对本室情况进行保藏，如"善本、藏经两室，古代名人墨迹、地图碑拓等类，管理员应详细登录保存""四库室于本库木函缥缃损缺时，应报告总务课修理"②。该办事细则，对今日所提的修复、晒书等也有明细要求。修理书籍手续的规定是第五十条，具体如下③：

　　一、管理员应随时检查，令装订处逐次修理；

　　二、发交书籍时由管理员及装订处技首共将本书详细检查卷数、页数有无残缺，开明清单并年月日加盖该室图记，交由装订人收存；

　　三、照式登载该室修书籍；

　　四、修成□回时，管理员按照簿单核对点收，并于修书簿本书名下标明某年月日收回。

　　据笔者目前所知，这应是最早的在正式文件中提及的古籍修

①　北京图书馆业务研究委员会编：《北京图书馆馆史资料汇编（1909—1949）》，书目文献出版社 1992 年版，第 1016 页。

②　北京图书馆业务研究委员会编：《北京图书馆馆史资料汇编（1909—1949）》，书目文献出版社 1992 年版，第 1016 页。

③　北京图书馆业务研究委员会编：《北京图书馆馆史资料汇编（1909—1949）》，书目文献出版社 1992 年版，第 1019 页。

复流程了。该馆还设有装订处，装订处也设有专门的规定①：

一、装订处雇技首一人，匠工数人；

二、装订书籍时由技首到庋藏课，遵照第五十条手续办理；

三、装订处应备考勤簿，按日记明所修何书，形状若何，满一星期送庶务室查考；

四、技首、匠工有不法行为时除撤换外，仍按律惩究；

关于装修规则应由总务、庋藏两课课长详细规定，呈由馆长、主任核准施行。

同样，对传统的晒书事项也有非常详细具体的规定②：

一、每年秋季举行；

二、日期由主任指定，但遇阴雨及其他障碍得酌量展期；

三、全馆人员均须担任职务，其职务由主任分配之；

四、庶务室先将所需器具、设备齐全；

五、各室管理员预备号码分配各架，发书收书时均按号

---

① 北京图书馆业务研究委员会编：《北京图书馆馆史资料汇编（1909—1949）》，书目文献出版社1992年版，第1020页。

② 北京图书馆业务研究委员会编：《北京图书馆馆史资料汇编（1909—1949）》，书目文献出版社1992年版，第1019~1020页。

码顺序而行；

　　六、参观阅览一律停止，并由文书室先期牌示本馆门首；

　　七、期前由文书室备函索还各处借出书籍；

　　八、公备午餐，两班轮换。

　　就此看来，该馆晒书承继了以往的传统，宛然成了一个全馆成员参与的节日，有组织，管理有序，对于我们今天思考复原活化"曝书会"等传统习俗有着重要的意义。

　　1925 年，京师图书馆善本书被窃后幸而又重新购回。为昭藏书之责，该馆作出了将"轮值收发之馆员谭新嘉、邓高镜分摊赔偿赎还原书银三百元……录事李堃停职或记大过一次"的处分。①在谭新嘉的《梦怀录》中，其对此事记载如下："九月四日（夏历七月十七日），余轮值善本阅览室，因普通阅览室轮值者遗失出门券，以致被窃善本宋版苏坡和陶诗壹册，幸于厂肆查得，赎价两人分赔，乃意外波累也。"②

　　为了更好地管理古籍书库，考虑到"第一馆善本书库内，往往藏有普通性质之书籍，而普通书库亦多可提入善本书库者，已由徐森玉、赵万里二君从事审查，分别优劣后，另行插架云"③。这是对善本书的初步分级，以及对普通书所开展的"提善"工

---

① 北京图书馆业务研究委员会编：《北京图书馆馆史资料汇编（1909—1949）》，书目文献出版社 1992 年版，第 122~123 页。

② 谭新嘉：《梦怀录》，载《文献》1982 年第 14 期。

③ 《善本书库之整理》，载《国立北平图书馆月刊》1929 年第 3 期。

作。自 1929 年开始，该馆还为善本书购买保险。1933 年 8 月，又成立善本乙库，其设立初衷为："有清一代刻书之精，超越前古，其精刊精印之本价值日高，渐与宋元版相埒，又以名著稿本发见日富，亦宜及时藏购，于是有善本乙库之筹设。其明本以上之书仍贮之旧善本室，名曰甲库；自清初以来精刊、精印、孤本、稿本、批校及罕传之书，皆藏之乙库，如：（一）大库所存清初方志，（二）清代赋设（役）全书，（三）昇平署剧本及档案，（四）名著稿本，（五）名人批校书，（六）清代殿本书，（七）精刊精印各书。共二千四百余种，二万三千余册。"① 乙库设立后，又不断地进行整理，"就普通书籍重行查检，将刊刻精善、流传较罕者提出五百七十八种，其中以顺治、康熙两朝之文集及史料书籍为多，而瞿氏铁琴铜剑楼影抄进呈各书亦全部提入此库，此系本馆初并时经缪筱珊监督躬赴江南采购书籍，选定瞿氏精本百种传抄进呈者，当时仅抄成五十种，虽为时不远，然所抄俱为珍本秘籍，而行款又悉照原书，自非普通抄本所能比拟也"②。此时已非常重视近代名家抄本，将之列为善本。

1936—1937 年度平馆又再次清查善本书籍，"次第覆查，标记详明，用昭大信，且以补善本书目之不足"③。从原普通书提善

---

① 国立北平图书馆编：《国立北平图书馆馆务报告 民国二十二年七月至二十三年六月》，国立北平图书馆 1934 年版，第 26~27 页。

② 国立北平图书馆编：《国立北平图书馆馆务报告 民国二十四年七月至二十五年六月》，国立北平图书馆 1936 年版，第 22 页。

③ 国立北平图书馆编：《国立北平图书馆馆务报告 民国二十五年七月至二十六年六月》，国立北平图书馆 1937 年版，第 24 页。

归乙库亦甚多，并拟再设阅览室。

（二）图书修复

国立北平图书馆对古籍修复之事很早就有开展，这在今人臧春华的《国家图书馆古籍修复简史（1909—1966）》[①] 一文中已有所总结。笔者所特别注意的有以下几个重要的节点：

1915 年 11 月，教育部饬令京师图书馆对馆藏应妥为保管，即提到一项"书籍蠹蚀当辑补也"。主要是考虑到"该馆所藏书籍多系古本，且闲置日久，难免腐蚀，若再经翻阅，破损堪虑，应即勤加修补，以便保留。该馆现仅有装订工匠一人，且兼理分馆之书，若力有未逮，可酌量添雇"[②]。可见，当时已注意到了古籍修复的问题。1918 年，张宗祥到任后，也开展了很多古籍修复工作，这在笔者《收拾余年作蠹鱼——论张宗祥在古籍保护事业上的贡献》[③] 一文中已有论述。

1928 年 6 月 2 日，国立京师图书馆在给"中基会"的报告中，也说明了"统筹本馆应办之事，尤以修理书籍一项，为最要。盖本馆图书，在来发交本馆保管以前，即每蠹蚀残破，若非急行整理，恐日久而愈失其真"，尽管经费紧张，"勉于职员俸给项下量予裁减，即以腾出之款，充作修理书籍之用，所雇修书技

---

① 臧春华：《国家图书馆古籍修复简史（1909—1966）》，载《科学文化评论》2017 年第 3 期。

② 北京图书馆业务研究委员会编：《北京图书馆馆史资料汇编（1909—1949）》，书目文献出版社 1992 年版，第 72 页。

③ 周余姣：《收拾余年作蠹鱼——论张宗祥在古籍保护事业上的贡献》，载《图书馆研究与工作》2021 年第 5 期。

手，陆续添用，现已增至四人之多，所修书籍，曾经列册造报，成绩不无可观"①。1928 年 8 月 14 日，已更名的国立北平图书馆向大学院开列应办事项中，第一款为"修理"，主要包括 5 个方面，即"一、原藏善本书籍二万余册，而线断蠹伤者，几占半数，此项修理工料极费，且非仓卒立办，亟应从速办理；二、原藏普通书籍十五万余册，内有赋役全书，各省府县志均极罕贵而蠹坏者不下三万余册，又有尚未装订者，均应一律修理；三、以上两项书籍中有卷数、页数不全或字有残缺，均须设法购配抄补；四、原藏敦煌写经八千六百余卷及地图、书画、碑拓数百件，向未整理，亟应补缀装潢，并载之木匣，以便保存；五、所有书籍应用专函装置，以免插架取携易于损坏，计需用布函约五万件"②。所涉及古籍"修理"事项极为全面。

1930 年，国立北平图书馆第一馆汇报其图书之装置为"古本各书原系蝶装装或包背装者，悉仍其旧，而本馆藏书偏于古籍，除少数新书杂志外，概系线装，庋藏之法，普通书皆用木架平置，善本用玻璃柜橱，四库书用原函原架，唐经则特制箱箧保藏"③。此种保存方式保留了下来，当然抗日战争期间受到了破

①　北京图书馆业务研究委员会编：《北京图书馆馆史资料汇编（1909—1949）》，书目文献出版社 1992 年版，第 210、211、213 页。

②　北京图书馆业务研究委员会编：《北京图书馆馆史资料汇编（1909—1949）》，书目文献出版社 1992 年版，第 234~239 页。

③　北京图书馆业务研究委员会编：《北京图书馆馆史资料汇编（1909—1949）》，书目文献出版社 1992 年版，第 1172~1173 页。

坏，无法维持旧制。

总之，国立北平图书馆很早就开始了古籍修复的工作，走在了古籍保护事业的前列。今日国家图书馆内，《四库全书》仍是原函原架保存，敦煌遗书、《赵城金藏》等均另配置了合宜的装具，加以妥善保护。

四、古籍编目

（一）善本书编目

自京师图书馆开设后，主事者历来分外重视书目的编制工作。最早编制的善本书目是缪荃孙所编的《清学部图书馆善本书目》，印在《古学汇刊》中。1916 年，京师图书馆馆长夏曾佑在呈送善本书目请教育部核定时说道："当查本馆书籍甚多，拟先从善本书着手，而善本书目，前此编纂者，共有三本：一为前馆长缪荃孙所定，现印于《古学汇刊》内；一为前馆长江瀚所定，现存钧部社会教育司及本馆内；一为前馆员王懋镕所编，现存钧部图书室内。三者之中，以缪本为最详。而草创成书，不能无误。江本、王本盖即缪本撮录而成，所不同者，仅增删书目十数种耳。"① 该书目共四册，"系就现藏书籍与缪、江两前馆长、王前馆员所编详加校理，部帙、数目、门类以及撰人姓氏皆有订正，较原编尤为完密"②。到张宗祥主持馆务时期，又据夏曾佑所

①　李致忠主编：《中国国家图书馆馆史资料长编（1909—2008）》，国家图书馆出版社 2009 年版，第 177 页。

②　李致忠主编：《中国国家图书馆馆史资料长编（1909—2008）》，国家图书馆出版社 2009 年版，第 178 页。

编之目重编，改正不少谬误。①

1933 年，"平馆学人"于震寰发表《善本图书编目法》一文。在该文中，于震寰说明了善本之范围与分编目录之必要性，同时参考《清学部图书馆善本书目》《国立北平图书馆善本书志》《松轩书录》等书目，参照近代图书馆编目之原则、我国旧籍之制度后，拟定体例。至于善本书目次序之先后，则略法英国古璧博士（Henry Guppy）提出于英国图书馆协会及美国图书馆协会编目委员会之古书编目法案。于震寰将善本图书编目之体例定为：一、主文；二、篇卷；三、记述；四、通注；五、参证；六、特注；七、藏书号码。以下再详分多项②，体现了其严谨系统的善本编目观③。后于震寰转职国立中央图书馆后，亦曾负责为该馆的善本书编目。

（二）善本书志之撰写

1929 年，国立北平图书馆就拟撰写善本书志。在该年度的报告中，就有这样的计划："本馆所藏善本书约三千种，爰拟合编为馆藏善本书志，详考板刻时代、著者仕历及与今本或他刻异同之故。关于集部明刻别集类之书，业已编竣，将依其体裁编录其他各类。"④

---

① 《本馆善本书目新旧二目异同表》，载《国立北平图书馆馆刊》1934 年第 2 期。

② 于震寰：《善本图书编目法》，载《图书馆学季刊》1933 年第 4 期。

③ 刘劲松、李美：《民国时期于震寰的图书馆学思想论略》，载《新世纪图书馆》2020 年第 7 期。

④ 国立北平图书馆编：《国立北平图书馆馆务报告　民国十八年七月至十九年六月》，国立北平图书馆 1930 年版，第 24 页。

1930 年，赵万里撰写了多部善本书志，发表在《国立北平图书馆馆刊》上。而于震寰的《善本图书编目法》一文则从理论上论述了撰写善本书志的必要性。其谓："有宋以降，刊本流行，纵或各家所藏，同出一样，更或同出一藏，而有复本，亦只虎贲中郎之肖。若纸幅装帧，若题识印记，因传衍之殊，各个表现其特立之精神，不容混淆也。至如旧写影钞，更无待言。是故各馆编目，皆宜据藏本之实例，叙述周详，虽有见于他家书目，或任见何处者，无妨也。"① 可见，每一善本，当有一志。这一工作到王重民抗战期间在美国国会图书馆为运美善本撰写提要才实现，今可见有王重民《中国善本书提要》《中国善本书提要补编》中的北图善本提要。

作为典籍收藏最为丰富的国家图书馆，国立北平图书馆在古籍的原生性保护方面积极征文访献，倡导文献的寄存，并通过为捐赠者请奖鼓励捐赠。在藏书入藏后，予以妥善保管，做好安防与日常的保护工作。此外，该馆通过中华图书馆协会还致力于善本与版片的调查，已开古籍与版片普查之先声。具体古籍保护的工作方法，既承袭了原有的晒书装潢等做法，亦进行了现代编目整理的工作，还为善本书编目并编写书志。该馆所开展的工作，对当时其他的图书馆均起到标杆、榜样的作用。

通过分类，按不同的标准将古籍书库分为甲库、乙库，该馆

---

① 于震寰：《善本图书编目法》，载《图书馆学季刊》1933 年第 4 期。

对古籍进行分层分级保护。经过多年的集聚发展，到 1949 年该馆善本书已非常可观，大体情况如下①：

存馆善本书种数册数

善甲书一千五百零三种　八千一百十一册

善乙书五百九十三种　八千六百二十二册

共计二千零九十六种　一万六千七百三十三册

三十一年回馆善本书种数册数

善甲书四百九十八种　五千二百四十八册

善乙书一千九百八十四种　二万六千零三十册

共计二千四百八十一种　三万一千二百七十八册

胜利后回馆善本书种数册数

善甲书五百二十五种　三千一百七十二册

善乙书二百五十九种　二千五百七十五册

共计七百八十四种　五千七百四十七册

胜利后入藏善本书种数册数　未登记制片者容后统计

善甲、乙书共计七百六十五种　六千六百四十二册

以上共计六千一百二十六种　六万零四百册

存沪、存美善本书种数册数（约数）

善甲、乙书共计四千余种　二万六千余册

文津阁《四库全书》六一四四函　三六三〇〇册

---

① 北京图书馆业务研究委员会编：《北京图书馆馆史资料汇编（1909—1949）》，书目文献出版社 1992 年版，第 1103~1104 页。

这些丰富的古籍文献为实施 21 世纪初堪称伟大的古籍保护工程——"中华古籍保护计划"奠定了坚实的馆藏基础。

第二节　古籍再生性保护

除原生性保护方面，在古籍再生性保护方面，国立北平图书馆亦走在了前列。再生性保护，顾名思义，就是通过复制的方式，使古籍的内容再生。下面对国立北平图书馆时期的古籍再生性保护予以逐一介绍。

一、写官手工传抄复制

京师图书馆设立之初，沿袭旧制，置写官多名。为规范写官工作，1910 年监督还曾制定写官工作纪律及放假规定："十二月十二日奉监督谕，本馆藏储书籍首要典守，自封印后各科执事务须轮班值宿，率领写官馆役勤慎看守，不得稍有疏懈。写官重在抄录，尤不可旷日度时，自本年腊月二十五日后至明年正月初十日止，暂作轮流休息之期，如有旷时日当计日扣薪，以重课程免虚费，特谕。"① 可见，该馆专门设置了重在抄录的写官，并予以严格管理。第二年又颁发写官工作日记，实行工作日记汇报制度，具体是：

---

① 李致忠主编：《中国国家图书馆馆史资料长编（1909—2008）》，国家图书馆出版社 2009 年版，第 31 页。

三月初五日奉监督谕，本馆自开办以来，所有写官各员勤奋从公者固不乏人，其稍涉疏懈者，亦时所或有，非有所考核殊不足以昭公允而分殿最。著每人发给劄记一册，自到差之日起截至二月底止，所办何事（如检查书籍、料理庶务、缮写文造具报销之类），所抄何书（是何书名，交载何处，自何处起至何处止，计若干叶若干字，皆须一一详载，不得含混），逐一亲笔详细注明，限于十五日一律汇齐，总办会同各科科长秉公查核是否属实，有无遗漏，于十八日堂期，连所抄之书一并呈送监督覆核。本月初一日以后，永远按日各自亲笔填注本日所办功课，每五日将劄记册交总办，会同各科科长检查属实，汇呈监督查核办理。各该写官等务宜勤奋将事，长期款不虚糜，人无疏旷。此谕。①

为保证抄写工作的正常进行，此制度颇似清乾隆时期《四库全书》抄书员的考绩制度。该制度颁布后，个别写官未能按时完成，受到了处分。后来该馆继续颁布更为详细的奖惩措施，明令"所有近日本馆请假离差各写官，均著停支薪水，迄现在留馆任事者，实属勤妥可靠，本拟加给津贴，惟款项支绌势难遍及，均著各计大功一次，以昭勤勉。此谕"②。以停薪昭示惩戒，记大功奖励成绩突出者，这样的奖惩制度可让写官有章可循。

---

① 李致忠主编：《中国国家图书馆馆史资料长编（1909—2008）》，国家图书馆出版社 2009 年版，第 31~32 页。

② 李致忠主编：《中国国家图书馆馆史资料长编（1909—2008）》，国家图书馆出版社 2009 年版，第 32 页。

1923 年春天到 1924 年 12 月，张宗祥为浙江省立图书馆补抄完备文澜阁《四库全书》，组织人员到京师图书馆抄文津阁《四库全书》。此次补抄，由张宗祥总其成，周湘舲专管经费，吴雷川任北京的重要事件，堵申甫专任监督抄校。京师图书馆为此次抄书提供了较大的便利，只收了 300 元商务印书馆书券。①

"平馆学人"亦通过为学者传抄古籍，协助他们的研究。如赵万里曾为中医医史文献学家范行准（1906—1998）抄录《永乐大典》中的部分文献。② 范腾端、爨汝僖等人都曾为徐崇立、傅增湘等学者们提供过传抄服务。

二、古籍影印出版

1929 年，北海图书馆购进照书机 Photostat 一架，"凡平外各图书馆或从事专门研究者，如欲参考旧杂志之论文或孤本书籍，本馆皆可代为影印"③。这只是局部和少量的影印。同年，考虑到"国立北平图书馆旧藏古本孤本书籍及《永乐大典》内之小品，多为海内罕见之本"，于是"经名流多人之发起，就馆藏中择其确有价值者，仿《知不足斋丛书》例，以若干种为一集，招股刊行，并得继续刊行至若干集。已订定招股章程征集股本，其开办

---

① 张宗祥：《补抄文澜阁〈四库全书〉史实》，见王国平主编《西湖文献集成　第 20 册　书院·文澜阁·西泠印社专辑》，杭州出版社 2004 年版，第 388 页。

② 见中国嘉德 2016 春季拍卖会"古籍善本"第 2034 号拍品。

③ 李致忠主编：《中国国家图书馆馆史资料长编（1909—2008）》，国家图书馆出版社 2009 年版，第 91 页。

费暂定为六千元，除由本馆筹拨一部分作为垫款外，余由发起人先行认股，陆续募集"①。1936 年，毛宗荫在其《图书馆事业合理化之刍见》一文中也建议"惟有影印孤本、秘本及珍本之举，始可杜绝绝佚之弊，以广流传"②。

因此，加速影印孤本、秘本、珍本，是加强古籍保护的重要手段。丛书的影印是一种卓有成效的办法，"凡一种丛书之辑印，期在使先贤未刊之稿或刊而难得之作广其流传也"③。国立北平图书馆也影印出版了多套丛书：

（一）国立北平图书馆珍本丛书之印

1929 年末，学术界发起"珍本经籍刊行会"，就国立北平图书馆所藏善本及近世名人论著各种小品，仿"知不足斋丛书"例招股刊行，原定名为《国立北平图书馆丛书》，当时出版有七种。④ 后改名为"国立北平图书馆珍本丛书"项目，共影印或排印出版以下六种书：

　　全边略记十二卷　明方孔炤撰　据明刻排印　六册
七元

---

①　《北平圕刊印古书》，载《中华图书馆协会会报》1930 年第 4 期。

②　毛宗荫：《图书馆事业合理化之刍见》，载《图书馆学季刊》1936 年第 3 期。

③　《合众图书馆丛书第一集［介绍］》，载《图书季刊》1946 年第 1、2 合期。

④　袁同礼：《国立北平图书馆概况》，载《图书馆学季刊》1931 年第 2 期。

通制条格三十卷存二十二卷　据明抄本影印　六册
七元

埋剑记传奇二卷　明沈璟撰　据明刻本影印　二册　二
元四角

郁冈斋笔麈四卷　明王肯堂撰　据明刻本排印　三册
三元六角

平寇志十二卷　清彭孙贻撰　三册　三元六角

鸦片事略二卷　清李圭著　一册　一元二角

以上丛书合购洋二十元。①

另还有一种为《想当然传奇》。该馆在《国立北平图书馆馆刊》和《图书季刊》多次登载此丛书的售书广告，并予以推介。如将《全边略记》十二卷推介为"用上等连史纸加工精印，诚研究明清之间及明季史事者不可不读之秘籍也"②。将《埋剑记传奇》二卷推介为"附图精工悦目，急加工影印，以供同好研究，中国戏曲史者当无不以先睹为快也，精装二册，实价二元"③。

（二）《国立北平图书馆西南文献丛刊》之印

1940 年起，国立北平图书馆编撰"西南文献丛刊"出版。该馆曾述其编撰该丛刊的缘起为："国立北平图书馆曩年迁地昆明，

---

① 《国立北平图书馆珍本丛书》，载《图书季刊》1940 年第 4 期。

② 《国立北平图书馆珍本书籍刊行会新版书籍广告》，载《国立北平图书馆馆刊》1930 年第 5 期。

③ 《国立北平图书馆珍本书籍刊行会新版书籍广告》，载《国立北平图书馆馆刊》1930 年第 5 期。

锐意西南文献之搜集，并访求西南人士有关地方之著述，为之刊布，先后问世者有方树梅君之《滇南碑传集》及凌惕安君之《郑子尹年谱》。凌君黔中宿学，于乡梓故实搜辑最勤，近年仿《京口耆旧传》以至时人所编《清代学者像传》之例，辑为《清代贵州名贤像传》。"① 该丛刊似只印行了三种，具体如下：

滇南碑传集② 　方树梅编　　1942 年版　　线装六册
郑子尹年谱　八卷　凌惕安编　商务印书馆 1941 年版
清代贵州名贤像传　凌惕安撰　商务印书馆 1946 年版
平装一册

其中，《清代贵州名贤像传》这一种的印行计划很早就已开始实行，1940 年就曾提前介绍③，但直到 1946 年才最终印行，并再次进行了推介④。

（三）也是园旧藏元明杂剧之影印

民国期间，也是园旧藏忽现于上海，当时被学界认为是一大发现，"旋由教育部重金收买，畀诸国立北平图书馆考藏。并由部交商务印书馆选印行世，以广流传"。国立北平图书馆后编有

---

① 　毓：《清代贵州名贤像传［介绍］》，载《图书季刊》1946 年第 3、4 合期。
② 　《滇南碑传集之印行》，载《图书季刊》1940 年第 3 期。
③ 　《清代贵州名贤像传之印行》，载《图书季刊》1940 年第 3 期。
④ 　毓：《清代贵州名贤像传［介绍］》，载《图书季刊》1946 年第 3、4 合期。

《也是园旧藏元明杂剧简目》①。但似未最终印行。1953 年，"平馆学人"中的孙楷第所作《也是园元明杂剧考》出版。今见冯沅君《孤本元明杂剧钞本题记》曾作为《国立北平图书馆专刊丛书》之一，1944 年由商务印书馆出版。《图书季刊》对此进行了推介。② 但该丛书具体有多少种，因所见较少，尚不清楚。

（四）《国立北平图书馆金石丛编》之出版

陈介祺是清代著名的金石学家。国立北平图书馆曾购得陈介祺书札，后又购得同治十二年十二月迄光绪九年十二月间吴大澂致陈介祺尺牍墨迹五六十通及吴大澂所撰《金文考》《读古陶文记》等文。国立北平图书馆派员"整比次序，汇为是编"，并将《金文考》《读古陶文记》二篇附于全牍之后。③ 编末附上谢国桢于 1936 年所作之跋，备述该书之本末。④ 1938 年《吴愙斋尺牍》⑤ 作为"国立北平图书馆金石丛编"之一由商务印书馆出版。

（五）《敦煌古籍丛编》之影印策划

1936 年 9 月 29 日，北平图书馆向管理中英庚款董事会申请 3 万元拍摄资助，同时附呈《整理及选印燉煌经卷计划书》与预算草案。管理中英庚款董事会 1937 年 4 月 28 日函复北平图书馆，核准了经费预算，并提出建议："至该项古籍选印成书，如名之

---

① 《也是园旧藏元明杂剧之影印》，载《图书季刊》1939 年第 4 期。
② 《孤本元明杂剧钞本题记》，载《图书季刊》1944 年第 4 期。
③ 衣：《吴愙斋尺牍》，载《图书季刊》1939 年第 2 期。
④ 谢国桢：《吴愙斋尺牍跋》，载《考古》1937 年第 6 期。
⑤ （清）吴大澂：《吴愙斋尺牍》，商务印书馆 1938 年版。

为'燉煌古籍丛编',似较妥切;并希在卷首载明本会助印字样,尤为欣盼。"1937 年 6 月 18 日,王重民致袁同礼函后,附有一纸,为"敦煌古籍丛残第一集目录"的征求意见稿。陈垣等研究者提供了意见。

在影印时,王重民强调不要描润。1937 年 8 月 8 日,王重民致袁同礼函中反复强调:"委托商务影印《敦煌古籍丛编》石印,既能便宜数倍,为流通学术及畅销起见,自应以用石印法印行为宜,唯原来照片如有模糊不清之处,请商务主事人千万不要用墨笔描绘,因图清晰反而致误,这一点是商务的通病,印别的可以不管他,印此书请他千万不要犯此毛病,况说我们既有胶片,即有不清之处,若有别种问题可向吾馆要求洗照……所以这次为便宜而采用石印,千万请商务不要犯了这种毛病。"① 石印过程中,是否进行描润,历来学界存有争议。最初为了求得内容的完备性,一些学者如张元济主张描润。在其后的实践过程中,学者们逐渐意识到影印出版也应"影旧如旧",保留原样,才有力避描润的主张。

但该丛书的影印出版因日本全面侵华而暂停。

三、碑帖传拓

国立北平图书馆在北平时,金石部的工作主要是对碑帖拓片的编目整理。受抗日战争影响,部分员工随馆长袁同礼西迁云南

---

① 刘波:《国家图书馆与敦煌学》,国家图书馆出版社 2018 年版,第 129~130 页。

后，在积极搜访西南文献以及金石碑帖方面做了较多的工作。范腾端之《国立北平图书馆藏云南碑目初编》记录了该项史实："近年以来，本馆斥资传拓，虽毡椎之事，难觅良工，然蒐访之勤，可供秘阁。现仍继续从事，未尝或间。想不难得窥全豹，当可超迈前贤时士之所知见者矣。"① 所拓碑文编成《云南碑目初编》。在国立北平图书馆的重要馆藏中，碑帖拓片也是一个重要的组成部分。除购买、捐赠流传下来的或其他拓工传拓的拓片，亦有平馆学人亲自拓得者。

四、古籍的缩微复制

民国期间，国立北平图书馆已开始运用缩微复制方法来保护古籍。1940 年 9 月，北平图书馆获美国捐赠显微阅读机一台，显微阅读机到后，"利用北平协和医院发电厂设备之便利，该机即暂时装置院中。当此军兴期间，印刷品之运寄传播俱感困难，有此显微软片图书摄制之发明，代价既较低廉，体积亦极窄小，航空邮寄，尤称便利，大量图书，可借此而广传矣，将来北平各图书馆所藏图籍，均可摄制复本，以供内地各学术机关研究之用"②。可以说，国立北平图书馆应是当时我国最早采用缩微复制技术的图书馆。后王重民在美国国会图书馆亦采用缩微复制技术，为"运美善本"拍摄胶卷。后来此批善本被运往我国台湾地

---

① 范腾端：《国立北平图书馆藏云南碑目初编》，载《图书季刊》1947年第 1、2 合期。

② 《国立北平图书馆工作近况：显微软片图书之摄制》，载《图书季刊》1940 年第 3 期。

区，这些缩微胶片成了再生性保护的重要媒介。通过现代"模转数"的技术，现已成为"中华古籍资源库"的重要资源。新技术的应用，也为实现古籍的异质保存提供了可能。

在面对自然灾害、兵燹之时，化身多体甚至化身千百的再生性保护的意义极大。在再生性保护方面，国立北平图书馆亦走在前列。因该馆人才众多，最初设置写官，其中亦不乏擅长篆隶之人员。采用手工抄写或补抄珍贵的古文献，因而传统的传抄工作亦在进行当中。同样，因国立北平图书馆经费较为充足，与英、美等国合作联系较多，能较早地引入缩微复制等仪器和设备，开展缩微复制或阅览的工作。此外，国立北平图书馆与商务印书馆建立了良好的合作关系，将善本古籍通过石印的方式影印出版。这些都是值得积极肯定的。

第三节　古籍传承性保护

古籍传承性保护是目前学者们讨论的一个重点①，主要涉及学术传播和文化传承。其实此前虽无"古籍传承性保护"之名，但亦开展了很多工作。国立北平图书馆在民国时期就已开展了很多古籍传承性保护的实践活动。

---

① 周余姣、田晨、武文杰、曾晓、任雪：《古籍传承性保护的理论探索》，载《图书馆杂志》2020 年第 12 期。

一、古籍流布与传播

1917 年 5 月 29 日，教育部核准京师图书馆《藏书流布暂行规则》11 条①，注明：为流布藏书起见，拟将所藏善本书籍及文津阁《四库全书》、敦煌石室唐人写经，均允许人摄影及转抄。其中对书籍卷轴摄影或转抄者，须缴纳一定费用，具体如下：

表 8-1 摄影、转抄善本书籍价目表

种 类	数 目	费 用	
		摄 影	转 抄
宋元明旧椠本	一册	四元	一元
敦煌石室唐人写经	一卷	二元	五角
旧抄或孤行本	一册	二元	五角
文津阁《四库全书》	一册	二元	五角

同时对摄影或转抄的数目也做了限定：

宋元明旧椠本	三十册
敦煌石室唐人写经	四十卷
旧抄或孤行本	三十册
文津阁《四库全书》	二百册

---

① 李致忠主编：《中国国家图书馆馆史资料长编（1909—2008）》，国家图书馆出版社 2009 年版，第 198~199 页。

此后该规则又于 1919 年进行了改订。1922 年，又做了一番修改，对古籍之流布与利用做了多款规定，比较重要的有以下几条：

第一条　本馆为流布藏书起见，拟将所藏善本书籍及文津阁《四库全书》、敦煌石室写经中之完整不脆损者，均许人摄影及转抄之。

第二条　凡欲将本馆书籍卷轴摄影或转抄者须经馆长许可，并交左表之费额，但本馆为征图书与订有特别契约者得酌量优免之。

种　类	数　目	费　额	
		摄　影	传　钞
宋元旧椠及其抄本	一册	五元	三元
明刊及其抄本	一册	三元	一元五角
清精写及名人校抄本	一册	二元	一元
文津阁《四库全书》	一册	二元	一元
敦煌石室写经	一卷	二元	一元

…………

第六条　凡欲摄影或转抄本馆书籍卷轴者，须先期指定其种数数目，每一次不得逾左定之限制。

宋元旧椠及其抄本　一部至三部

明刊及其抄本　一部至五部

清精写及名人校抄本　一部至五部

文津阁《四库全书》　一部至十部

敦煌石室写经　一卷至十卷

…………

第十条　凡遵照本规则摄影或转抄本馆书籍卷轴者，无论何时印行，至少须赠送五部于本馆。①

这些条款说明了该馆允许读者对善本进行摄影或转抄，但规定了价格和数量，并要求印行后须赠送五部给本馆，保证了书种子的延续。

1919 年 1 月 17 日，该暂行规则完成了部分修订。如敦煌遗书部分，一是将敦煌石室写经的转抄费用从五角提高到一元；其二是将摄抄敦煌石室写经的数量限制改为每次"一卷至十卷"②。

除此之外，1919 年 1 月 27 日，教育部核准京师图书馆与商务印书馆订立的《印书免费契约》10 条。

为促进读者利用古籍，国立北平图书馆设立了善本阅览室、金石阅览室、舆图阅览室。1934—1935 年度，阅览善本 2488 人，阅览舆图 1903 人。③ 很多名人到馆摄抄敦煌遗书，如胡适、王凤

---

① 北京图书馆业务研究委员会编：《北京图书馆馆史资料汇编（1909—1949）》，书目文献出版社 1992 年版，第 995~997 页。

② 北京图书馆业务研究委员会编：《北京图书馆馆史资料汇编（1909—1949）》，书目文献出版社 1992 年版，第 979~980 页。

③ 国立北平图书馆编：《国立北平图书馆馆务报告　民国二十三年七月至二十四年六月》，国立北平图书馆 1935 年版，第 20~27 页。

喈（1896—1965）等人。

二、古籍的展览与文化的传承

（一）古籍展览

因古籍尤其是善本具有文物性，所以其亦像文物一样具有社会教育及鉴赏之性质。古籍展览对于揭示古籍、传承古籍文化有重要意义。为促进对古籍的保护，增进人们的古籍保护和利用意识，国立北平图书馆亦时常举办各种展览，尤其是善本书展览。前人曾对国立北平图书馆所办展览做了一历史追溯①，或探讨了1929—1936 年间国立北平图书馆所办的文献展览②，但仍有可探讨的空间。现拟对该馆所做的古籍文献展览工作做一历史考察，以再现先贤在此项工作上之劳绩。

1. 国立北平图书馆主办之古籍文献展览

（1）1909—1929 年间的古籍文献展览

国立北平图书馆之前身京师图书馆于 1909 年成立。据笔者所见的资料，该馆最早的展览或在 1924 年。1924 年 7 月 1 日，中华教育改进社在南京召开年会，并在贡院旧址开全国教育品展览会。京师图书馆派谭新嘉"赍宋、元古籍并晋、唐写经及古本图画，又满、蒙、藏、唐古忒文字，暨《四库》中之最精摹绘，

---

① 金龙：《一本书的图书馆之旅——图书馆阅读推广十五年》，商务印书馆 2019 年版，第 38~39 页。

② 王致翔：《国家图书馆早期（1929—1936）举办的文献展览》，载《国家图书馆学刊》2005 年第 2 期。

各种共数十件，往南京”①。此次展览自 7 月 4 日开幕，7 月 11 日结束，历时 8 天，获得社会广泛好评。

1925 年 5 月 30 日，北京图书馆协会为欢迎来华考察的鲍士伟博士，在中央公园（即今中山公园）举办“京师图书馆展览会”。此次展览历时 4 天，展出金元明刊本二百余种、敦煌遗书三千轴，展品二十分之十九为京师图书馆藏品。

1929 年 10 月 10 日至 13 日，国立北平图书馆在居仁堂前楼下举行图书展览会。据该馆所编的《国立北平图书馆图书展览会陈列目录》，此次展览共展出善本古籍文献八百一十三种。当时报道“展览书籍分唐及唐以前写本、宋刻本、宋钞本、金刻本、元刻本、明刻本、明钞本、清刻本、清钞本、稿本、批校本、满蒙回藏文书籍、方志、词曲小说、清禁书、古器物拓本、舆图等十七部，琳琅满目，美不胜收。开幕之日，参观者竟达两千五百余人，名宿毕集，极称一时之盛云”②。

1929 年 11 月，国立北平图书馆举办西夏文书及佛像展览会，到会者 200 余人。③ 此次的展品主要是新购入的西夏文书、佛像和唐人写经。

（2）1930—1936 年间的古籍文献展览

1929 年 11 月 28 日教育部核准的《国立北平图书馆组织大

---

① 谭新嘉：《梦怀录》，载《文献》1982 年第 4 期。

② 《国立北平图书馆之图书展览会》，载《中华图书馆协会会报》1929 年第 1、2 合期。

③ 《西夏文书及佛像展览会》，载《国立北平图书馆月刊》1929 年第 6 期。

纲》14 条，善本部设考订、写经二组，其职掌就包括"关于陈列展览事项；关于善本书库及陈列室之保管事项"，可见此后的古籍文献展览工作主要由善本部负责。此后每年的双十节，即举办图书展览会。1930 年 10 月 10—12 日的"双十节图书展览会"，主要展览当时近两年所得的极其精要的善本书 605 种，这些善本书涉及清代禁书、元刻河西字《大藏经》经卷、明刻词曲小说及其他明版珍本（内有天一阁藏书多种）、《四库》未收书，此外还展出雷氏家藏圆明园三海普陀峪陵工等处建筑模型若干件。① 赵万里为该图书展览会编制了《国立北平图书馆图书展览会目录》，在"引言"中述其原委如下："此届展览各书纯系十七年至十九年此二年间所购置者，而旧有之书不与焉。年来旧椠益稀，书价腾贵，以云采访，洵属匪易。又复限于经济，捉襟见肘。其间辛苦备尝，黾夜奔走，远穷海外，近出南中。本客观态度，求多方发展，不蔽于一见，不同于一隅；此同人所斤斤自励，应请社会人士鉴原者也。兹所选列，虽不及全数之半，然其精华，实萃于是。并世方家，幸督政之。十九年十月。"②

1931 年 6 月 25 日，国立北平图书馆文津街新馆舍举办落成典礼，也同时举办了善本古籍展览。1931 年 9 月 19—21 日，为筹款赈灾，国立北平图书馆联合公私藏书家，如营造学社、大兴孙伯恒、长乐郑振铎、西北科学考察团、东方文化会图书筹备处、江安

---

① 《双十节图书展览会》，载《国立北平图书馆馆刊》1930 年第 5 期。
② 赵万里：《国立北平图书馆图书展览会目录》，载《国立北平图书馆馆刊》1930 年第 5 期。

傅增湘、建德周叔弢、萧山朱翼盦（幼屏）、海盐朱希祖、邢赞庭、清华大学图书馆、文禄堂书店共同举办"国立北平图书馆水灾筹赈图书展览会"，并编有《国立北平图书馆水灾筹赈图书展览会图录（民国二十年九月十九日至二十一日）》①。展品中国立北平图书馆旧藏与善本古籍共 700 余种，其他藏家或机构有 250 余种。

　　1933 年 10 月 10 日，国立北平图书馆举行舆图版画展览会。"舆图部将旧藏新购历代各种地图，如宋至清代各朝旧式地图，明清两代边防、河道、工程、驿铺道里等图，最近各机关各省县政府出版区域图，私人出版地图择要陈列，共七百余幅，并将本馆所藏及征求之美术版画一并展览，参观者约三十余人。"② 该展览会编印了《国立北平图书馆舆图版画展览目录》，分为三大部分：舆图部、版画部、佛道经部，共计 818 种。这个展览的主要负责部门是舆图部，舆图部主任王庸曾接待顾颉刚、吴世昌、郭绍虞等人参观并为之讲解。

　　1934 年 1 月，国立北平图书馆拟举办"国立北平图书馆戏曲音乐展览会"，并于 1934 年 2 月 18 日编印《国立北平图书馆戏曲音乐展览会目录》③。该展览会展览多家机构及私人所藏藏书和乐器，约计有戏曲撰著部 828 种、戏曲文献部 41 种、乐书部 96

①　《国立北平图书馆水灾筹赈图书展览会目录》，载《国立北平图书馆馆刊》1931 年第 5 期。

②　国立北平图书馆编：《国立北平图书馆馆务报告　民国二十二年七月至民国二十三年六月》，国立北平图书馆 1934 年版。

③　齐如山等：《近代戏曲档案文献丛编》，山西人民出版社 2018 年版，第 171~247 页。

种、乐器部 44 种。后附郑振铎先生藏 30 种，前教育部通俗教育研究会调查戏曲文件及剧本裴籽原先生寄陈件 29 种。可能因郑振铎（西谛）、裴善元（籽原）先生送达的时间较晚，因此附在后面，未按类分类。此次展览会主要由赵万里、马廉、傅惜华等人筹备。

1935 年 11 月 28 日至 1936 年 3 月 7 日，国立北平图书馆在伦敦举办的"伦敦中国艺术国际展览会"，是民国时期规模最大、展品最丰富最重要的中国艺术品展览。① 此次展览的"珍本古书"部分，展出善本古籍 50 种，全部为国立北平图书馆藏书，其中有敦煌遗书 2 件：BD04949（阙 49）东晋佛陀跋陀罗译本《大方广佛华严经》卷第三十一、BD06588（淡 88）南北朝写本《大般涅槃经》卷第四。

1936 年，国立北平图书馆与北平研究院举行拓片展览会。② 同年 7 月，在青岛举办的中华图书馆协会第三次年会、中国博物馆协会第一次年会联合年会上，还举办了图书博物联合展览。中华图书馆协会举办的是"图书馆用品展览会"，主要由国立北平图书馆负责，展览地为青岛市博物馆（筹备）。展览会于年会后的 7 月 25 日举行，会期定为 7 日。开幕式上袁同礼报告筹备经过，青岛市长沈鸿烈致辞，阐述保存古物、发扬中国文

①　郭卉：《国宝之旅：1935—1936 年伦敦中国艺术国际展览会及其上海预展》，载《国际博物馆》2011 年第 1 期。

②　《北平研究院与北平图书馆举行拓片展览会》，载《中华图书馆协会会报》1936 年第 2 期。

化之重要。① 展览的陈列物品有三大类：第一图书类、第二博物类、第三为参加伦敦艺展中的中国古物流落在外之照片。②

此一期间，除举办以上展览，1935 年考古学社与国立北平图书馆本拟合办金石展览会，展览范围：（一）金石甲骨、匋木，各类古物之罕见者；（二）前类之拓本；（三）前类之书籍；（四）金石家书画；（五）本社社员之考古著作及书画。会期本定在 1936 年 1 月 1 日起，展览一周，因时局不靖而停办。

（3）1937—1949 年间的古籍文献展览

抗日战争全面爆发后，因受到战争的影响，国立北平图书馆所办展览一度停滞。抗日战争胜利复员后才有所恢复。前已提及，1949 年 5 月 14 日，国立北平图书馆召开了"《赵城金藏》展览座谈会"。该座谈会由代理馆长王重民主持，于力（董鲁安）、范文澜、王冶秋、马叔平（马衡）、向达、韩寿萱、周叔迦、巨赞、晁哲甫、季羡林、张文教、程德清、赵万里 13 人参加。部分装潢好的《赵城金藏》目录、传记以及著述以展览的形式展出。国立北平图书馆（实为赵万里）为该展览撰写了说明，该说明完整地分析了《赵城藏》的源流、价值，并介绍了转运到北平图书馆的经过。9 月 15 日，《人民日报》刊发《赵城藏展览》的

---

① 《图博联合展览昨在青岛开幕，会期定为七日》，载《大公报》1936年 7 月 26 日。

② 《图书博物展览会在青岛时开幕之盛况》，载《大公报》1936 年 7 月 27 日。

报道，引起了社会的广泛关注。笔者曾以此为例，说明展览等古籍传承性保护的巨大影响①，这次展览在《赵城金藏》的保护史上有着重要的意义。

2. 国立北平图书馆援助他馆之展览

其他图书馆亦有鉴于此，举办了多次善本书或文献展览。国立北平图书馆均予以援助。

（1）援助浙江省立图书馆举办"浙江省文献展览会"

浙江省立图书馆馆长陈训慈在参加中华图书馆协会第三届年会期间，特意在协会会议组织了"浙江文献展览会谈话会"，各方代表共17人参加，决定故宫博物院寄送浙人书画或名档、摄影作品，北平图书馆提交古籍珍品，获得了来自叶恭绰、马衡、袁同礼等人的支持。

现据《浙江省文献展览会文献叙录》②，统计国立北平图书馆馆藏参与本次展览的古籍文献如下：

国立北平图书馆参展"浙江省文献展览会"馆藏文献一览表

序号	书名卷数	撰　人	册　数	版　本	备　注
1	闱事纪闻六卷	（清）海宁周勋懋著	一册	稿本	周广业子

---

① 周余姣、田晨、武文杰、曾晓、任雪：《古籍传承性保护的理论探索》，载《图书馆杂志》2020年第12期。

② 陈训慈等编，刘文龙整理：《浙江省文献展览会文献叙录》，凤凰出版社2020年版。

（续表）

序号	书名卷数	撰　人	册　数	版　本	备　注
2	海昌五臣殉节轶事	（清）海宁周广业著	一册	稿本	子周勋懋跋
3	宁志余闻八卷	（清）海宁周广业著	八册	抄稿本	
4	经义考	（清）秀水朱彝尊著	一册	手稿本	《经义考》经部易类手稿
5	动植小志	（清）海宁周广业著	陈列一册	手稿本	
6	三余撦录	（清）海宁周广业著	一册	原稿本	
7	金心斋诗稿	嘉兴金介复著	陈列一册	手稿本	
8	海宁志略未分卷	（清）海宁范骧著	一册	管庭芬抄本	
9	枣林外索二卷	（明）海宁谈迁著	二册	旧抄本	
10	曲拳集二十三卷	（明）鄞县屠隆著	四册	明万历刊本	
11	秋水阁墨副九卷	（明）鄞县董光宏著	陈列一册	明万历刻蓝印本	
12	曲律四卷	（明）会稽王骥德著	一册	明天启刻本	

（续表）

序号	书名卷数	撰 人	册 数	版 本	备 注
13	李莼客校宋书一百卷	（梁）武康沈约原著	陈列一册	刻本	会稽李慈铭手校本
14	王静庵校顾亭林年谱四卷	（清）平定张穆原著	一册	刻本	王国维校粤雅堂本
15	李莼客校水经注	（后魏）范阳郦道元原著	陈列一册	刻本	
16	王静庵校大唐六典	唐太宗御撰	陈列一册	明正德本	王国维校本
17	鲍渌饮校名迹录七卷	（明）昆山朱珪原编	一册	抄本	鲍氏知不足斋抄校本
18	龚孝拱校金石萃编	（清）青浦王昶原著	陈列一册	刻本	龚孝拱手校本
19	李莼客校金石萃编		陈列一册	刻本	李慈铭校本
20	王静庵校历代钟鼎彝器款识	（宋）钱塘薛尚功原著	陈列一册	刻本	王国维校
21	王静庵校攀古楼彝器款识	（清）吴县潘祖荫原著	陈列一册	未著录版本	王国维校
22	王静安校籀廎述林十卷	（清）瑞安孙诒让原著	一册	原刻本	王国维校
23	李莼客校元和姓纂	（唐）济南林宝原著	陈列一册	刊本	李慈铭校

（续表）

序号	书名卷数	撰　人	册　数	版　本	备　注
24	李莼客校天籁集二卷	（元）真定白朴原著	一册	刻本	李慈铭手校
25	元杭州刊《西夏文经》		残存一册	刊于杭州路大万寿寺	
26	元西湖书院刊《文献通考》二百四十卷	（元）鄱阳马端临著	陈列一册	元西湖书院刻本	
27	明海宁陈氏刊《樱桃梦》二卷	（明）海昌陈与郊著	一册		
28	明乌程凌氏套印本《琵琶记》四卷	（元）永嘉高明撰	陈列一册	明套印本	
29	弈庆藏书楼书目	（清）山阴祁理孙辑	一册	抄本	

　　可见，国立北平图书馆共参展了 29 种古籍文献，这些古籍文献的撰人为浙人，如周广业，国立北平图书馆曾于 1934—1935 年度购入周广业之《孟子四考》《动植小志》《宁志余闻》《读相台五经随笔》各书稿本，此次亦送展了四种周广业的著作。或虽非浙人所撰，但经浙人批校，或虽非浙人撰著和批校，但在浙地刊刻，都是关于浙江地方文献的古籍，给了浙江省文献展览会极大的支持。

（2）参展"教育部第二届全国美术展览会"

教育部第二届全国美术展览会于 1937 年 1 月 10 日成立筹备会，3 月 31 日举行预展。4 月 1 日正式开幕，4 月 23 日闭幕，入场参观人数据称达到 20 万人。该展览会编有《教育部第二次全国美术展览会展品目录》和《补充目录》。国立北平图书馆也提供藏品参展，馆长袁同礼担任编辑委员。

（二）参观

除了定时定期组织的展览，还有各种参观。如在俞泽箴的日记中，就多次记载徐森玉接待友人参观敦煌遗书：

1923 年 8 月 4 日，"上午，森玉偕项微尘来参观写经"。按：项微尘（1880—?），名骧，曾为清末翰林，工诗古文辞，善书法，著有《浴日楼诗文集》。

1924 年 9 月 17 日，"午后森玉偕友人来参观写经"。

1925 年 8 月 23 日，"午后森玉偕叶德辉、薛大可、席启駧参观写经"①。按：叶德辉亦是晚清民国时期著名的藏书家。薛大可（1881—1960）、席启駧亦是当时的名士。

在徐崇立的《瓻翁题跋》中，亦多次记载其曾到京师图书馆参观，由同乡范腾端导览。

由上可知，国立北平图书馆为今日之国家图书馆的古籍保护事业奠定了坚实的基础，四大镇馆之宝敦煌遗书、《赵城金藏》、《永乐大典》、《四库全书》均已入藏，古籍保护的相关活动业已

---

① 刘波：《国家图书馆与敦煌学》，国家图书馆出版社 2018 年版，第 79 页。

开展，并取得了突出的成就。

当代著名版本目录学家顾廷龙先生曾言："图书馆之使命，一为典藏，一为传布。"做好古籍的"传布"工作极为重要。从以上可看出，在民国时期，国立北平图书馆之传承性保护工作就已深入开展，一为学术传播，二为文化传承，为今人之工作提供了范例。今日学界和业界对传承性保护的认识更为深刻，前人之功，实不可没。

小　结

今日之学者探讨古籍保护事业时，为了更好地认识古籍保护工作，学者将其分为原生性保护、再生性保护、传承性保护三大类。本章亦按照此三种古籍保护工作类型对国立北平图书馆时期所开展的古籍保护工作分别进行论述。经分析后可看出，无论从哪一种保护工作类型看，均能发现国立北平图书馆已早着先鞭，开始了很多的实践。作为当时最为重要的图书馆，该馆所开展的古籍保护工作都是开创性的。

在古籍的原生性保护方面，该馆在藏书家之藏书流出后积极采访，推动了私家藏书向公藏机构存藏的进程。入藏后，组织馆员认真编目，完善典藏设备，配备专门的典藏人员，开展修复、日常晒书等活动，均走在当时前列。

在古籍的再生性保护方面，该馆除了安排手抄等传统形式制作复本，还运用了现代的石印等影印技术，将珍贵的馆藏以《国

立北平图书馆珍本丛书》《国立北平图书馆专刊丛书》《国立北平
图书馆西南文献丛刊》《国立北平图书馆金石丛编》《国立北平图
书馆善本丛书第一集》等形式影印出版，化身千百。更为重要的
是，还引进了最新的缩微复制技术和设备，以实现异质再生，起
到了绝佳的保护作用。

　　在古籍的传承性保护方面，该馆为古籍的流布制定有专门的
制度，还利用了展览、参观等形式，开展相关的工作。在展览
中，策展人如王庸、赵万里等会导引参观，取得了良好的效果，
为学术传播和文化传承作出了贡献。

　　此外，该馆也参与了一些出土文献的整理工作。如 1930 年
在宁夏额济纳河边所发现之汉代木简万余件，经马衡及国立北京
大学、国立中央研究院、国立北平图书馆派员研究，完成了初释
工作。① 一言以蔽之，今日古籍保护事业如日中天，与前人筚路
蓝缕、辛勤开拓是大为相关的。他们的功绩，应值得后人铭记。

---

　　① 《居延汉简之影印》，载《图书季刊》1939 年第 4 期。

结　论

"平馆学人"作为历史上真实存在的一个学术群体，引发了后人极大的研究兴趣。本书分为两个大的主体部分，上篇为综合研究，下篇是专题研究。在每一章的结尾处，笔者都撰有"本章小结"进行了部分概括。总体而言，笔者在对该馆工作时间超过2年约209人这一群体的研究中，所做的主要工作及收获如下：

一、揭示了"平馆学人"群体的特征

通过论述国立北平图书馆的产生与发展，介绍了"平馆学人"群体所在的"母体"机构，继而对"平馆学人"的来源与构成、转型与出路等进行了论述，还对"平馆学人"所构建的学术世界予以扫描式的分析，总结了这一学术群体的特征。

如前所述，"平馆学人"这一群体的基本特征，总共有四个方面：（一）群体成员治学严谨，以丰富的文献资料为基础；（二）群体内部联系紧密，互帮互助；（三）群体成员具有深厚的爱馆爱国之情，勇于担当；（四）成员身兼多任，深孚众望。

从该学人群体之构成看，群体成员来源广泛。受到北平文化圈的影响，学人群体在内部也形成了几个核心文化圈，如袁同礼的现代职业工作群体、徐森玉的传统版本目录群体、极富活力的青年编纂群体等。在七七事变爆发后，学人群体分化出了爱国激进的南下群体和隐忍苦志的留守群体。1938 年南下西迁群体展现出的共赴国难、不屈不挠的爱国精神，而隐忍苦志的留守群体在抗日战争期间亦展现了隐忍坚韧、共渡时艰之气节。前已论述，若仅有袁同礼此一现代职业工作群体，该学人群体则可能失之古板而乏活力；若仅有徐森玉此一非正式的传统群体文化的氛围，该群体又难以形成现代职业群体的进取精神和工作成效。同样，若无爱国激进的南下西进群体，国立北平图书馆的事业在抗日战争期间难开一新局面；若无隐忍苦志的留守群体，未能南迁的馆藏将无人典守。这种种结合相得益彰，起到了很好的互补作用。青年编纂群体更是表现突出，尤其是在 1933 年影印《四库全书》之争中展现出为文化事业进言、为学术辩争的积极风貌，形成了特有的学术文化精神。

当代学人曾将部分"平馆学人"以《水浒传》中"三十六天罡、七十二地煞"作比，将孙楷第称为"天哭星双尾蝎解宝"（晚年因书散而痛哭）、将王重民视为"地暗星锦豹子杨林"、将向达视为"地祐星赛仁贵郭盛"、将谢国桢视为"地满星玉幡竿孟康"、将谭其骧视为"地理星九尾龟陶宗旺"①，虽让人印象深刻，但不免曲为比附。作为一个学术群体，"平馆学人"在发展中也呈现出了多向发展的特点，一部分学人成了多门学科的奠基人和开拓者，一部分学人成为各领域杰出的学者，还有一部分成为多学科知识生产的高产者，而更多的成了知识生产的服务者，

---

① 胡文辉：《现代学林点将录》，广东人民出版社 2010 年版。

他们均对我国学术的发展作出了重要的贡献。

　　出自该馆的专家学者也各领风骚，史学家刘节、版本学家赵万里、古典小说史专家孙楷第、史学家谢国桢、中西交通史学家向达、文献学家王重民、历史地理专家谭其骧、地理史专家王庸、印刷史专家张秀民等，均在学术上有卓越的建树。① 此外，他们的学术触角还延伸到了其他学科领域，如孙楷第对文学研究的贡献，刘节对金石考古学的贡献，王重民对太平天国研究的贡献，邓衍林对边疆史地的贡献，等等。他们既是服务者，也是研究者，这是他们对自身职业角色的身份认知。国立北平图书馆在当时获得了极高的社会评价，被记者喻为"北平之文化中心，不在'有光荣历史'之北大，更不在师大、清华、北平研究院等，而在国立北平图书馆。不特其规模壮大，收罗宏富，一时无两，即其陶冶学者之处，亦迥非任何学校所能及"②。除了向中央研究院等科研机构、学者名流提供文献资料促进相关研究，"平馆学人"在做好社会服务的同时，也实现了自我的学术成长。

　　本书在文献爬梳中，亦有小小所得。如对许国霖的生卒年，学界如余欣、刘波等人均谓之不详，笔者在《中华图书馆协会会报》18 卷第 2 期中的"会员消息"查到其于 1943 年因病逝世。对范腾端、宋琳、爨汝僖等受关注较少的学人亦有所涉笔，以引起后人的注意。

---

　　① 李致忠主编：《中国国家图书馆馆史（1909—2009）》，国家图书馆出版社 2009 年版，第 73 页。

　　② 《国立北平图书馆访问记》，载《民众教育月刊》1931 年第 4、5 合期。

二、表彰了"平馆学人"对图书馆事业的贡献

"平馆学人"作为图书馆员，自然与图书馆事业脱不开联系，他们也对图书馆学这门学科产生了深厚的专业情感。如袁同礼一直担任文华图专董事会的董事，1935年初并为纪念其母韩太夫人设立奖学金。文华图专董事会的董事有周苍柏、吴德施、孟良佐、陈淑澄、卢春荣、沈祖荣、袁守和、周寄梅、孙洪芬、戴志骞、吴国桢等，由周苍柏担任董事会主席。① "平馆学人"中很多成员毕业于文华图书馆学专科学校，可谓行业与专业紧密地联系在一起。

无论是通过怎样的路径成为图书馆从业者，"平馆学人"在与图书馆事业结缘后，即矢志不悔。例如王庸是历史地理学家，因为偶然的原因，在国立北平图书馆从事图书馆职业。在从业过程中，王庸对图书馆学和图书馆事业产生了新的认知，认为：图书馆学是一门专门之学；图书馆事业中最繁难且最受人指摘的是分类编目，中文书的编目尤其困难，无论采用何种分类编目法，普遍的原则是分类的条目和号码极容易伸缩和改变；对于图书馆事业，对于学问没有相当基本修养的人是干不好的；图书馆的收藏书籍，应随图书馆的地位和环境不同。② 虽非图书馆学的专门学者，但王庸表达了对这一专门之学的尊重。同时也根据自己的

---

① 梁建洲、梁鳣如：《我国图书馆学、档案学专业教育的摇篮——记武昌文华图书馆学专科学校》，载《四川图书馆学报》1996年第5期。

② 王庸：《闲话图书馆》，见赵中亚选编《王庸文存》，江苏人民出版社2014年版，第408~413页。

所见，王庸提出了对图书馆事业发展的看法。

这一门专门之学，造就了许多的人才。国立北平图书馆所培植的人才，成为图书馆行业的中坚力量。国内而言，1949年后，李芳馥担任上海图书馆馆长，汪长炳担任南京图书馆副馆长，岳良木担任上海图书馆阅览部主任，并兼上海大学、华东师范大学图书馆学系教授，向达担任北京大学图书馆馆长，贺昌群担任南京图书馆馆长、中科院图书馆副馆长，李钟履、杨殿珣、张秀民等均成长为图书馆行业的业务骨干。国外而言，严文郁担任联合国总部图书馆馆长，任职俄亥俄州立大学图书馆；吴光清在美国国会图书馆担任重要职务；于震寰在美国哈佛大学燕京图书馆供职多年；童世纲在美国普林斯顿大学葛思德东方图书馆馆长。①像学术种子一样，这些"平馆学人"被播撒到世界各地，深刻地影响了整个图书馆事业。

三、阐明了"平馆学人"在古籍保护领域内的特殊贡献

蔡元培曾提出，"欲保存旧有文化，务须保存旧有图书；欲发展新文化，则须以外洋文化为借鉴"②。古籍存藏与保护是国立北平图书馆的重要工作之一，又因为该馆所藏古籍善本最为丰富，因此笔者又从古籍特藏的角度，将"平馆学人"与敦煌遗书、《赵城金藏》、《永乐大典》、《四库全书》进行分析。还以个

---

① 李致忠主编：《中国国家图书馆馆史（1909—2009）》，国家图书馆出版社2009年版，第73页。

② 焦树安：《蔡元培先生与北京图书馆》，载《国家图书馆学刊》1980年第1期。

案分析的角度，总结一些代表性的人物如赵万里、王重民、袁同礼、张宗祥、李文裿、范腾端等人对古籍保护事业的贡献。这些学人对古籍保护事业的贡献，此前部分有揭示，亦有部分或语焉不详，或失于考察，在本研究中得以补充。如此集中地对一个学术群体从古籍保护的角度进行分析，在学界尚不多见。另外还从当代古籍保护理论的视角，从原生性保护、再生性保护、传承性保护对"平馆学人"在古籍保护事业上的卓越贡献进行了总结。之所以这样做，一是因为笔者个人的研究转向到古籍保护研究上来，另一原因在于在国立北平图书馆时期，从善本部、金石部、舆图部、写经组、考订组等部门设置看，古籍保护工作本是国立北平图书馆极为重要的组成部分。

四、对"平馆学人"之学术传承人之贡献亦作了个别分析

此前的研究多着眼于"平馆学人"的贡献，事实上他们的学术影响不仅在此，还在于他们的学术传人也更深刻地影响了当代的学术研究。如影响深远的《中国古籍善本书目》的两位副主编冀淑英、潘天祯分别就是赵万里、贺昌群的弟子，称这些弟子为"平馆二代学人"① 亦未尝不可。在研究的过程中，将视角延伸到当代，可寻绎学术传承的部分线索。

当然，将"国立北平图书馆学人"作为一个学术群体来研究，由于精力和时间所限，在本研究中或亦有顾此失彼的地方。

---

① 周余姣：《陋室汲古伴芸香——潘天祯与古籍保护研究》，载《国家图书馆学刊》2019 年第 4 期。

笔者原计划拟采用大量的数据和图表来说明群体的相关问题，但在实际中，还是采用了个人熟稔的文字叙述的办法，以点带面，勾勒整个群体在图书馆事业中的总体形象。总之，该学术群体作为一个整体，给当代学界留下了深刻的印象，也指引着后人继续努力。研究中的不尽如人意之处，或可留待将来继续探索。

参考文献

一、学术著作

白化文：《白化文文集　第四卷　敦煌学与佛教杂稿》，中国书籍出版社 2017 年版。

北京大学信息管理系、南京大学信息管理系、甘肃省图书馆合编：《一代宗师——纪念刘国钧先生百年诞辰学术论文集》，北京图书馆出版社 1999 年版。

北京大学信息管理系、台北胡适纪念馆编：《胡适王重民先生往来书信集》，国家图书馆出版社、安徽教育出版社 2009 年版。

北京市政协文史资料委员会编：《文苑撷英》，北京出版社 2000 年版。

北京市档案馆编：《城市解放系列丛书　北平解放》，中国档案出版社 2009 年版。

北京图书馆业务研究委员会编：《北京图书馆馆史资料汇编（1909—1949）》，书目文献出版社 1992 年版。

《北京图书馆同人文选》编委会编：《北京图书馆同人文选》，书目文献出版社 1987 年版。

北京图书馆编：《民国时期总书目 1911—1949 文化科学·艺

术》，书目文献出版社 1994 年版。

北京图书馆善本组编：《影印善本书序跋集录 1911—1984》，中华书局 1995 年版。

本书编委会编：《记忆国图——国家图书馆 105 周年馆庆纪念》，国家图书馆出版社 2014 年版。

陈平原：《中国现代学术之建立——以章太炎、胡适之为中心》，北京大学出版社 2010 年版。

陈平原、王风编：《追忆王国维（增订本）》，生活·读书·新知三联书店 2009 年版。

陈晓华：《〈四库全书〉与十八世纪的中国知识分子》，社会科学文献出版社 2009 年版。

陈源蒸等编：《中国图书馆百年纪事（1840—2000）》，北京图书馆出版社 2004 年版。

程焕文、沈津、王蕾主编：《2014 年中文古籍整理与版本目录学国际学术研讨会论文集》，广西师范大学出版社 2015 年版。

程焕文、沈津、张琦等主编：《2016 年中文古籍整理与版本目录学国际学术研讨会论文集》，广西师范大学出版社 2018 年版。

贺昌群：《贺昌群文集 第三卷 文论及其它》，商务印书馆 2003 年版。

范腾端：《（国立）北平图书馆藏碑目墓志类》，上海开明书店 1941 年版。

樊锦诗等主编：《敦煌文献·考古·艺术综合研究：纪念向达先生诞辰 110 周年国际学术研讨会论文集》，中华书局 2011

年版。

傅振伦:《蒲梢沧桑·九十忆往》,华东师范大学出版社 1997年版。

顾廷龙:《顾廷龙文集》,北京图书馆出版社、上海科学技术文献出版社 2002 年版。

顾子刚整理:《韩君墓发见略记 论匽钟出土处沿革书》,国立北平图书馆 1933 年版。

国家图书馆编:《袁同礼纪念文集》,国家图书馆出版社 2012年版。

国家图书馆编:《国图与抗战——纪念中国人民抗日战争暨世界反法西斯战争胜利 70 周年国家图书馆员工文集》,国家图书馆出版社 2016 年版。

北京图书馆编:《北京图书馆第一年度报告 民国十五年三月至十六年六月》,北京图书馆 1927 年版。

国立北平图书馆编:《国立北平图书馆概况》,国立北平图书馆 1929 年版。

国立北平图书馆编:《景印四库全书罕传本拟目》,国立北平图书馆 1933 年版。

国立北平图书馆编:《国立北平图书馆馆务报告 民国十八年七月至十九年六月》,国立北平图书馆 1930 年版。

国立北平图书馆编:《国立北平图书馆馆务报告 民国十九年七月至二十年六月》,国立北平图书馆 1931 年版。

国立北平图书馆编:《国立北平图书馆馆务报告 民国二十年七月至二十一年六月》,国立北平图书馆 1932 年版。

国立北平图书馆编：《国立北平图书馆馆务报告　民国二十一年七月至十九年六月》，国立北平图书馆 1933 年版。

国立北平图书馆编：《国立北平图书馆馆务报告　民国二十二年七月至二十三年六月》，国立北平图书馆 1934 年版。

国立北平图书馆编：《国立北平图书馆馆务报告　民国二十三年七月至二十四年六月》，国立北平图书馆 1935 年版。

国立北平图书馆编：《国立北平图书馆馆务报告　民国二十四年七月至二十五年六月》，国立北平图书馆 1936 年版。

国立北平图书馆编：《国立北平图书馆馆务报告　民国二十五年七月至二十六年六月》，国立北平图书馆 1937 年版。

国立北平图书馆编：《梁氏饮冰室藏书目录》，北京图书馆出版社 2005 年版。

国立北平图书馆编：《国立北平图书馆英文期刊汇编（全六册)》，国家图书馆出版社 2010 年版。

何多源编：《中文参考书指南》，上海书店出版社 1989 年版。

湖北省哲学社会科学联合会语文学会编：《李清照研究资料汇编》，湖北省哲学社会科学联合会语文学会 1964 年版。

胡文辉：《现代学林点将录》，广东人民出版社 2010 年版。

蒋复璁口述，黄克武编纂：《蒋复璁口述回忆录》，台湾"中央研究院"近代史研究所 1990 年版。

来新夏主编：《清代目录提要》，齐鲁书社 1997 年版。

李德启编，于道泉校：《国立北平图书馆、故宫博物院图书馆满文书籍联合目录》，国立北平图书馆、故宫博物院图书馆 1933 年版。

李德启：《阿济格略明事件之满文木牌》，国立北平故宫博物院文献馆1935年版。

李国庆编著，周景良校定：《弢翁藏书年谱》，黄山书社2000年版。

（宋）李清照撰，李文裿辑：《漱玉集》，冷雪盦1931年版。

李文裿编：《冷雪庵知见印谱录目》，青梅书店1933年版。

（明）李言恭、郝杰撰，严大中、汪向荣校注：《日本考》，中华书局1983年版。

李致忠主编：《中国国家图书馆馆史（1909—2009）》，国家图书馆出版社2009年版。

李致忠主编：《中国国家图书馆馆史资料长编（1909—2008）》，国家图书馆出版社2009年版。

梁启超：《梁氏饮冰室藏书目录》，国立北平图书馆1933年版。

梁容若：《中日文化交流史论》，商务印书馆1985年版。

梁廷灿编：《历代名人生卒年表》，商务印书馆1930年版。

刘波：《赵万里先生年谱长编》，中华书局2018年版。

刘波：《国家图书馆与敦煌学》，国家图书馆出版社2018年版。

刘秀俊选编：《刘节文存》，江苏人民出版社2014年版。

柳亚子：《怀旧集》，上海科学技术文献出版社2015年版。

伦明等著，杨琥点校：《辛亥以来藏书纪事诗》，北京燕山出版社2008年版。

骆宝善、刘路生主编：《袁世凯全集》，河南大学出版社2013年版。

骆兆平编纂：《天一阁藏书史志》，上海古籍出版社2005

年版。

马学良:《马学良民族语言研究文集》,中央民族大学出版社 1999 年版。

金恩辉:《寻根集》,北京图书馆出版社 1998 年版。

彭敏惠编著:《文华图专珍稀史料图录》,武汉大学出版社 2020 年版。

齐鲁书社编:《藏书家》第 15 辑,齐鲁书社 2009 年版。

钱存训:《留美杂忆——六十年来美国生活的回顾》,黄山书社 2008 年版。

沙知编:《向达学记》,生活·读书·新知三联书店 2010 年版。

山东省文化厅史志办公室、青岛市文化局史志办公室:《山东省文化艺术志资料汇编　第 22 辑　青岛市〈文化志〉资料专辑》,1990 年版。

商务印书馆编:《敦煌遗书总目索引》,商务印书馆 1962 年版。

苏健:《国家图书馆同人著述研究 (1909—1949)》,国家图书馆出版社 2018 年版。

苏莹辉:《敦煌论集》,台湾学生书局 1969 年版。

汪学军:《北京非物质文化遗产传承人口述史　肆雅堂古籍修复技艺》,首都师范大学出版社 2015 年版。

王国平主编:《西湖文献集成　第 20 册　书院·文澜阁·西泠印社专辑》,杭州出版社 2004 年版。

王绍曾:《目录版本校勘学论集》,上海古籍出版社 2005 年版。

王学海主编,张宗祥书画院（纪念馆）编:《张宗祥研究》,

上海文艺出版社 2016 年版。

王学珍、郭建荣主编:《北京大学史料 第 2 卷·二 (1912—1937)》,北京大学出版社 2000 年版。

王尧编著:《平凡而伟大的学者——于道泉》,河北教育出版 社 2001 年版。

王余光主编,范凡等选辑:《清末民国图书馆史料汇编》,国 家图书馆出版社 2014 年版。

王重民:《巴黎敦煌残卷叙录》,国立北平图书馆 1941 年版。

王重民、王庆菽、向达等编:《敦煌变文集》,人民文学出版 社 1957 年版。

王重民:《冷庐文薮》,上海古籍出版社 1992 年版。

吴景平主编:《民国人物的再研究与再评价》,复旦大学出版 社 2013 年版。

吴令华:《回首萧瑟处》,百花文艺出版社 2016 年版。

西泠印社编,陈振濂主编:《西泠印社:张宗祥研究、西泠 印社壬辰春季雅集专辑》总第三十四辑,西泠印社出版社 2012 年版。

萧璋:《文字训诂论集》,语文出版社 1994 年版。

向达:《中西交通史》,岳麓书社 2012 年版。

夏鼐:《夏鼐日记 卷四 1946—1952》,华东师范大学出版 社 2011 年版。

夏晓虹、吴令华编:《清华同学与学术薪传》,生活·读书· 新知三联书店 2009 年版。

谢国桢:《谢国桢全集》,北京出版社 2013 年版。

许国霖著，菩提学会编辑：《敦煌石室写经题记汇编》，佛学书局 1936 年版。

许国霖：《敦煌石室写经题记与敦煌杂录》，上海商务印书馆 1937 年版。

徐森玉著，徐文堪编：《汉石经斋文存》，海豚出版社 2010 年版。

杨殿珣：《石经论著目录》，国立北平图书馆 1936 年版。

杨殿珣：《中国历代年谱总录（增订本）》，北京图书馆出版社 1996 年版。

姚名达：《中国目录学史》，吉林出版集团 2017 年版。

严文郁先生八秩华诞庆祝委员会编：《严文郁先生图书馆学论文集》，辅仁大学图书馆学系 1983 年版。

严文郁：《中国图书馆发展史——自清末至抗战胜利》，枫城出版社 1983 年版。

阎文儒、陈玉龙：《向达先生纪念论文集》，新疆人民出版社 1986 年版。

叶继元主编：《南京大学百年学术精品　图书馆学卷》，南京大学出版社 2002 年版。

叶笑雪：《〈徐森玉年谱〉手稿》，中华书局 2015 年版。

于震寰、李文褀编：《中国体育图书汇目》，青梅书店 1933 年版。

禹贡学会编：《禹贡学会会员录》，禹贡学会 1936 年印行。

袁同礼：《袁同礼文集》，国家图书馆出版社 2010 年版。

袁咏秋、曾季光主编：《中国历代国家藏书机构及名家藏读叙传选》，北京大学出版社 1997 年版。

曾宪礼编：《刘节文集》，中山大学出版社 2004 年版。

张家港市政协文史资料委员会编：《张家港文史资料》第 13 辑，张家港市政协文史资料委员会 1994 年印行。

张秀民著，韩琦增订：《中国印刷史（插图珍藏增订版)》，浙江古籍出版社 2006 年版。

张元济：《张元济全集》，商务印书馆 2010 年版。

张元济、傅增湘：《张元济傅增湘论书尺牍》，商务印书馆 1983 年版。

张宗祥著，浙江省文史研究馆编：《张宗祥文集　铁如意馆随笔　铁如意馆手钞书目》，上海古籍出版社 2015 年版。

张宗祥著，浙江省文史研究馆编：《张宗祥文集　铁如意馆随笔　附冷僧自编年谱》，上海古籍出版社 2015 年版。

赵万里：《国立北平图书馆善本书目》，国立北平图书馆 1933 年版。

赵万里：《汉魏南北朝墓志集释》，科学出版社 1956 年版。

赵宣：《口述史视阈下的古籍版本鉴定研究》，社会科学文献出版社 2019 年版。

中国第二历史档案馆编：《中华民国史档案资料汇编　第五辑　第一编　教育（二）》，江苏古籍出版社 1994 年版。

"中国图书馆学会"辑：《袁同礼先生百龄冥诞纪念专辑》，"中国图书馆学会" 1995 年版。

中国科学院图书馆整理：《续修四库全书总目提要》，齐鲁书社 1996 年版。

中国近代史研究所编:《章开沅先生九秩华诞纪念文集》,华中师范大学出版社 2015 年版。

朱传誉:《袁同礼传记资料》,天一出版社 1979 年版。

宗绪盛:《故都钩沉:老北京那些年非口述的陈年旧事》,东方出版社 2019 年版。

[美] 卡德著,刘麟生译:《中国印刷术源流史》,商务印书馆 1938 年版。

[美] 西奥多·M·米尔斯著,温凤龙译、韩占先校:《小群体社会学》,云南人民出版社 1988 年版。

[美] 弗朗斯·约翰松著,刘尔铎、杨小庄译:《美第奇效应:创新灵感与交叉思维》,商务印书馆 2006 年版。

[日] 仓石武四郎编拍,赵万里撰集:《旧京书影　北平图书馆善本书目》,人民文学出版社 2011 年版。

[印度] 阮冈纳赞著,夏云、王先林、郑挺等合译,侯汉清校:《图书馆学五定律》,书目文献出版社 1988 年版。

二、期刊论文

编者:《最近关于景印四库全书之文献》,载《浙江省立图书馆馆刊》1933 年第 4 期。

编者:《选印四库全书问题文献目录》,载《国立北平图书馆馆刊》1933 年第 5 期。

编者:《顾子刚先生捐赠本馆图书目录》,载《图书季刊》1946 年第 3、4 合期。

陈恩惠:《题写北京图书馆新馆奠基石有感》,载《北图通讯》1983 年第 4 期。

陈介祺：《簠斋金文考》，载《国立北平图书馆馆刊》1937 年第 1 期。

陈垣：《文津阁书册数页数表》，载《北京近代科学图书馆馆刊》1937 年第 2 期。

陈智超：《从陈垣先生对〈四库全书〉的研究谈起》，载《四库学》2017 年第 1 期。

程焕文：《图书馆人与图书馆精神》，载《中国图书馆学报》1992 年第 2 期。

颂生（羃汝僖）：《孝经集目》，载《中华图书馆协会会报》1928 年第 2 期。

竹筠（邓衍林）：《图书馆员与国防总动员》，载《中华图书馆协会会报》1937 年第 5 期。

方广锠：《北京图书馆藏敦煌遗书勘查初记》，载《敦煌学辑刊》1991 年第 2 期。

范腾端：《国子监碑目》，载《图书馆学季刊》1931 年第 3、4 合期。

范腾端：《馆藏李唐墓志目》，载《国立北平图书馆馆刊》1935 年第 3、4、5、6 期。

范腾端：《国立北平图书馆藏云南碑目初编》，载《图书季刊》1947 年第 1、2 合期。

顾斗南、刘祖仁：《活用图书和民众图书馆推广事业的问题》，载《民众教育》1931 年第 4、5 合期。

顾子刚：《韩君墓发见略记》，载《国立北平图书馆馆刊》

1933 年第 1 期。

　　郭永芳：《〈续修四库提要〉纂修考略——〈续修四库提要〉专题研究之一》，载《图书情报工作》1982 年第 5 期。

　　郭永芳：《〈续修四库全书总目提要〉的整理方法与评价》，载《图书情报工作》1988 年第 4 期。

　　国立中央图书馆筹备处编：《景印四库全书未刊本草目》，载《国立北平图书馆馆刊》1933 年第 5 期。

　　寒冬虹：《北京图书馆历年所编的古籍目录》，载《文献》1989 年第 2 期。

　　贺昌群：《悼洛佛尔氏》，载《国立北平图书馆馆刊》1934 年第 5 期。

　　贺昌群：《后汉书志注引书目录》，载《图书季刊》1943 年第 3、4 合期。

　　胡道静：《历史上的以上海为研究对象的学术团体》，载《档案与历史》1989 年第 1 期。

　　胡适：《论治学方法——给王重民君的一封信》，载《图书季刊》1944 年第 1 期。

　　冀淑英：《杂忆老馆》，载《国家图书馆学刊》2001 年第 1 期。

　　教育部编订四库全书未刊珍本目录委员会编：《四库孤本丛刊目录》，载《国立北平图书馆馆刊》1933 年第 5 期。

　　姜文：《1933 年关于影印〈四库全书〉之论争平议》，载《历史教学（下半月刊）》2011 年第 10 期。

　　慰（蒋复璁）：《易经集目》，载《中华图书馆协会会报》

1928 年第 3 期；1929 年第 1、2 合期。

　　焦树安：《蔡元培先生与北京图书馆》，载《国家图书馆学刊》1980 年第 1 期。

　　君羽：《郑鹤声先生〈对于影印四库全书舆论之评议〉的读后感》，载《独立评论》1933 年第 75 期。

　　李鼎霞：《老一代女学者刘修业先生》，载《文史知识》2000 年第 3 期。

　　李文裿：《中国书籍装订之变迁》，载《图书馆学季刊》1929 年第 4 期。

　　李耀南：《中国书装考》，载《图书馆学季刊》1930 年第 2 期。

　　刘节：《答怀主教书——论虢氏钟出土处沿革》，载《国立北平图书馆馆刊》1933 年第 1 期。

　　刘节：《考古学社之使命》，载《考古》1935 年第 2 期。

　　刘修业：《读西厢后》，载《国立北平图书馆读书月刊》1933 年第 6 期。

　　刘修业：《王重民 1935—1939 年英德意诸国访书记》，载《文献》1991 年第 4 期。

　　刘子钦：《校闻：严文郁讲德国图书馆事业之现势》，载《文华图书馆学专科学校季刊》1933 年第 3、4 合期。

　　陆述文：《冷雪厂知见印谱录目读校记》，载《燕京大学图书馆报》1934 年第 73 期。

　　罗继祖：《日本人续修〈四库全书总目提要〉问世》，载《社会科学战线》1998 年第 4 期。

罗琳：《〈续修四库全书总目提要〉编纂史纪要》，载《图书情报工作》1994 年第 1 期。

毛宗荫：《图书馆事业合理化之刍见》，载《圕学季刊》1936 年第 3 期。

孟化：《国立北平图书馆馆办刊物研究（1928—1937）》，载《国家图书馆学刊》2013 年第 4 期。

孟昭晋：《关于王重民研究的通信》，载《图书馆杂志》1998 年第 5 期。

潘树广：《续修四库提要的四种版本》，载《古籍研究》2001 年第 1 期。

齐如山：《齐氏百舍斋戏曲存书目》，载《图书季刊》1948 年第 1、2 合期。

钱存训：《我和国家图书馆——在北图工作十年的回忆和以后的联系》，载《国家图书馆学刊》2009 年第 3 期。

钱存训：《吴光清博士生平概要》，载《国家图书馆学刊》2005 年第 3 期。

全根先：《抗战时期的几位国图学人》，载《河南科技学院学报》2016 年第 1 期。

全根先、陈荔京：《民国时期国家图书馆目录学论著编年》，载《国家图书馆学刊》2013 年第 3 期。

戚志芬：《袁同礼先生与中日战争史料征辑会》，载《国家图书馆学刊》1989 年第 1 期。

荣方超：《"交换馆员"王重民、向达欧洲访书考》，载《国家图书馆学刊》2013 年第 3 期。

荣方超：《国立北平图书馆编纂群体及其职能考（1929—1937）》，载《国家图书馆学刊》2018年第6期。

萨仁高娃：《有关〈续修四库全书总目提要〉的通信》，载《文献》2006年第3期。

萨仁高娃：《王重民等有关〈敦煌变文集〉的信函二十四通》，载《文献》2009年第2期。

谌爱容：《民国时期皖籍图书馆学者群体研究》，载《山东图书馆学刊》2020年第2期。

商务印书馆编：《四库全书珍本初集目录》，载《国立北平图书馆馆刊》1933年第5期。

苏健：《更接近于现代意义的北平北海图书馆——以文献编纂与出版事业为实证的研究》，载《图书馆学刊》2016年第3期。

苏乾英：《国立北平图书馆善本丛书第一集》，载《国立暨南大学图书馆馆报》1937年第2期。

孙楷第：《中国通俗小说提要》，载《国立北平图书馆馆刊》1931年第5期。

谭其骧：《悼念王庸先生（1900—1956）》，载《地理学报》1956年第3期。

谭其骧：《值得怀念的三年图书馆生活》，载《文献》1982年第4期。

谭新嘉：《梦怀录》，载《文献》1982年第4期。

童世纲：《年会之前》，载《中华图书馆协会会报》1935年第5期。

万斯年：《记武定土司那氏所藏雍乾间军务案稿》，载《图书季刊》1944 年第 1 期。

万斯年：《迤西采访工作报告》，载《图书季刊》1944 年第 2、3 合期。

王菡：《以遗札为例：浅议王重民与法国汉学家交往》，载《版本目录学研究（第五辑）》2014 年期。

王利器：《跋释书本》，载《图书季刊》1947 年第 3、4 合期。

王玉良：《纪念与随想——怀念国家图书馆善本特藏部三位已故专家》，载《文津学志》2011 年期。

王庸：《中国地理学史订补》，载《国师季刊》1939 年第 5 期。

王育伊：《历史地图制法的讨论》，载《禹贡》1934 年第 12 期。

王重民：《说装潢》，载《学文》1931 年第 2 期。

冷庐主人（王重民）：《评国立中央图书馆筹备处编景印四库全书未刊本草目》，载《国闻周报》1933 年第 36 期。

王重民：《巴黎敦煌残卷叙录（一）》，载《图书季刊》1935 年第 2 期。

王重民：《巴黎敦煌残卷叙录（二）》，载《图书季刊》1935 年第 3 期。

王重民：《记巴黎国家图书馆所藏太平天国文献》，载《图书季刊》1935 年第 2 期。

王重民：《美国国会图书馆所藏善本书叙录》，载《图书季刊》1940 年第 4 期。

王重民：《敦煌本董永变文跋》，载《图书季刊》1940 年第 3 期。

王重民：《辨北平图书馆善本书库中伪书三种》，载《图书季刊》1944 年第 4 期。

王念伦：《志书消沉一斑》，载《中华图书馆协会会报》1932 年第 3 期。

韦庆媛、张坤竹：《民国时期北京的图书馆学者群体构成及特点》，载《图书馆理论与实践》2016 年第 10 期。

吴光清：《原北平图书馆馆长袁同礼学术传略》，载《文献》1985 年第 4 期。

吴藻洲：《民众教育书目》，载《图书馆学季刊》1936 年第 1~4 合期。

向达：《瀛涯琐志——记牛津所藏的中文书》，载《国风》1936 年第 12 期。

向达：《伦敦所藏敦煌卷子经眼目录》，载《图书季刊》1939 年新一卷第 4 期。

谢国桢：《国立北平图书馆善本丛书第一集序跋（上）》，载《商务印书馆出版周刊》1937 年第 222 新期。

谢国桢：《自述》，载《文献》1981 年第 4 期。

谢国桢：《我对于古籍整理不成熟的意见》，载《文献》1982 年第 1 期。

谢国桢：《怀念版本学家赵万里先生》，载《文献》1982 年第 2 期。

许国霖：《敦煌石室写经题记》，载《国立北平图书馆馆刊》1935 年第 6 期。

徐家璧：《袁同礼先生在康扎期间之贡献》，载《传记文学》1966 年第 2 期。

杨殿珣：《中国文学史译著索引》，载《国立北平图书馆读书月刊》1933 年第 6 期。

杨殿珣：《中国家谱通论（续）》，载《图书季刊》1945 年第 3、4 合期。

杨殿珣：《中国历代名人年谱目录［书评］》，载《图书季刊》1948 年第 1、2 合期。

杨殿珣：《回忆在索引组工作的岁月里》，载《国家图书馆学刊》1982 年第 3 期。

严文郁：《美国图书馆概况》，载《图书馆学季刊》1932 年第 3、4 合期。

严文郁：《德国联合目录概述（附表）》，载《图书馆学季刊》1934 年第 3 期。

严文郁：《柏林普鲁士邦立图书馆》，载《文华图书馆学专科学校季刊》1935 年第 3、4 合期。

袁静、袁澄、袁清：《父亲袁同礼与北京图书馆》，载《北京观察》2003 年第 5 期。

袁同礼：《永乐大典现存卷目表》，载《北平北海图书馆月刊》1929 年第 3、4 合期。

袁同礼：《国立北平图书馆之使命》，载《中华图书馆协会会报》1931 年第 6 期。

袁同礼：《国立北平图书馆概况》，载《图书馆学季刊》1931年第2期。

袁同礼：《近三年来发见之永乐大典》，载《国立北平图书馆读书月刊》1932年第6期。

袁同礼：《四库全书中永乐大典辑本之缺点》，载《国立北平图书馆馆刊》1933年第5期。

袁同礼：《袁同礼致时代公论记者书》，载《国风》1933年第6期。

袁同礼：《永乐大典现存卷目表》，载《图书季刊》1939年第3期。

袁同礼：《国立北平图书馆现藏海外敦煌遗籍照片总目》，载《图书季刊》1940年第4期。

袁涌进：《回忆三十年代的北京图书馆》，载《图书馆学通讯》1982年第3期。

臧春华：《国家图书馆古籍修复简史（1909—1966）》，载《科学文化评论》2017年第3期。

张殿清：《袁同礼与国立北平图书馆学术研究（1928—1937）》，载《图书馆工作与研究》2012年第1期。

张芳、李刚：《美国华人图书馆员群体研究述略》，载《图书馆论坛》2017年第7期。

张珏：《张宗祥整理、校勘古书的简介》，载《图书馆学通讯》1983年第3期。

张敏：《〈图书季刊〉的创刊及其历史意义》，载《新世纪图书馆》2016年第9期。

张培富、夏文华：《北平研究院第一届会员分析——兼与中央研究院首届院士比较》，载《华中师范大学学报（人文社会科学版）》2013 年第 4 期。

张廷银：《缪荃孙、丁丙等有关地志族谱文献的手札六通》，载《文献》2006 年第 4 期。

张秀民：《袁同礼先生与国立北平图书馆》，载《北京图书馆馆刊》1997 年第 3 期。

张鉴：《最近景印四库书三种草目比较表》，载《浙江省立图书馆馆刊》1933 年第 5 期。

赵爱学、林世田：《顾子刚生平及捐献古籍文献事迹考》，载《国家图书馆学刊》2012 年第 3 期。

赵万里：《金刻版画》，载《北京图书馆月刊》1928 年第 4 期。

万里（赵万里）：《永乐大典内之元人佚词》，载《北平北海图书馆月刊》1929 年第 3、4 合期。

赵万里：《永乐大典内辑出之佚书目》，载《北平北海图书馆月刊》1929 年第 1~6 合期。

赵万里：《馆藏永乐大典提要》，载《北平北海图书馆月刊》1929 年第 3、4 合期。

赵万里：《记永乐大典内之戏曲》，载《北平北海图书馆月刊》1929 年第 3、4 合期。

赵万里：《国立北平图书馆图书展览会目录》，载《国立北平图书馆馆刊》1930 年第 5 期。

赵万里：《重整范氏天一阁藏书记略》，载《国立北平图书馆馆刊》1934 年第 1 期。

赵万里：《古刻名钞待访记》，载《文物》1959年第3期。

赵录绰：《北平图书馆善本书目乙编续目》，载《国立北平图书馆馆刊》1936年第6期。

郑锦怀、顾烨青：《于震寰生平考略》，载《国家图书馆学刊》2014年第5期。

郑锦怀：《岳良木图书馆生涯与贡献考述》，载《图书馆》2020年第7期。

郑丽芬：《民国时期赴美第二代图书馆学人群体研究》，载《图书馆》2020年第2期。

郑欣淼：《故宫博物院学术史的一条线索——以民国时期专门委员会为中心的考察》，载《故宫博物院院刊》2015年第4期。

周莲：《一位在书海中辛勤耕耘六十年的老人——记美籍华人严文郁先生》，载《国家图书馆学刊》1989年第2期。

周余姣：《创造"美第奇效应"：高校学科馆员服务与管理的新境界》，载《图书馆工作与研究》2009年第12期。

周余姣：《一篇被忽略了的译文——巴特勒〈图书馆学导论〉在中国的首次译介》，载《图书馆杂志》2011年第1期。

周余姣：《图书馆界的林语堂：吴光清》，载《图书馆论坛》2016年第12期。

周余姣：《影响深远的一次盛会——纪念中华图书馆协会第三次年会80周年》，载《河南科技学院学报》2016年第11期。

周余姣：《邓衍林之生平、著述与贡献》，载《中国图书馆学报》2017年第1期。

周余姣：《"图写边疆"——邓衍林〈中国边疆图籍录〉研究》，载《国家图书馆学刊》2018 年第 3 期。

周余姣、顾晓光、凌一鸣：《王重民致邓衍林信札五通考释》，载《图书馆论坛》2020 年第 6 期。

周余姣、田晨、武文杰、曾晓、任雪：《古籍传承性保护的理论探索》，载《图书馆杂志》2020 年第 12 期。

周余姣：《陋室汲古伴芸香——潘天祯与古籍保护研究》，载《国家图书馆学刊》2019 年第 4 期。

朱炜：《温故而知新：有感于张宗祥的馆藏古籍整理经验》，载《山东图书馆学刊》2013 年第 1 期。

朱士嘉：《我所了解的袁同礼先生》，载《图书馆学通讯》1985 年第 3 期。

邹新明：《难以再现的辉煌？——20 世纪 30 年代北平图书馆以编纂委员会为中心的青年学者群》，载《国家图书馆学刊》2010 年第 2 期。

［美］恒慕义撰，刘修业译：《中国活字印刷术之检讨》，载《图书季刊》1948 年第 1、2 合期。

［日］长泽规矩也：《通讯》，载《国立北平图书馆馆刊》1930 年第 6 期。

［日］长泽规矩也原稿，邓衍林译录：《宋元刊本刻工名表初稿》，载《图书馆学季刊》1934 年第 3 期。

［日］内藤虎次郎著，万斯年译：《三井寺藏唐过所考》，载《国立北平图书馆馆刊》1931 年第 4 期。

三、学位论文

别立谦：《论钱存训对中国书史研究的贡献》，北京大学 1998 年硕士学位论文。

董成颖：《民国留美图书馆学人与中国图书馆事业的现代化》，南京大学 2018 年硕士学位论文。

郭树亚：《〈图书季刊〉研究》，江西师范大学 2019 年硕士学位论文。

胡馨婷：《文化地理学观照下的近现代嘉兴籍书法家群体研究》，浙江大学 2006 年硕士学位论文。

李宝祥：《王献唐学术交往研究》，山东大学 2017 年博士学位论文。

刘波：《国家图书馆与敦煌学》，河北师范大学 2013 年博士学位论文。

魏成刚：《论刘国钧先生的学术成就》，北京大学 2008 年硕士学位论文。

吴舒静：《王重民所撰〈续修四库全书总目提要〉整理与研究》，山西师范大学 2017 年硕士学位论文。

杨雨薇：《〈国立北平图书馆馆刊〉研究》，江西师范大学 2019 年硕士学位论文。

张光润：《袁同礼与国立北平图书馆——以 1938 年初的平馆南迁风波为中心》，上海社会科学院 2012 年硕士学位论文。

张光润：《袁同礼研究（1895—1949）》，华东师范大学 2018 年博士学位论文。

四、报纸文章

《北平图书馆开幕记　昨晨在居仁堂举行典礼，陈援庵氏报告该馆历史》，载《大公报》1929 年 1 月 11 日。

《北平图书馆　学界反对合并》，载《大公报》1929 年 1 月 1 日。

《访问北平图书馆记　藏余三十余万册　阅览者每日数百》，载《大公报》1931 年 4 月 17 日。

《北平图书馆落成礼志盛　各界到场参加者二千余人》，载《大公报》1931 年 6 月 26 日。

贺昌群：《瀛书脞语（一）：欧洲人对于中国上古史的研究》，载《大公报》1934 年 6 月 9 日。

刘节：《四库本之价值》，载《北平晨报》1933 年 8 月 15 日。

沈从文：《〈艺术周刊〉的诞生》，载《大公报》1934 年 10 月 7 日。

孙楷第：《论教育部选印四库全书》，载《北平晨报》1933 年 8 月 22 日。

谭其骧：《由乾隆谕旨证四库本之不尽可靠》，载《北晨学园》1933 年 8 月 15 日。

万斯年：《西域闻见录之板本与著者》，载《大公报》1936 年 12 月 3 日。

王庸：《四库全书的价值与影印》，载《北平晨报》1933 年 8 月 19 日。

王庸：《明代舆图汇考　总图之部》，载《大公报》1936 年 4 月 9 日。

王庸：《宋代以前中国舆图沿革略》，载《大公报》1937 年 5 月 6 日。

王重民：《论教育部选印四库全书》，载《大公报》1933 年 8 月 14 日。

王重民：《海外希见录》，载《大公报》1935 年 4 月 18 日。

王重民：《记巴黎国家图书馆所藏太平天国文献》，载《大公报》1935 年 6 月 13 日。

王重民：《清代文集篇目分类索引序》，载《大公报》1935 年 9 月 26 日。

王重民：《巴黎敦煌残卷叙录（一）》，载《大公报》1935 年 5 月 23 日。

王重民：《罗马访书记》，载《大公报》1936 年 12 月 24 日。

王重民：《读〈中央图书馆善本书目〉因略谈我国的善本书》，载《大公报》1948 年 7 月 12 日。

吴其昌：《〈楚器图释〉及〈尚书新证〉评议》，载《大公报》1935 年 5 月 2 日。

向达：《记赵城藏的归来》，载《人民日报》1949 年 5 月 31 日。

谢国桢：《国立北平图书馆善本丛书第一集叙录》，载《大公报》1937 年 1 月 21 日。

袁同礼：《国立北平图书馆之使命》，载《北平晨报》1931 年 6 月 24 日。

袁同礼：《景印四库全书罕传本序》，载《国立北平图书馆馆刊》1933 年 7 月 5 日。

张秀民：《宋孝宗时代之刻书》，载《大公报》1936 年 11 月 5 日。

张秀民：《宋光宗时代之刻书》，载《大公报》1937 年 5 月 27 日。

赵万里：《芸盦藏书题记》，载《大公报》1933 年 9 月 28 日。

袁同礼：《复刊词》，载《大公报》1947 年 1 月 7 日。

赵万里：《重修范氏天一阁募捐启》，载《大公报》1933 年 12 月 21 日。

赵万里：《重整范氏天一阁藏书记略》，载《大公报》1934 年 2 月 3 日。

斐云（赵万里）：《从天一阁说到东方图书馆》，载《大公报》1934 年 2 月 3 日。

斐云（赵万里）：《四部丛刊续编的评价（上）》，载《大公报》1934 年 4 月 21 日。

五、网络文献

《天津师范大学古籍保护研究院、图书馆举办纪念邓衍林先生诞辰 110 周年学术研讨会暨藏书与手稿捐赠仪式》，2018 年 12 月 26 日，http：//gjyy. tjnu. edu. cn/info/1075/1092. htm.

六、研究报告

苏健：《对国家图书馆学术研究的一个断代史的考察》，国家图书馆，2014 年。

后　记

　　2009 年，刚完成硕士学位的我，开始着手写一些关于图书馆学家的文字，题目就叫《图书馆学家趣闻》。当时拟定了一些篇目，如：《"掉"入"图林"的图书馆学家》《"图林"躁动者——皮高品之频繁跳槽》《杜定友之"五项全能"》《顾廷龙之"雷达"》等十余个小标题，当时还写了一篇序，序文如下：

　　　　很多人，其中不乏图书馆的从业人员会认为图书馆工作简单枯燥，了无生趣。这种简单枯燥来自图书馆工作的表象——借借还还，进进出出，此进彼出，彼进此出，整个过程似乎单调机械，毫无生趣可言。研究这种枯燥简单之学的图书馆学家似乎就更给人以木讷呆板的印象了。但笔者在这里要极为严肃地更正亲爱的读者这一看法，一是图书馆工作极为有趣。你摆弄的是载以人类文明的书籍，这些书籍是我们人类共同心爱的"玩具"，但凡有好学的"童真"之心，就会爱上这种"玩具"。而平常的普通人，只能或多或少拥有这样的"玩具"，只有图书馆员才住在精巧温馨的"玩具屋"里，尽情在知识海洋里玩耍，也享受与他人共同分享"玩具"的乐趣。这样的工作，满是快乐，趣味横生，怎么能算"简单枯燥"呢？而以研究这种"玩具"和"玩具屋"的图书馆学家，则更是充满了童真之心，富含童趣，他们的工作类似于幼儿园的老师，陪伴小朋友们玩耍，一起去发现各种玩具的奥秘，这样的研究会让他们永远年轻。既年轻，就会有活力，可爱十足，这样的图书馆学家怎会是木讷呆板的呢？所以，亲爱的读者，从今后，请更正你的观点为——图书馆工作极有趣，图书馆员极可爱，图书馆学家极可敬。

韩继章在《新一代图书馆学家及其时代使命》（《图书馆论坛》2005年第6期）中有这样的论述，"我国图书馆界对图书馆学家的研究从80年代就开始了"，"文丰（注：党跃武）是较早关注对图书馆学家研究的，而且此领域的文章较多，有些文章还是对某位图书馆学家的研究，如宓浩等"。可见我国走的是图书馆学人研究图书馆学家的路子。以研究图书馆学家著名的还有姜志奎、刘洪波、霍国庆、程焕文等新一代图书馆学家。图书馆学从20世纪初发展到现在，据霍国庆《百年沧桑，三次高潮，四代学人——20世纪中国大陆和台湾地区图书馆学总评》一文统计，我国已产生了上百名图书馆学人。这些图书馆学人犹如璀璨的明星指引着图书馆人不断前行。在将来，无可否认的是，这样的图书馆学"明星"会越来越多，相信在这些星光的照耀下，图书馆学之路会越走越光明。

回到具体的图书馆学家身上，每位图书馆学家都是一本书。每读一位图书馆学家的传记，每了解他们多一点，你就会发现他们的故事是那么耐人寻味，在令人唏嘘嗟叹之余，对他们的无限敬意也就油然而生。感人事迹固然不少，趣味盎然的故事亦多见。在这里，我们将主要把他们的趣闻趣事"晾晒"出来，让他们的这些趣味十足的事迹再为我们"有趣"的图书馆学添彩，以吸引更多人对图书馆学产生兴趣，关注图书馆事业的发展，若能如此，这些图书馆学家的趣闻趣事则会是"趣上有趣""趣有所值"了。

黄俊贵曾著文为《丑陋的图书馆学》，其实在他心里，何尝不是爱极图书馆学后，贬词褒用，以《可爱的图书馆学》为暗指。丑陋也罢，可爱也罢，有趣似乎更为重要。"古今多少事，都付笑谈中"，没有那些笑谈，哪里来的发人深省？为此，笔者几乎要跃跃欲试命名一个新命题了，那就是"有趣的图书馆学"。这正是"却道无趣亦有趣，图书馆学趣中趣"。

当时王波学长的《可爱的图书馆学》① 还未出版，我个人也写了有近万字，但在攻读博士学位期间，由于研究方向的转变，还是停止了这方面的写作。虽未能继续，但确实也侧面说明了我在十几年前就对图书馆学家的研究抱有极大的兴趣。从那以后，陆陆续续"撰文只为颂圕家""为前贤行役"，很多图书馆学家成

---

①　王波：《可爱的图书馆学》，海洋出版社2014年版。

了我的研究对象，如刘国钧、吴光清、钱存训、邓衍林等人，直至这个课题的申请与立项。

我虽未曾在国家图书馆工作过一天，但对其前身国立北平图书馆的历史怀有极为浓厚的兴趣。曾经在那里工作过的学人，让后人为之敬服，让我心生仰慕。我做这个题目纯粹是出于热爱，但在做的过程中，后来又颇后悔这个选题，原因在于我非国家图书馆的工作人员，缺乏"就地取材"的便利条件，资料获取上颇有难度。美国著名图书馆学家丹顿（J. Periam Danton）在其《比较图书馆学概论》前言中说："我自己曾经详略不同地阅读过五百篇论著，肯定还有五千篇甚至更多的论著我没有阅读过，其中必定不乏我本应加以讨论的重要作品。对那些作品的作者，同时也对于本书读者，我谨表示歉意。"[①] 与丹顿类似的是，我知道在做这项研究的过程中，虽然我也阅读了不少的材料，但可能漏掉的也不在少数，这也是我很为之惶恐的地方。"平馆学人"之一的吴光清在其博士论文中声称："该研究不以穷尽相关的材料为宗旨，也不欲声称发现了一些不为人知的材料，它仅仅是一个初步探索，试图强调中国文化发展中这三个要素的重要性，以便后人对特定的一个方面或特定的朝代做更进一步的目录学研究。"[②] 笔者也有同感，限于水平和精力，实无法穷尽相关的材料，也难以声称发现了

---

① ［美］J. 珀利阿姆·丹顿著，龚厚泽译，陈鸿舜校：《比较图书馆学概论》，书目文献出版社 1980 年版，"前言"。

② Wu, Kwang-tsing. *Scholarship*, *Book Production*, *and Libraries in China*, 618-1644（University of Chicago, Graduate Library School, 1944），p. 3.

一些不为人知的史料。好在国家图书馆（前身为国立北平图书馆）出版了较多的史料和研究资料，如《北京图书馆馆史资料汇编（1909—1949）》（全二册）、《中国国家图书馆馆史资料长编（1909—2008）》（全三册）、《中国国家图书馆馆史（1909—2009）》等，苏健出版有《国家图书馆同人著述研究（1909—1949）》等专著，为本研究的开展提供了较多的便利和参考。2014 年，国家图书馆所开展的"国家图书馆馆史资料征集、整理与研究项目"也推出了一系列的成果，如马学良整理的《江瀚日记》（2016）、刘波所著的《赵万里传》（2021）等。当然还有很多未整理出版的档案，我未能见到，实为遗憾，亦是无可奈何之事。但在研究的过程中，推动了对"平馆学人"邓衍林先生的研究，促成了邓衍林先生子女将部分藏书与手稿捐赠给天津师范大学，并于 2018 年举办了"纪念邓衍林先生诞辰 110 周年学术研讨会暨藏书与手稿捐赠仪式"，在亚马逊出版了《邓衍林先生纪念文集》（2021），也启动了《邓衍林先生编年事辑》的编纂工作。2022 年，邓衍林先生家人又进行了第二次藏书与手稿的捐赠。而在研究的过程中，因为是对"学人"的研究，更多的还是偏向了对有著作的"平馆"职员的研究，对从事后勤、行政等职员的研究偏少，我想这也是可以理解的。

由于个人的研究再度转向，转至古籍保护的研究方向上来，因此在研究过程中，笔者多用了古籍保护研究的视角，用了很大的篇幅去研究"平馆学人"与国立北平图书馆的四大镇馆之宝之间的史实，以及"平馆学人"在古籍保护事业上的贡献。在对学人的成就进行评价时，有时不免受到"回溯效应（Retroactive effect）"（或称"近因效应"）的影响，即当学人们的杰出成就受到认可后，人们往往会追溯并重新评价其早期的工作。本研究不免也受此影响，对学人们早期的学术成就进行了高度评价。无论做得好与坏，这样一项也算持续了十几年的研究终于阶段性结束，我应该照例是欢喜的吧！此后当选择新的课题在学海中游弋。2023 年是王重民先生诞辰 120 周年，国家图书馆、北京大学都举办了隆重的纪念活动。本年也是邓衍林先生诞辰 115 周年，我所在的天津师范大学，也将与先生的子女邓少林、邓少筠等共同举办专门的纪念研讨会。谨以此书向所有的"平馆学人"致敬！

感谢项目组成员——山东省图书馆白兴勇、国家图书馆马祥涛、中山大学图书馆梁益铭、天津科技大学刘武宏、广东省立中山图书馆吴卫娟、深圳图书馆刘玉洁诸位老师的参与。感谢我所在单位的领导接励书记、姚伯岳常务副院长等领导对我工作的支持。我的同事凌一鸣老师曾带领李伟强、汪明杰、常宏伟等同学为我整理"平馆学人"邓衍林先生捐赠的藏书与手稿，这些同学现已成为高校教师和在读博士。我的学友内蒙古大学图书馆刘瑞忍老师，还有李丽、赵敏慧、叶丽欣、刘丁、张婷等研究生在 2021 年暑假期间为我校阅初稿，我的研究生田晨、任雪、苑盛南、殷雅琪、张馨月、段怡婷、苏怡雅、魏婧宇、王雨、朱亚男、王佳慧等人亦曾部分参与这个项目，无法一一罗列，在此均表示感谢！让人悲痛的是，我的第二站博士后合作导师杨效雷先生于 2022 年 1 月 15 日因病逝世，他未能看到我这个项目的结题。

他在我进入天津师范大学工作后，对我多方扶持，我将永远怀念他。

2023 年 1 月于津门